Overview of Well-known
Think Tanks for
International Problem Research

国际问题研究
知名智库概览

华敏超 主编
罗亚文 杨新华 副主编

知识产权出版社
全国百佳图书出版单位
—北京—

图书在版编目（CIP）数据

国际问题研究知名智库概览 / 华敏超主编 . —北京：知识产权出版社，2024.5
ISBN 978-7-5130-9211-1

Ⅰ . ①国⋯　Ⅱ . ①华⋯　Ⅲ . ①国际问题—咨询机构—世界　Ⅳ . ① D815

中国国家版本馆 CIP 数据核字（2024）第 010323 号

责任编辑：庞从容　　　　　　　责任校对：谷　洋
执行编辑：赵利肖　　　　　　　责任印制：刘译文

国际问题研究知名智库概览

华敏超　主　编
罗亚文　杨新华　副主编

出版发行：	知识产权出版社有限责任公司	网　　址：	http://www.ipph.cn
社　　址：	北京市海淀区气象路 50 号院	邮　　编：	100081
责编电话：	010-82000860 转 8726	责编邮箱：	pangcongrong@163.com
发行电话：	010-82000860 转 8101/8102	发行传真：	010-82000893/82005070/82000270
印　　刷：	北京建宏印刷有限公司	经　　销：	新华书店、各大网上书店及相关专业书店
开　　本：	720mm×1000mm　1/16	印　　张：	15.25
版　　次：	2024 年 5 月第 1 版	印　　次：	2024 年 5 月第 1 次印刷
字　　数：	260 千字	定　　价：	98.00 元
ISBN 978-7-5130-9211-1			

出版权专有　侵权必究
如有印装质量问题，本社负责调换。

序 一

罗亚文

智库也被称为"思想库",顾名思义,是生产思想的地方。不过,与一般的研究机构不同,智库的研究有着明显的问题导向和政策导向,为决策者提供咨政服务是智库最核心的职能和最显著的特征。在现代社会,智库已经深度嵌入治理体系中,有效促进了决策的科学化。改革开放以来,我国涌现出一批优秀智库,为中国式现代化道路的探索作出重要贡献。当然,随着时代的发展,除了决策咨询职能外,智库还扮演了政府与社会、公众之间的桥梁角色,调和政府、社会之间的关系,引导公众舆论。

20世纪初期,资本主义的蓬勃发展,美英等西方国家内部出现尖锐的社会矛盾和复杂的治理难题。在此背景下,现代智库应运而生,通过提供科学的政策建议,有效缓和了政府面临的社会压力。国家现代化带来的政治改革、经济发展、社会转型压力,进一步凸显了智库的独特价值。经过一个世纪的发展,西方发达国家大多建立了完善的智库体系。一方面,智库拥有稳定的组织架构,源源不断地产生科研成果。另一方面,智库通过与政府、社会的良性互动,内化为治理体系的一部分。

百年未有之大变局的背景下,科学决策已经成为现代国家能力现代化的核心范畴,我国智库也迎来了全新的发展机遇。他山之石,可以攻玉。尽管从根本上看,我国智库服务于社会主义现代化建设,西方国家智库则是维护资本主义治理模式的工具,两者存在本质上的区别。但从方法论的角度,西方国家智库建设、智库体系发展的经验,是难得的可资借鉴的素材。本书选取美国、英国、德国、法国、日本、韩国、南非、新加坡等国家具有代表性的智库，详细梳理智库的历史沿革、组织特征、主要活动、核心影响力等内容，向读者呈现一个立体的智库形象。

当前，中国特色新型智库建设正如火如荼地展开，学界关于智库的研究方兴未艾。近几年，学界涌现了一批以智库为研究对象的优秀成果，从理论和实践等多个维度，丰富了我国智库建设的探索。本书对部分具有较大影响力的外国智库进行全面剖析，多维度地展现智库的基本面貌和主要特征，既为学界关于智库的研究提供鲜活的案例，也为中国特色新型智库建设提供可资借鉴的参考经验。

序 二

华敏超

2020年7月我入职西南政法大学的时候，正值学院在建设一级学科，打造特色新型智库。当时领导建议自己留心智库的网站和公众号建设，学院的最终目标是要打造国家高端智库，世界一流智库。目标明确，学院氛围也好，大家都热情高涨！但如何建设呢？如有学者提到的，还是要从中国丰富的历史传统中学，从世界他国建设的优秀经验中学。恰好自己正在讲授"国际问题"相关的课程，国际路径便成了自己借鉴的第一选择。有幸的是，当时正和一群年轻大学生揣着"理想主义"在读书、学英语。眼光虽放在了远方，现阶段却显得漫无目的。国际智库，恰好给我们指明了一个方向。于是，我们每位同学都选择了一个国际知名智库，去跟踪、阅读、研究。通过对于智库的关注，以点带面，了解世界动态，探寻构建共同安全之道。

循着这条路径，我们进行了很多有益的讨论，产出了一些成果，本书的出版就是其中最重要的成果。本书选取18所国际问题研究领域知名的智库，每所智库的介绍按照形成与发展、组织架构、主要活动、智库的影响力、顶级智库成因5部分构成。个人认为本书主要有以下两大特点：第一，覆盖面广。本书覆盖的智库，不仅有我们经常提到的布鲁金斯学会、兰德公司等，还有南非、印度、俄罗斯等金砖国家的顶尖智库，这让我们能在一本书中，就能让读者概览世界各地智库的成长发展演变，也可以清晰地看到顶尖智库的相互联系与区别。第二，既是概览也是分析。本书在介绍各智库发展演变的同时，也围绕着"该智库为什么一流"去分析解读，希望从中为我国新型智库建设提供一定借鉴。

在全球形势日趋复杂的今天，智库更应该扮演着国与国之间沟通的桥梁，政界与学界联系的桥梁，知识界与大众共通的桥梁。但遗憾的是，少数人士摒弃了智库应有的立场，借助智库平台，发表极端言论，危害世界和平。也希望各位读者，在看到这些知名智库优点与特点的同时，也要对其发布的文章和言论进行审慎地思考和鉴别。在撰写过程中，本书编译人员，限于资料收集和自身研究水平有限等因素，对智库的认识和分析可能还有一定的局限性和不足等问题。另外，我国也有许多国际问题研究的知名智库，如中国社会科学院、中国现代国际关系研究院、中国国际问题研究院等，他们在国内外都有很大影响力，但由于本书篇幅以及国内读者对这些智库早已耳熟能详，就未作介绍。

最后，在成书之际，感谢学院胡尔贵书记对本书的支持，感谢学院马方院长对本书的指导，感谢本书责任编辑庞从容老师及其团队专业指导与认真审读和把关。参与本书编写的主要作者有来自西南政法大学的罗慧通、王韩斌、蒲菁、吕璨、徐陈卓霖、蒲佳琪、万宇迪、杜鹏宇、罗子强、李正、刘洺伊，中央党校的王嘉嵘，中国农业大学的吕思磊，西北师范大学的毛开伦，"大学生志愿服务西部计划"国家统计局新疆生产建设兵团调查总队的官婧，珠海格力电器股份有限公司的王小虎，四川大学的杨新华。

由于各种主客观原因，文中尚有诸多不足之处，望各位专家与读者指正和海涵！

目 录
CONTENTS

001 卡内基国际和平基金会
Carnegie Endowment for International Peace

012 布鲁金斯学会
The Brookings Institution

028 查塔姆研究所
Chatham House

045 南非国际事务研究所
South African Institute of International Affairs

056 兰德公司
Research and Development

073 世界经济和国际关系研究所
The Institute of World Economy and International Relations

083 国际战略研究所
International Institute for Strategic Studies

103	日本国际问题研究所 The Japan Institute of International Affairs
114	新加坡国际事务研究所 The Singapore Institute of International Affairs
123	美国战略与国际研究中心 Center for Strategic and International Studies
136	康拉德·阿登纳基金会 Konrad-Adenauer-Stiftung
147	斯德哥尔摩国际和平研究所 Stockholm International Peace Research Institute
159	马诺哈尔·帕里卡尔国防研究与分析所 Manohar Parrikar Institute for Defence Studies and Analyses
171	以色列国家安全研究所 The Institute for National Security Studies

- **181** 韩国开发研究院
  Korea Development Institute

- **192** 法国国际关系研究所
  Institut français des relations internationales

- **207** 西班牙皇家埃尔坎诺研究所
  Real Instituto Elcano de Estudios Internacionalesy Estratégicos

- **218** 国际治理创新中心
  Centre for International Governance Innovation

卡内基国际和平基金会

Carnegie Endowment for International Peace

一、智库的形成与发展

美国的卡内基国际和平基金会（Carnegie Endowment for International Peace，简称 CEIP）创立于 1910 年。除了华盛顿特区办事处外，基金会还在莫斯科、布鲁塞尔、新德里、北京和贝鲁特建立了 5 个中心。作为一个全球智囊团，基金会利用其由 300 多位相关人士组成的专家网络对影响全球安全与福祉的挑战和机遇进行解析，并致力于培养下一代外交政策领导人。卡内基国际和平基金会是卡内基家族的第二大基金会，致力于为全球问题提供独立分析。自基金会成立以来，历届美国政府都有其成员参与。

1910 年，安德鲁·卡内基（Andrew Carnegie，将卡内基钢铁公司出售给摩根大通后成为世界上最富有的人之一）捐赠 1000 万美元，创建了卡内基国际和平基金会——一个产出知识并在世界各地建立关系以促进国际合作的新机构。基金会的宗旨是"废止战争这个文明的毒瘤"。担任卡内基基金会长期顾问的伊莱休·鲁特（Elihu Root）被选为第一任总裁。

两次世界大战期间，尼古拉斯·默里·巴特勒（Nicholas Murray Butler）于 1925 年担任基金会第二任总裁。1945 年，前卡内基基金会主席詹姆斯·肖特韦尔（James T. Shotwell）率领顾问代表团参加联合国宪章起草，并说服美国代表团在联合国宪章草案中增加一项修正案，即建立联合国人权委员会。"我从来没有比现在更令人兴奋的经历了"，肖特韦尔在他的自传中回忆道，"比起提供独立的帮助，我们更应该将对和平的渴望融入一个世界性的组织"。随后，联合国人权委员会成立并发展至今。1947 年基金会总部迁址到距离联合国更近的纽约，华盛顿办公室成为分支机构。后来基金会又从纽约迁回华盛顿，华盛顿特区马萨诸塞大道 1779 号成为基金会总部的永久性地址。

1950年，约翰·福斯特·杜勒斯（John Foster Dulles）担任基金会第三任总裁，他在推动联合国的建立以及国际法律体系的完善等方面作出了一定的贡献。托马斯·修斯（Thomas L Hud1es）于1970年担任基金会第六任总裁。卡内基国际和平基金会制定了以双边和多边谈判为主的长期议程，主题是减少核安全风险。在随后的几十年里，基金会成为核不扩散专业知识的权威来源之一。1978年春，基金会获得《外交政策》期刊的拥有权。此后的30年间，基金会将该期刊从季刊发展为半月刊，内容涵盖全球化和国际政策。此时期基金会的研究重点为苏联。

1991年，马顿·阿布墨威兹（Morton Abramowitz）担任基金会第七任总裁，基金会的发展开始进入全球智库时期。1997年，杰西卡·马修斯（Jessica Mathews）加入基金会成为第八任总裁。2000年，杰西卡宣布创立移民政策研究所（Migration Policy Institute），由德米特里（Demetrios G.Papademetriou）领导。这是世界上第一个关注国际移民问题的独立智库。2002年，基金会在帮助制定和评估美国在"9·11"事件后对恐怖主义威胁的对策方面发挥了积极作用。在伊拉克战争前夕，基金会组建了一个专门工作组，旨在为大规模杀伤性武器核查制度制定针对性建议，以阻止战争爆发。工作组的多项建议被联合国第1441号决议所采纳。

2007年，基金会提出要升级为全球化的国际智库，杰西卡的目标是通过卡内基国际和平基金会将世界的思想带进美国政策中，并将这种思想传递给全球大众，成为第一个多国全球智库。2006年基金会在黎巴嫩贝鲁特设立卡内基中东中心，2007年设立卡内基欧洲中心，2010年在清华大学设立卡内基–清华全球政策中心。2011年下半年基金会与阿里·法拉比哈萨克斯坦国立大学（Al-Farabi Kazakh National University）合作，在哈萨克斯坦建立研究中亚问题的法拉比卡内基项目。2015年2月，美国前副国务卿威廉姆·伯恩斯（William Burns）被推选为第九任总裁。2016年4月，卡内基第六大国际中心卡内基印度中心在新德里成立。

2018年，基金会启动了一项为期多年的研究工作，致力于制定一项更能满足美国中产阶级需求的外交政策。专门工作组在俄亥俄州、内布拉斯加州和科罗拉多州开展了案例研究，与当地合作伙伴一同深入研究美国中产阶级的思想和愿景以及美国在世界全球化中的角色。工作组最终提交了一份报告，该报告协助构成了拜登重振外交政策的基础。

一个多世纪以来，卡内基国际和平基金会在努力建设一个更加和平、更加繁荣的世界的过程中，贡献出自己的答案。2021年，基金会的工作是持续跟进政策导向研究、思想创新、国际对话等活动，以及培养下一代能够助推国际合作的学者与相关从业者等。

二、智库的组织架构

基金会的领导机构是理事会，目前共有29名理事，由政治界、商界、学界等各领域杰出人士组成。基金会的执行机构实行总裁责任制，总裁领导基金会管理团队开展工作。在总裁责任制的管理架构下，基金会建立了高效的管理团队。如今，基金会已在华盛顿、新德里、布鲁塞尔、贝鲁特、莫斯科、北京设立了六大研究中心，这个庞大的全球网络由基金会国际理事会监管，其研究活动受基金会全球管理组监督，各中心的成员主要选自当地的研究人员。

（一）领导机构

基金会的领导机构是由来自政、商、学等各领域人士所组成的理事会，理事会现任主席是马里亚诺-弗洛伦蒂诺奎拉尔（Mariano-Florentino Cuéllar），副主席是史蒂文·丹宁（Steven A. Denning）。理事会的职责是为基金会在全球顺利开展各类项目提供支持并保障基金会的独立性。基金会现任总裁是阿利森·马科维奇 Alison Markvitz。目前设有1位执行副总裁兼秘书长以及7位副总裁，各自负责相应部门。这些部门主要分为研究部、交流与战略部以及行政部。

（二）组织结构

创立之初，基金会的工作主要分为三部分：研究战争的根源和影响；促进国际理解与合作；促进国际法的发展和国际争端的解决。这与基金会的研究领域（国际事务）高度一致。随着国际形势的变化，国内外出现各种新问题和新挑战，基金会根据新的形势调整布局，将不同的发展领域设立专门研究部门，逐渐形成如今全球化的发展模式。

2006年，基金会制订了革命性计划——建立第一个全球智库。此后，它从一个具有百年历史的美国机构转型为全球智库。

1. 卡内基国际和平基金会总部

卡内基国际和平基金会总部位于华盛顿。研究全球各地区的重要事务。

2. 卡内基欧洲中心

卡内基欧洲中心（Carnegie Europe）成立于2007年，位于布鲁塞尔，其研究成果已经成为欧洲外交和安全政策分析的重要来源之一。卡内基欧洲中心通过其多元化的国际学者网络，就国际和欧洲事务的核心问题开展独立研究，并提供相关建议。

该中心的研究覆盖的国家和地区包括美国、亚洲、欧洲（白俄罗斯、法国、德国、摩尔多瓦、波兰、土耳其、乌克兰、英国）、俄罗斯与高加索地区、中东和北非。

3. 卡内基印度中心

卡内基印度中心（Carnegie India）于2016年4月在新德里建立。该中心由印度的相关领域专家、政府领导及工作人员组成，以数十年的研究为基础，在南亚地区形成一个不断壮大的网络。

研究覆盖的国家和地区主要包括南亚（阿富汗、印度、巴基斯坦）和美国。此外，该中心重视培养青年领导者和未来学者。在印度专家的带领下，卡内基印度中心与政府、政策制定者、学者、学生、行业从业者和民间社会密切接触，就印度面临的紧迫挑战和印度日益提升的国际影响力提供有见地的分析。

4. 卡内基莫斯科中心

卡内基莫斯科中心（Carnegie Moscow）成立于1993年，位于莫斯科，是苏联解体后第一个在俄罗斯开设的独立智囊团。该中心为俄罗斯制定了政策分析标准，全面审视俄罗斯的核政策，研究其与邻国及亚太地区在经济、能源和安全方面的关系以及国内机构间的关系，并为其了解国内外政策提供全球资源。

卡内基莫斯科中心以俄语和英语发表研究成果，该中心的学者大多拥有多元化学科背景，一些俄罗斯最著名的学者、政策分析师和知识分子聚集在此，针对广泛的地区挑战和全球挑战提供深入分析。

5. 卡内基-清华全球政策中心

卡内基-清华全球政策中心（Carnegie-Tsinghua Center for Global Policy）成立于2005年，是卡内基国际和平基金会亚洲项目的一部分。该中心位于北京，将清华大学和全国各地的知名学者、国际政策专家及从业者联系起来，是中国领先的独立智囊团之一。该中心下设咨询委员会，由来自中国政界、商界和学界的精英组成，为卡内基清华中心提供建议和支持。

借助清华大学的平台，该中心旨在就全球性挑战提出建设性解决方案。中心还发起了卡内基-清华青年大使计划，开设了促进中美下一代领导人对话与合作的项目。

6.马尔科姆·克尔·卡内基中东中心

马尔科姆·克尔·卡内基中东中心（Malcolm H.Kerr Carnegie Middle East Center）成立于2006年，总部设在黎巴嫩贝鲁特。该中心以当地专家学者为主要力量，下设的咨询委员会由来自中东国家的政界、商界、学界和公民社会的顶尖人才构成，包括阿尔及利亚、埃及、伊拉克、黎巴嫩、巴勒斯坦、叙利亚和也门。在中东地区，该中心凭借其高质量的研究脱颖而出。当今阿拉伯世界正经历着前所未有的变局，该中心开始致力于研究此地区面临的国内和跨境的政治、经济及意识形态挑战，以及世界大国在稳定该地区局势方面的作用。

卡内基中东中心的研究覆盖的国家和地区包括埃及、海湾地区、地中海东部地区、马格里布、非阿拉伯国家（伊朗、以色列、土耳其）。

（三）资金来源

多元化的筹资渠道是基金会蓬勃发展的重要原因。充足的资金是卡内基国际和平基金会生存和发展的重要保障，资金来源包含项目研究经费、出版物收入、线下学术会议场地租赁收入、其他基金会的捐赠以及企业和个人的资助等。其中社会捐赠和项目研究经费是卡内基国际和平基金会的主要资金来源。与此同时，基金会还享受免税政策，社会捐赠亦可享受免税待遇。在资金使用方面，基金会统筹兼顾，资金投入的多少由项目重要程度决定。

据卡内基国际和平基金会财务报表显示，其2019年净资产达到了3.4亿美元，年收入为4118.87万美元，慈善捐款收入为2366.7万美元，占年度总收入的57.46%，而受美国政府委托的项目收入为54.66万美元，仅占年度总收入的1.33%。向基金会捐款的组织不仅有波音公司、微软、摩根大通，埃克森美孚、英特尔中国、Facebook等全球商业巨头，还有部分国家的政府及基金会，包括英国外交与联邦事务部、挪威外交部、日本大使馆、美国空军学院。此外，基金会还受到个人捐赠，如美国前副国务卿罗伯特·佐立克（Robert B. Zoellick）及中国企业家汪潮涌等人。基金会理事会成员包含众多美国两党领导人，研究成员中也含有在政界、商界、学界以及新闻界中有影响的人士，他们在筹款中起着极大的作用。[1]

在基金会的财政支出中，工资支出占总支出的43%，薪资税和员工福利占总支出的14%。换言之，与员工福利相关的支出占总支出的一半以上，可见基金会对员工的重视。

（四）科研团队

在全球化发展模式的驱动下，基金会在全球20多个国家拥有超过160位专家。基金会通过各种措施保障全球各地的专家展开研究时具有最大的独立性和自由度，每个中心都有来自当地的专家，他们可以用本地语言写作。此外，各中心专家紧密合作，旨在深入了解影响全球政策选择的环境以及为解决政策性问题提供一系列新方法。

基金会各中心的研究人员不仅仅需要有较高的学术水平，同时也需要具备政府实践工作经验，一些政府要员及政策顾问也在基金会进行相关研究。因此，卡内基国际和平基金会与各个国家的政府、国会等国家机关关系密切。这些国家机关重视基金会的相关研究并为其提供支持，同时，这些研究在一定程度上也会为政府、国务院等决策机构提供有益的参考。

三、智库的主要活动

卡内基国际和平基金会以"促进国家间合作以及美国的国际交往"为宗旨，重视研究的"实际结果"。

（一）长期项目

基金会明确提出要与时俱进地"重新设定其角色和使命"，这既包括对同一项目在不同时期存在的问题进行针对性的调整，也包括基金会随着全球形势的变化对项目研究方向进行修改。因此，基金会在各个时期，都有其研究的侧重点。

1.黑人问题

卡内基国际和平基金会在创立之初就对黑人教育格外关注，在20世纪初建立了联合黑人高校基金，并修建实验中学以收容流浪辍学的孩子，其中大部分是黑人。黑人等少数族裔遭受的不平等是美国当前面临的重大问题，基金会在此问题上多年的探索经验为美国解决黑人教育问题提供了诸多有意义

---

[1] 郭周明：《顶级智库是如何炼成的？》，载 https://finance.sina.com.cn/zl/china/2020-02-26/zl-iimxxstf4547822.shtml。

的参考。

2.教育问题

教育问题也是卡内基国际和平基金会长期关注的。从 20 世纪 20 年代开始的成人教育项目到如今的青少年教育与发展战略，不仅仅需要提高各阶段教育的教学质量和师资水平，还要加强教学质量、文科教育及教育服务工作中的各方合作。主要阶段包括早期教育、中小学和大学教育，主要对象涵盖了新移民、黑人和服刑的囚犯，从宏观上对整个教育的综合治理进行研究。此外，基金会为卡内基教学促进基金会的高等教育研究项目捐赠了大量资金。

3.国际和平与安全问题

从第一次世界大战、第二次世界大战到美苏冷战，从机械兵器战争的研究到核战争的研究，基金会在这个方面的研究数不胜数。如今，基金会尤其关注核问题，为建立各集团之间的理解包容、防止核扩散、避免核战争、防止冲突作出了重要贡献。

（二）现阶段各中心主题及项目

各大研究中心会对自己所在区域本时期的焦点问题进行讨论，并针对关注的主题设立对应的研究项目。

1.卡内基国际和平基金会总部

该中心关注的主题：

（1）气候和能源，这一主题细分为气候变化、能源政策、能源和交通运输；

（2）民主和治理，这一主题重点关注法律规则；

（3）核武器、防御和安全，这一主题细分为军事、和平与和解、恐怖主义；

（4）经济，这一主题细分为经济不稳定性、新经济体、全球贸易、政治改革、外交政策；

（5）社会和文化，这一主题细分为阿拉伯变革、公民社会、宗教和全球治理；

（6）技术，这一主题重点关注网络。

基于这些主题，该中心创建的研究项目包括：

（1）美国：美国中产阶级外交政策；

（2）中东：阿拉伯国家的军民关系、突尼斯监测、跨区域研究网络；

（3）技术与国际事务：卡内基空间项目、网络政策倡议、网络安全与金融体系、国际网络安全规范、对抗影响行动的伙伴关系；

（4）亚洲：对中国、印度洋倡议、韩国及日本的研究项目；

（5）俄罗斯：麻生太郎倡议、欧亚地缘政治的变化、俄罗斯国内、帕克斯·西尼卡区、全球俄罗斯回归——克里姆林宫国际议程的重新评估；

（6）民主、冲突和治理：公民研究网络、数字民主网络、欧洲民主中心区、正在崛起的民主政体网络。

2.卡内基欧洲中心

该中心关注的主题：

（1）欧洲的全球和区域作用：欧洲外交政策，跨大西洋关系，欧洲东部邻里，欧洲南部邻里，欧洲的安全与防务，土耳其的转型；

（2）欧洲治理挑战：欧盟政治与机构，英国脱欧与英国政治，欧盟一体化与扩大，民主与法治，欧盟经济和贸易、能源、移民；

（3）欧洲的未来：气候行动与生态转型，气候变化政策的国内和全球挑战，人工智能、新兴技术和数字政策，经济、贸易和能源，跨大西洋关系的潜在再生。

基于这些主题，该中心创建的研究项目有：公民研究网络，欧洲民主中心，格鲁吉亚的未来，欧盟-利斯特科，重塑欧洲民主，欧洲改革派。

3.卡内基印度中心

该中心关注的主题：印度国内政治、经济、外交政策、技术。

基于这些主题，该中心创建的研究项目：技术与社会、政治经济、安全研究、政治经济改革、外交和安全政策、印度内部转型和国际关系方面创新和技术所发挥的作用。

4.卡内基莫斯科中心

该中心关注的主题：亚太安全、腐败、经济危机、能源安全、伊朗核问题、韩国难题、中东和中亚、新冷战、新东欧、普京执政理念、俄罗斯意识形态、为乌克兰而斗争、高加索地区的战争与和平、尤科斯事件。

基于这些主题，该中心创建的研究项目：书评、俄罗斯-欧盟对话、欧洲安全、帕克斯·西尼卡、中俄关系、世纪战略稳定及重启美俄全球挑战对话：下一代的作用。

5.卡内基-清华全球政策中心

关注的主题：国际经济和贸易、能源和环境变化、防扩散与军备控制、朝鲜安全问题、伊朗、南亚和中东。

基于这些主题，该中心创建的研究项目：中国新外交、中国和南亚、中国和发展中国家、中国军备控制和战略稳定、中国－欧盟关系、中国－北约对话系列、能源和气候变化、全球商业和经济、中国崛起的启示、美中关系、中国在东欧的影响、中国如何利用以色列的媒体和蓬勃发展的科技场景、中国在南亚的影响力、欧洲和中国的"虚拟峰会"、中国在中亚的崛起、德国与中国的战略灰色地带、疫情时代美国对中国的看法及美国政策的启示等。

6.马尔科姆·克尔·卡内基中东中心

关注的问题：教育改革、中东经济、中东政治、阿拉伯政治、伊朗政治、土耳其政治、安全部门。

基于这些问题，该中心创建的研究项目包括：阿拉伯之春2.0、冲突和难民、解码黎巴嫩、政治伊斯兰、阿拉伯国家重新谈判军民关系区等。

四、智库的影响力

在美国这种两党制三权分立的政治体制中，卡内基国际和平基金会既依托政府又独立于政府，其借助独特的商业运作，利用强大资金支持，逐步发展成为多国全球智库。从宾夕法尼亚大学《全球智库报告》的排名来看，2019年与2020年，卡内基国际和平基金会均名列全球智库第1名。以下几点因素，促成了卡内基国际和平基金会。

（一）辅助政治决策

基金会的相关学术研究成果会被美国政府及其他机关采用并辅助政治决策。一些项目通过不同的媒体公开运作，将基金会的观点和政策建议呈现在相关决策者眼前。同时，基金会还会组织其研究人员参与网络直播、举办记者发布会和其他各类会议以扩大自己的影响力。此外，基金会董事会与科研人员中包括一定数量的政府官员以及有影响力的社会人士。

（二）开拓国际市场

在经历两次世界大战与美苏冷战后，世界进入全球化时代。基金会认为，单一国家的研究资源必然在研究方面有所限制，想要成为全球性的国际智库，必然要保持跨国的存在和跨国的视角。为此，基金会明确提出建立全球化视角的目标，成立了六大中心。这使得基金会在很大程度上能够覆盖全球重要领域，也能提高基金会在全球范围内的影响力，体现着基金会从更全面的角度观察国际社会,以便基金会合理分配自身资源,进而推进全球性智库的发展。

(三)灵活调整研究重点

卡内基国际和平基金会注重观察全球形势的变化,并就形势变化展开讨论。基金会以此对阶段性研究内容进行适时的调整,根据讨论结果改变各部门工作重心。这体现出基金会在历史各阶段的研究方向都有不同的侧重,六大中心更是有着各自研究的重点方向。

基金会在成立之初重点关注国际仲裁。一战结束后,为了更好地协助战后欧洲各国的重建工作,基金会持续对战后的各个国家进行调解。二战结束后,基金会整合资源对推进民主化、发展经济、约束武力、打击国际犯罪等重大现实问题进行相关研究。美苏冷战结束后,基金会在顺应"全球化"时代潮流的背景下,将"全球政策研究项目"作为基金会的主要研究内容之一,并在此基础上对其展开框架性研究,以逐步增强对国际问题全面而准确的把握。

全球智库时代,基金会适时建立六大中心,升级为全球智库。

(四)深化国际合作

二战后,新成立的独立国家不断增加,全球合作和政府间协作愈发重要,基金会与联合国等相关国际组织以及各大高校关系密切,并持续深化与相关组织在各大领域的合作。

1. 孵化新的国际组织

为加强对美国相关政策的研究,卡内基国际和平基金会增设华盛顿特区办事处,对国际形势变化以及美国在国际中的战略地位进行深度讨论,同时在美国国内掀起了研究美国外交政策的潮流。基金会还逐步增设了卡内基教学促进基金会、军控协会、国际经济研究所。同时为了便于对"使美国民主适应世界变迁"等主题进行研究,基金会还创办了"卡内基科学、技术与政府委员会"。

2. 高校间的密切合作

卡内基国际和平基金会发起"青年大使计划",旨在增进各国青年的相互交流,促进青年精英们的互相信任。

基金会与各大高校的合作主要是学术上的相互交流,不仅向高校提供自身出版物,同时会给高校学生提供实习机会。大部分高校也会允许基金会研究人员在学校发表公共演讲。

（五）维持传播影响力

影响力是卡内基国际和平基金会的核心价值之一，智库要提高自身的影响力，就必须有完善的成果营销策略。基金会强调研究成果的专业性和独立性，并拥有自己独有的发表渠道。在互联网发展日新月异的当下，基金会充分结合先进的科学技术，实现宣传形式的多样化，主要有以下几种形式：

（1）举办公共论坛和会议，定期邀请政策制定者、媒体、学者和其他部门的代表讨论各种内政外交问题，提高社会对内政外交政策的认知度；

（2）出席国会听证会是基金会向政策制定者和公众传播思想的比较正式的形式，相比而言，传统基金会和布鲁金斯学会更为重视这种宣传方式；

（3）发行基金会的出版物，主要包括期刊、意见杂志、专著、简报以及年度报告等，如《原子草原：哈萨克斯坦如何放弃原子弹》《亚洲战略2021—2022：驾驭印太地区的动荡时期》《重建欧洲民主：非自由主义时代的抵抗与复兴》；

（4）利用互联网手段，如博客、聊天室、现场访谈、会议信息、讲座视频以及重要数据库的链接，在网站上为公众提供大量的信息资源；

（5）开展筹资活动也是向政策制定者和社会公众推销思想的一种策略；

（6）通过媒体报道和报纸专栏宣传政策研究成果，扩大智库的影响力。

（六）重视吸收管理人才

卡内基国际和平基金会在吸纳人才时，会从人员自身的优势领域、国籍、文化背景、受教育程度、相关经历等多角度充分考虑，注重员工的多元化结构，在文化和领域上尽可能实现全覆盖，从而保证其所发表的用于辅助政治决策的建议和自创刊物的时政评论坚守严谨客观的前提。

基金会致力于建立和培养更加公平和包容的内部文化，确保每个工作成员都受到欢迎和重视。基金会根据员工调查中收集到的反馈来综合考虑工作和活动优先性及重要性，还会定期开展培训，建立绩效预期，解决招聘过程中的无意识偏见，有意识地增进远程工作的团队成员建立更紧密的联系，并塑造一种致力于促进卡内基整体使命核心价值观的内部文化。

（罗慧通 / 文）

布鲁金斯学会

The Brookings Institution

一、智库的形成与发展

布鲁金斯学会（The Brookings Institution，简称 Brookings），总部位于华盛顿市马萨诸塞大道 1775 号，其座右铭是"高质量、独立性与影响力"。作为世界顶尖智库，布鲁金斯学会在历年的宾夕法尼亚大学年度《全球智库报告》中常年位居首位，其综合水平毋庸置疑，堪称世界智库的榜样与学习对象。布鲁金斯学会凭借其雄厚的资金以及众多资深专家，为全球的热点事件和问题提供参考建议。值得注意的是，其研究报告中的政治倾向依然明显，在解读他国的政策上带有严重的主观色彩。

（一）初步构想时期

19 世纪末 20 世纪初，在进步主义运动的影响下，美国许多社会精英开始关心政治、社会与民生。在这样的社会环境下，1916 年，洛克菲勒基金会秘书长杰罗姆·格林（Jermo Greene）邀请布鲁金斯先生与几位立志推动美国政府改革的社会精英，一起同其他政府内部改革者合作，合力创建了美国第一个致力于以事实为基础、研究国家公共政策问题的私人组织——政府研究所（Institution for Government Research，简称 IGR），这也是布鲁金斯学会的前身。格林为了突出机构的非党派性质，弱化了董事会的自由派倾向，并特别邀请了著名的保守派人士耶鲁大学校长亚瑟·哈德利（Arthur Hadley）和菲尔普斯道奇公司副总裁克利夫兰·道奇（Cleveland H·Dodge）等人加入政府研究所。1916 年 3 月，新成立的政府研究所（IGR）"成为高效公共服务的主要倡导者，并努力让政府研究中加入更多科学理论"。该研究所在当年 10 月正式运营。

布鲁金斯先生加入美国政府战时工业委员会担任价格管制主席以后，对于政府运行和经济问题有了更深入的研究，1922年布鲁金斯先生在卡内基基金会代理主席亨利·普利切特（Henry Pritchett）的帮助下成立了经济研究所，随后又在1924年创立了布鲁金斯政治研究生院（Robert Brookings Graduate School of Economics and Government）为国会各个委员会输送人才。这些研究所和学校在1927年由布鲁金斯本人牵头合并成为今天的布鲁金斯研究所。

布鲁金斯学会的受托人选择了该智库的第一位主席——芝加哥大学（University of Chicago）教授哈罗德·莫尔顿（Harold Moulton），他以对战争债务的研究而闻名。布鲁金斯学会的经济学家们在1921年的立法以及美国第一个预算局的创建过程中发挥了重要作用。沃伦·哈定（Warren G·Harding）总统称这个负责计划政府财政支出的机构是"美利坚合众国成立以来政府实践中最伟大的改革"。

（二）世界大战时期

在第二次世界大战时期，布鲁金斯学会的专家们围绕战争冲突做了很多动员并提出了许多解决冲突的方案。曾在国务院任职的布鲁金斯学会专家里奥·帕斯沃尔斯基（Leo Pasvolsky）在完善富兰克林·罗斯福（Franklin D·Roosevelt）总统的联合国蓝图上发挥了重要作用。1947年，当国会开始制订马歇尔提出的欧洲援助计划时，参议院外交关系委员会主席阿瑟·范登堡（Arthur Vandenberg）联系了布鲁金斯学会的主席哈罗德·莫尔顿请求帮助。布鲁金斯学会国际研究项目的负责人利奥·帕斯洛夫斯基领导了这项工作。范登堡后来在参议院的一次演讲中赞扬布鲁金斯学会在当时"立即以最诚挚的合作精神作出回应，并将其全部工作人员转移到这项工作中"。布鲁金斯学会认为欧洲对于"规模大并且针对性强"的帮助需求十分迫切，并且提出"要建立一个全新而独立的美国机构"，由一名内阁级官员领导该计划，直接与杜鲁门总统联系。布鲁金斯学会还建议任命一名美国"特别代表"来管理每个接受援助的国家的恢复计划，其级别仅次于美国代表团团长。这些建议所达到的效果立竿见影，欧洲经济在马歇尔计划的刺激下得以快速恢复。

（三）国家建设时期

在1960年大选前一年，布鲁金斯学会政府研究专家劳林·亨利（Laurin Henry）出版了《总统过渡》一书，该书旨在帮助在总统选举中获胜的候选人约翰·肯尼迪或者理查德·尼克松顺利地启动他的政府。在这本书之后，布鲁金斯学会的专家们还准备了一系列机密问题的文章。

1966年9月29日，林登·约翰逊总统发表了关于美国城市和公共服务重要性的讲话以纪念布鲁金斯学会成立50周年。董事会主席尤金·布莱克（Eugene R. Black）和研究所所长罗伯特·卡尔金斯（Robert Calkins）共同致开幕词。约翰逊总统的讲话为《政府和关键情报》，开场白如下：

> 半个世纪前，来自商业界、法律界和银行业的九位人士聚集在一起，为华盛顿特区的政府研究所制定方针。他们有着共同的目标，用他们的话说，他们寻求通过彻底的科学理论研究来获得最佳行政组织方法的知识，以便有可能以最大的效率和最小的浪费开展政府活动。
>
> 这看起来是一个没有亮点的理想，无论其多么有价值，然而20年后，一家报纸对布鲁金斯学会有这样的评价：布鲁金斯的出版物在世界范围内引起了轰动，该报纸在其头版刊登了它们的研究摘要。经济学家、社论作者和一些政治家开始引用这些研究，就像宗教激进主义的传教士引用《圣经》一样。虽然这些研究报告没有情感上的吸引力，但报告上的讨论已经引起了许多有地位的人或其他知名人士的共鸣。由此看出，布鲁金斯学会的视角研究联邦制度，引起了管理者的反思。他们并没有通过呼吁推翻政府来实现这一目标。这当然是引起注意的一种方式，但它不是带来理想变化的最佳方式。布鲁金斯学会的人是通过分析，通过艰苦的研究，通过客观的写作，通过质疑政治家们"现行"的做事方式的想象力，然后提出替代方案，一步一步推动美国政府进行改革。他们研究的主题涉及公共政策、交通系统、经济、选举法、公务员制度、劳工管理做法——他们触及了这片土地上每个公民关切的事……

值得一提的是，布鲁金斯学会在"水门事件"中也客串了一个角色。据报道，尼克松总统让助手去布鲁金斯学会研究员莱斯利·盖尔布（Leslie Gelb）的办公室里搜查。盖尔布曾与丹尼尔·埃尔斯伯格（Daniel Ellsberg）一起担任国防部分析员，后者向《纽约时报》和《华盛顿邮报》泄露了"五角大楼文件"。根据坊间的传闻，1971年夏天的一个晚上，布鲁金斯学会的一名保安罗德里克·沃里克（Roderick Warrick）阻止了两名试图潜入大楼的携带手提箱的男子，从而挫败了这次闯入。同年，布鲁金斯学会开始对联邦预算进行一系列新的研究，对各种项目进行深入分析，帮助公众了解情况，并使国会的开支选择更加清晰。三年后，布鲁金斯学会推动了国会预算办公室的建立。布鲁金斯学会杰出的经济学家爱丽丝·里夫林（Alice Rivlin）是国会预算办公室（CBO）的第一任主任，在随后的几年里，她继续在布鲁金斯学会和政府之间来回奔波。

（四）经济发展时期

布鲁金斯学会经济研究项目主任约瑟夫·佩赫曼（Joseph Pechman）在20世纪80年代初大力推动美国税法的全面改革。他的研究促成了1986年的税收改革法案，这是一项对美国经济产生深远影响的重大法案。

20世纪90年代，联邦政府将其许多社会项目下放回城市和州，于是布鲁金斯学会为建设好社区、城镇和都市制定了新的城市政策。比尔·克林顿总统签署福利改革法前，共和党国会前工作人员罗恩·哈斯金斯（Ron Haskins）和克林顿总统预算办公室前官员伊莎贝尔·索希尔一起在布鲁金斯学会合作研究美国的儿童和家庭政策。2001年泽希尔（Sawhill）和研究员亚当·托马斯（Adam Thomas）提出的关于儿童税收抵免的提案成为税收立法的一个重要部分。

布鲁金斯学会经济学家比尔·盖尔（Bill Gale）、马克·艾里（Mark iwry）和彼特·奥尔扎格（Peter Orszag）在税收体系的改善过程中所付出的努力也得到了回报。这些学者认为，为了帮助美国人为退休储蓄，对中低收入的工人进行财政激励是有必要的，并应该同时采取新的企业运营方法，以使退休储蓄变得更加容易。他们推动的立法使他们成为在美国被引用最多、最具影响力的三位经济学家。

（五）全球危机时期

2001年的"9·11"事件使得应对类似恐怖威胁的战略制定显得更加紧迫。在这样的背景下，布鲁金斯学会的专家们就国土安全和情报行动密集提出相关建议，还在国会论证这些建议，并利用国会中诸如内部电视演播室的外宣机构，向受到恐怖袭击后心有余悸的公众展示未来全新的全球治理情况。

（六）治理更新时期

在面对2008—2009年的"次贷危机"时，布鲁金斯学会的学者们探究了危机的原因和后果。当全球气候变化、武装扩张以及我们这个时代的其他多方面的问题带来的影响需要复杂的补救措施时，专家团队通过新的活动和动员全部机构的战略迅速作出反应。

二、智库的组织架构

布鲁金斯学会有着成熟的组织管理系统,由学会主席、学会执行副主席、董事会联合主席以及信托人董事会等行使行政与财务管理权,而学术以及其他日常经营活动则集中在以五大研究部门为首的学术机构中。

(一)领导机构

布鲁金斯学会汇集了来自世界各地的300多名政府和学术界顶尖专家并实行董事会负责制(见图1)。董事会是一个由来自不同背景的杰出人士组成的理事机构,对该机构(布鲁金斯学会)的领导力、信誉、财务健康和学术独立性负有信托责任。在董事会的领导下,布鲁金斯学会的管理团队负责日常行政工作,如制定政策、推荐项目、核准出版物以及挑选研究人员等。董事任期三年一届,每年举行三次全体会议。

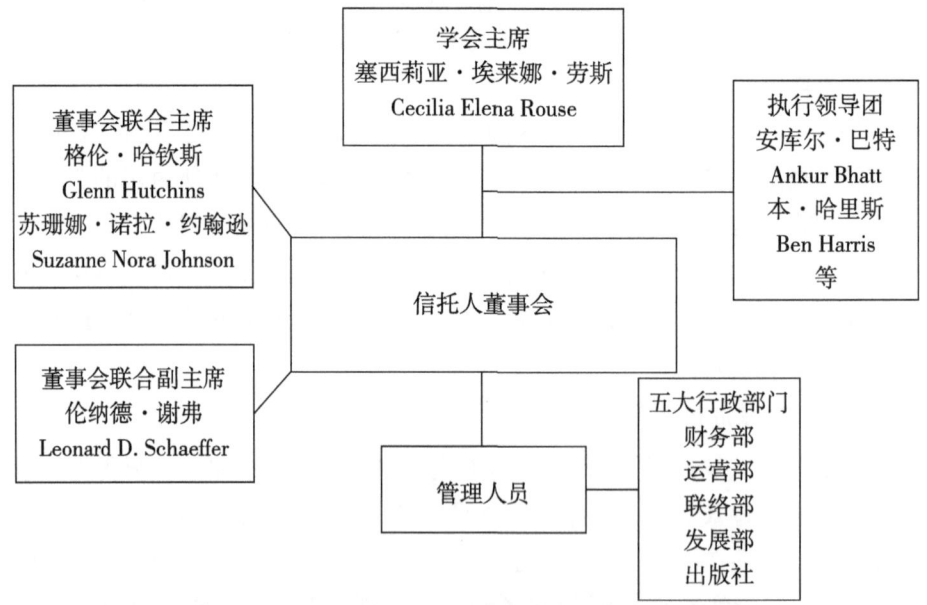

图1 布鲁金斯学会执行领导人员[1]

1. 学会主席

塞西莉亚·埃莱娜·劳斯是布鲁金斯学会主席。2021年至2023年,她担任经济顾问委员会(CEA)主席,是该委员会75年历史上第一位担任这一

---

[1] Brookings 2023 annual report, p.35.

职务的美国黑人。

她在美国参议院以 95 票获得通过，在担任经济顾问委员会主席期间，她从普林斯顿大学休公职假，并于 1992 年加入该校教师队伍。在普林斯顿大学期间，她还于 2012 年至 2021 年担任普林斯顿大学公共与国际事务学院院长。她是普林斯顿大学卡兹曼-恩斯特经济学和教育学教授以及经济学和公共事务教授。

2. 执行领导团

目前该团队共 13 人，由 7 位副主席、2 位临时副主席、1 位总顾问以及 2 位高级研究员组成。布鲁金斯学会采用团队执行决策的方式，让各大研究部门的负责人直接成为学会领导团队的副主席，例如布拉希马·桑加福瓦·利巴利（Brahima Sangafowa Coulibaly）担任世界经济与发展研究部的负责人同时兼任领导团的副主席，通过这样的方式促进学会运营执行事宜的集体讨论与决策。

3. 信托人董事会

董事会共有 92 名成员，都是各行各业的高管、学者、前政府官员和社区领袖。其中董事会管理人共 5 位，分别是格伦·哈钦斯、苏珊娜·诺拉·约翰逊、伦纳德·谢弗、维克多·海姆斯与特蕾西·沃尔斯坦克罗夫特。高级信托人共 27 位，终身信托人 10 位以及其他的以罗伯特·阿伯内蒂为代表的其他董事会成员共 41 位。董事会成员任期四年，每年召开三次会议。董事会的作用体现在对该机构的业务和事务进行管理，批准学术调查，以及保障该机构工作的独立性上。

4. 管理人员

布鲁金斯学会的领导机构里除了主席、副主席以外还有 10 位管理人员，他们大多为各个研究部的主任，且大多属于联合副主席，对于学会的运营以及研究方向有直接的管理与领导权。

（二）科研团队

布鲁金斯学会专家们的研究议程和建议植根于开放的探索，300 多名学者代表了不同的观点。研究主题涵盖外交政策、经济、发展、治理和都市政策。布鲁金斯的科研项目大多以命题的方式开展，通过研究部门（Programs）、研究中心（Centers）和研究课题（Projects）三个层次进行，各个区域没有隶属关系，目前学会有五大研究部，17 个研究中心和 5 个存档中心。

（三）资金来源

布鲁金斯学会是一个符合美国税法中 501（c）(3) 款项的非营利组织，其资金主要来自捐款，每年他们都会提供一份有关财务和资金的透明年度报告，见表1。

表1　布鲁金斯学会2020年度资产表[1]

资　产	金额（万美元）
现金及现金等价物	2487
应收账款	6347
捐赠投资	35519
其他投资	1904
固定资产、设备	2772
其他资产	226
总资产	49255

如之前的财务报表显示，布鲁金斯学会的资产绝大多数来自机构以及个人的捐赠，每年布鲁金斯学会都会通过荣誉名单[2]（Honor Roll）的形式向这些捐赠人与捐赠机构致谢（见表2）。这些获赠款项多数被限定用于制订研究领域，少数可以由学会自由支配。

表2　布鲁金斯学会捐赠荣誉名单

捐赠额	捐赠方
200万美元以上	必和必拓基金会（BHP Foundation）
	比尔和梅琳达·盖茨基金会（Bill & Melinda Gates Foundation）
	德意志联邦共和国（Federal Republic of Germany）
	哈钦斯家族基金会（The Hutchins Family Foundation）
	微软公司（Microsoft Corporation）
	卡塔尔驻美大使馆（Embassy of the State of Qatar）
	大卫·鲁宾斯坦（David M. Rubenstein）

[1] The Brookings Institution and Affiliates Consolidated Financial Report, June 30, 2020, p.3.
[2] Brookings 2020 annual report, p.43.

续表

捐赠额	捐赠方
100万—199.9999万美元	阿诺德风险投资公司（Arnold Ventures）
	甘布雷尔基金会（The Gambrell Foundation）
	威廉和弗洛拉·休利特基金会（The William and Flora Hewlett Foundation）
	罗伯特·伍德·约翰逊（Robert Wood Johnson Foundation）
	克雷斯格基金会（The Kresge Foundation）
	凯西·米恩汉（Cathy E. Minehan）
	洛克菲勒基金会（The Rockefeller Foundation）
	伦纳德·谢弗（Leonard D. Schaeffer）
	阿尔弗雷德·斯隆基金会（Alfred P. Sloan Foundation）
	潮汐中心（Tides Center）
	安卓和安·提西基金会（The Andrew H. and Ann R. Tisch Foundation）
50万—99.9999万美元	佚名
	劳拉和约翰-阿诺德基金会（Laura and John Arnold Foundation）
	美国银行（Bank of America）
	罗伯特·博世基金会（Robert Bosch Stiftung）
	布雷温·霍华德（Brevan Howard）
	纽约卡内基公司（Carnegie Corporation of New York）
	CICP基金会（CICP Foundation, Inc.）
	针鼹捐赠会（Echidna Giving）
	大堪萨斯城社区基金会（Greater Kansas City Community Foundation）
	乐高基金会（LEGO Foundation）
	迪娜和乔治·佩里（Dina and George Perry）
	波蒂克斯慈善基金会（Porticus）
	内华达大学（University of Nevada）
	沃尔玛基金会（Walmart Foundation）
	小约翰·哈森·怀特（John Hazen White, Jr）

2020年向布鲁金斯学会捐赠200万美元以上的有比尔和梅琳达·盖茨基金会等这样的机构，也有如大卫·鲁宾斯坦这样的个人，在捐款中超过100万美元捐款者有阿诺德公司与洛克菲勒基金会等这样的基金会，也有如罗伯特·伍德·约翰逊这样的个人捐款者。总之，向布鲁金斯学会捐款的个人与机构众多且数额庞大，这些捐款是支撑布鲁金斯学会财政运营的重要力量。

布鲁金斯学会每年的财产来源主要来自个人与机构的捐款，但是学会本身也有其他的营收方式（见表3）。

表3　布鲁金斯学会2020年营收表[1]

收入来源	金额（万美元）
指定业务投资	1799
补助金和项目	3346
项目服务回报	112
出版社收入	149
设备收入	162
租金收入	2
利息、红利以及货币兑换运营	75
其他收入	28
总收入	5673

三、智库的主要活动

布鲁金斯学会研究工作的开展主要是通过研究部门、研究中心和研究课题三种形式展开的。研究课题组根据课题需要召集而成，课题完成后解散。布鲁金斯学会目前安置17个研究中心，开展了42个研究项目，这些研究中心与项目全都在五大研究部的管理与领导下进行，同时还设有5个存档中心与38个存档项目以便查阅。

---

[1] The Brookings Institution and Affiliates Consolidated Financial Report, June 30, 2020, p.4.

（一）研究部门定方向

布鲁金斯学会设立五大研究部门，它们有着不同的研究方向，这些研究方向尽可能涵盖所有的学术热点与问题，并积极寻求解决问题的方法与措施。

1. 经济研究部

该部提供对当前经济形势和新兴经济问题的分析，以促进创新实际的政策解决方案。经济研究领域的学者们进行严谨的研究和政策分析，并将他们的研究结果传达给政策制定者和公众，提供广泛的经济增长形势、经济发展机会和社会流动性、包容性社会政策、健全的货币以及财政等领域的信息。该研究部主任为本·哈里斯（Ben Harris），哥伦比亚地区健康福利交易所的成员和学会副主席。

2. 外交政策研究部

该部门主要研究大国之间快速洗牌的地缘政治对国际和平与安全带来的挑战，除此之外还探讨国家和跨国组织之间的混乱关系以及不断变化的国防、科技、能源和气候的动态。该部门学者进行深入的、无党派倾向的研究和分析，旨在通过具体的政策建议，为最棘手的问题提出解决方案。该研究部主任为苏珊娜·马洛尼（Suzanne Maloney），布鲁金斯学会的副会长，曾担任外交政策部副主任5年之久。

3. 世界经济与发展研究部

该研究部成立于2006年，对于如何改善全球经济合作、消除全球贫困和社会压力来源的政策进行了许多讨论。该研究部以实现世界的优质、可持续和平衡发展为长期愿景，开展高质量的研究，确定目标受众和政策发布时机，并分享其研究结果，为新的政策解决方案提供信息。该研究部主任为布拉希马·桑加福瓦·利巴利（Brahima Sangafowa Conlibaly），曾任联合国开发计划署署长和土耳其经济事务部部长。

4. 政府治理研究部

该部门致力于分析政策问题、政治机构和程序以及当代治理挑战。专家们对需要改革的领域提出具体的解决方案，提高国家政府的绩效。同时该部门还为政策制定者组织讨论并提供专家的分析和想法，以确保制定更好的治理制度。该研究部主任为卡米尔·布塞特（Camille Busette），曾担任治理研究高级研究员，并兼任经济研究和大都市政策的附属研究员。

5. 都市治理研究部

该部门研究并提供解决方案，旨在帮助城市领导人建立一个汇集所有专家有效意见的先进城市经济运行制度。该部门同时还帮助美国城镇应对各类挑战，提高美国城市居民的就业率和收入水平，减少贫困、节能减排，促进可持续发展。该研究部主任为艾伦·贝鲁贝（Alan Berube），他撰写了数百篇布鲁金斯出版物，内容涉及大都市经济和人口趋势、影响家庭和社区的联邦政策以及城市在全球经济中的作用。

（二）研究中心划区域

布鲁金斯学会目前有17个研究中心，各个研究中心的研究方向与领域来源于五大研究部，在各大研究部门的方向下划分不同的研究区域。

（1）安妮和罗伯特·巴斯的转型建设研究中心：于2018年启动，旨在鼓励公共组织、私营和民营企业领导人进行基建投资，从而产生广泛的社会和经济效益。

（2）布朗教育政策中心：布朗教育政策中心的使命是进行高质量的独立研究，提升学校的管理效率和所有学生的生活水平。

（3）东亚政策研究中心：该中心成立于1998年，通过研究、分析和交流，以增进美国对东亚政治、安全和经济问题的理解，同时加强相关政策的制定。

（4）有效公共管理中心：布鲁金斯的有效公共管理中心（CEPM）是一个专注于发现和解决21世纪美国的政治和治理挑战研究机构。

（5）中东政策研究中心：目前的中东正面临着政治和社会的历史性转型，激烈的内战，新一轮的暴力极端主义。这些中东问题给政策制定者带来了前所未有的挑战。该中心将长期观察并讨论该地区的问题并为政策制定者提出意见。

（6）斯特罗布·塔尔博特安全、战略和技术中心：该中心汇集了来自美国大战略、美国军事事务（包括国防现代化、技术创新）、美国联盟和安全伙伴关系、跨国威胁、军备控制等方面的专家，旨在促进整个布鲁金斯的技术研究，通常与人工智能和新兴技术合作。

（7）可持续发展中心：于2020年由全球经济与发展项目发起，为推动全球可持续发展和所有国家实施可持续发展目标（SDGs）提供建议咨询。

（8）布鲁金斯大学技术创新中心：成立于2010年，由主任尼科尔·特纳·李（Nicol Turner Lee）领导，专注于提供能对美国和全球技术创新领域的公共辩论和决策产生影响的研究成果。该中心的研究集中于以下几个方面：

发掘并分析创新的关键之处；开发并向利益相关方提供最佳做法；向政策制定者建议提高创新所需的方案；加强公众和媒体对技术创新的理解。

（9）健康政策中心：以严谨的证据和分析阐明医疗保健系统如何运作以及决策者应该如何改进该系统，为医疗保健政策讨论与决策提供信息。

（10）统一教育中心：成立于2002年，是一个先进的政策中心，专注于在世界各地普及优质教育和技能发展。该中心在加速教育变革方面发挥了重要作用，使学习者能够在快速变化的世界中茁壮成长。统一教育中心帮助为全球教育相关政策的制定提供信息，并向政府、民间社会和私营企业推广可操作的战略。

（11）经济安全与机遇中心：该中心研究对美国儿童及其父母福祉产生影响的政策，特别是处境较差家庭的儿童。该中心关注美国的贫困、不平等和机会缺乏的问题，并寻求找到解决这些问题的更有效手段。

（12）市场与规制中心：近几十年来的技术快速增长已经改变了整个行业，导致世界各地的监管机构需要提出新的监管框架来管理新技术。国家、地方、州和国际层面的监管范围不断扩大、复杂性不断增加，加上对监管领域的全新需求，需要对监管的效果（包括预期和非预期的效果）进行更多的检验，以确保它们实现其目标的成本降到最低。

（13）社会动态和政策中心：该中心主要通过使用计算模型将复杂的系统性科学应用于社会及政策动态研究。在政策环境中，复杂性指的是对于政策变化产生的反应可能不统一或不直观的情况，部分原因是反馈效应、时间延迟、相互关联和非线性。在这种情况下，复杂的系统性科学方法可以为理解新兴的社会现象和制定有效的政策提供重要的优势。

（14）美国和欧洲中心：该中心的使命是为美国和欧洲的政策制定者提供独立的研究和建议，促进美国和欧洲就欧洲的发展和影响跨大西洋关系的全球挑战进行高级别对话，并就政策相关问题召开研讨会和公共论坛。

（15）约翰·桑顿中国研究中心：2006年，布鲁金斯学会在华盛顿特区和北京建立了以中国为重点研究对象的研究中心。位于华盛顿的约翰·桑顿中国中心被广泛认为是关于中国政治制度及其外交和经济政策的顶尖研究中心。位于北京清华大学的布鲁金斯学会-清华中国办公室则是一个为中国领导人和中国政策界提供信息的中国机构。

（16）哈钦斯财政和货币政策中心：该中心的使命是提高财政和货币政策的质量与效力以及加强公众对它们的理解。它利用布鲁金斯学会学者和政府、学术界、智囊团和商界专家的专业知识，以及其咨询委员会的指导来提供独立的分析。通过委托研究、召集私人和公共活动以及利用互联网的力量努力创新思维，促进达成建设性的建议，并提供理性辩论的论坛。

（17）城市–布鲁金斯税收政策中心：该中心旨在对当前长期的税收问题进行独立分析，并及时向公众和政策制定者传达分析结果。该中心拥有来自税收、支出、预算政策和微观模拟模型等领域的国内顶级专家，集中研究对未来至关重要的税收政策的四个总体领域。

（三）研究项目

布鲁金斯学会目前正在进行的有 42 个研究项目，其中有例如布鲁金斯经济活动论文（Brookings Papers on Economic Activity）这种起源早（该项目设立于 1970 年）、持续时间长的项目，也有例如"十七房间"（17 Rooms）这种根据社会和国际环境的变化设立的项目（该项目设立于 2018 年），不同的项目属于不同的研究中心，有不同的负责人，也专注于不同的领域。各个项目都以寻求帮助政策决策者作出更加高效与理性的决定，让公众生活环境更加安全健康为使命。

（四）归档中心项目

顾名思义，归档中心与归档项目就是布鲁金斯学会已经完成并且解散了的项目与中心，目前布鲁金斯学会已有 5 个归档中心与 38 个已归档项目，这些中心与项目的资料仍然可以查询，甚至可以配合正在展开的项目与中心再次开启。对于目前正在进行的项目有一定的支持与借鉴的作用。

四、智库的影响力

布鲁金斯学会毫无疑问是世界顶尖智库之一，外界对布鲁金斯学会有着诸多溢美之词，即使布鲁金斯学会偶尔会有对他国政策理解以及危机评估的误解甚至歪曲的瑕疵，但依旧不影响其在社会中的地位。

（一）政府层面评价

布鲁金斯学会对于政府的影响力从许多方面都有体现，作为美国历届政府"智囊团"的重要组成部分，布鲁金斯学会对于美国政府的影响力深刻而持久。

（1）专门的研究机构。在对政府的影响力方面，布鲁金斯学会有上文提到过的属于五大研究部之一的政府治理研究部。布鲁金斯的治理研究项目被视为美国国内政策决策领域的一个先进而独立的力量,该项目致力于分析政策问题、政治机构和政策执行进程以及当代的治理挑战。他们的学术研究确定了需要改革的领域,并提出了改善全球治理的具体解决方案,但大多数的研究重点仍然集中于美国。该项目由达雷尔·韦斯特(Darrell M. West)指导,有60多名具有不同背景、研究兴趣和专业领域的常驻和非常驻学者参加。

(2)"旋转门机制"。"旋转门"顾名思义就是智库向政府输送人员的同时吸收政府前官员加入,作为美国社会一大特色的"旋转门"机制能密切智库与政府之间的联系,为智库影响政府创造良好的条件。在美国政府的"智囊团"里,布鲁金斯学会的研究员们有着不可替代的地位与作用。

历史上布鲁金斯学会经历了三次"旋转门"高潮。第一次出现在二战时期,学会中的许多专家和学者陆续加入政府,运用他们的专业知识协助各个政府机构管理战时的国家,二战结束后他们中的多数又回归了学会继续从事研究工作。第二次高潮发生在20世纪60年代,肯尼迪和约翰逊政府吸收了大批学会研究人员加入,这些学者全面参与了政府各项政策的制定。而尼克松上台后,约翰逊政府的大批中、高层官员又陆续回流到布鲁金斯学会。第三次高潮出现在奥巴马上台后,2009年一共有36位学会人员加入奥巴马政府充任要职,2011年后他们中的部分又陆续卸任回到学会。[1]

在最近一次的旋转门高潮中,美国政府的"智囊团"里有53位研究员来自布鲁金斯学会,占"智囊团"总人数的20.1%。

(二)公众层面评价

布鲁金斯学会没有刻意的公众影响手段与机制,实现对公众的影响主要依赖权威媒体及其对学会研究成果的报道与引用。

(1)媒体广泛引用:作为不强调党派倾向且独立的智库,布鲁金斯学会颇受各类主流媒体的青睐,许多类似《泰晤士报》《环球时报》这样的国际媒体就非常喜欢引用布鲁金斯学会的研究报告与成果。

(2)权威机构认证:除此之外,各个学会与知名大学每年给出的智库年度排行中,布鲁金斯学会几乎均名列榜首。

(三)国际层面评价

布鲁金斯学会历年来在国际上都有许多影响力不俗的合作项目,也拥有众多知名的国际伙伴。例如布鲁金斯学会与普林斯顿大学就合作开展了儿童

---

[1] 赵天一:《布鲁金斯学会研究》,中国社会科学院2013年硕士研究生学位论文。

未来研究项目（The Future of Children）。

五、成为顶级智库的原因

关于布鲁金斯学会成为世界顶尖智库的原因，该智库的座右铭足以诠释一切——"高质量、独立性与影响力"，这三个方面是布鲁金斯学会在当代保持着世界高水准的智库的重要原因。

（一）高质量

所谓"高质量"就是进行学术层面的高质量研究。历史上布鲁金斯学会的许多研究成果都在学术圈引起了巨大反响，比如1965年发布的"布鲁金斯季度计量经济模型"就为美国当时的经济建设作出了卓越的贡献。1967年刘大忠发表在《美国经济评论》上的论文就提到："以前从未有这么多杰出的计量经济学家紧密合作并协调完成了这样一项研究，编者和学者们，我们应该对他们完成的文献所作出的杰出贡献表示祝贺。"[1]

除此之外，学会还特别重视学术研究的质量，为应对各类学术不端行为，学会的管理机构还专门制定了严格的规章制度，为学者们开展高质量的学术性研究提供了制度上的保障。尽管布鲁金斯学会对于其他国家的政策解读存在不同程度上的误差，甚至有时会出现严重的误解，但其大部分研究成果仍然极具参考价值。

（二）独立性

布鲁金斯学会一直不遗余力地宣传自己的非党派性和非营利性，宣称捐款人不会对学会的研究成果产生影响，学会规定每年接受政府资金不能超过当年各类捐款总额的20%，学会的管理人员也会很自豪地宣传自己的年度预算资金85%以上来自慈善机构的捐款，同时董事会也不得干预学者的研究工作。学会的章程规定董事会只负责募集资金而不得干涉学会的研究内容，即"向学会提供赠款的个人和机构还可以指定资金的用途，但不能左右最终的研究成果"。从美国国内税法上看布鲁金斯学会符合美国国税局（Internal Revenue Service）第557号出版物"组织参考资料表"501（c）章节里关于非营利机构的描述："不隶属于行政机构和国会；不隶属于政府；运营资金主要来自机构和个人捐献，来源分散；政府机构资金占比很小；官方从未公开表示支持某个政策；不以官方名义支持某项政策。"

---

[1] *The American Economic Review*, 57, p. 246.

虽然布鲁金斯学会在部分学者看来有明显的自由派倾向，与民主党人关系密切，但2000年以后，学会研究人员构成日益多样，学会也开始受到共和党的重视，研究成果也更能引起共和党人的关注。布鲁金斯学会约翰·桑顿中心的主任李成在2015年4月27日接受《中国经济时报》采访时说，"布鲁金斯学会在处理独立性的问题上花了很多精力，包括在两党选举的时候，我们不能以布鲁金斯学会的名义'站台'，也不能够用布鲁金斯学会的资金来为选举服务，如果你请了民主党的候选人，也要请共和党的候选人。而我们每年也要写一个保证，就是不能用布鲁金斯学会的资源为某个利益集团服务，许多类似这样的方面都有很严格的规章制度。我们也希望通过我们的资源、通过我们的'旋转门'对国内政治施加影响。也许有人看到布鲁金斯学会的人员构成中，大多数是民主党，但始终是有共和党的，我们保持了这样一个平衡，而这个平衡也是布鲁金斯中心为什么有影响力的来源之一。"

（三）影响力

对于布鲁金斯学会而言，影响力就是其研究成果左右政府决策、引导公众舆论的能力。在影响政府决策方面，学会除了通过前文提到的"旋转门"机制为政府输送人才与从政府引进人才以外，还凭借高质量的研究报告和积极的游说促使政府官员和国会议员接受自己的观点。在历史上的绝大多数时间内，布鲁金斯学会都与美国联邦政府有着密切的联系，即使是在罗斯福政府与尼克松政府时期，学会与政府之间有敌对情绪的情况下，学会提出的意见依然具有影响力，例如在罗斯福新政中，学会在莫尔顿主席的带领下与媒体和公众一起反对新政，取得了一定的效果——《1933年农业调整法》被废除，国家工业复兴局被解散。虽然政府的敌视会降低学会的影响力，但布鲁金斯学会依然能凭借其高质量的研究与声誉为政策制定者带来思考。

（毛开伦／文）

查塔姆研究所

Chatham House

一、智库的形成与发展

查塔姆研究所（Chatham House），原名皇家国际事务研究所（The Royal Institute of International Affairs，简称 RIIA），其主要研究方向为国际事务及国际关系，是现今英国规模最大、世界最为著名的国际问题研究中心之一，被其同业推崇为世界国际事务领域的领导机构。它于1920年在英国成立，并于1923年搬入位于伦敦圣詹姆斯广场著名的查塔姆府邸至今。

查塔姆研究所不属于任何政府部门，正如他们自己所言，查塔姆研究所是"一个独立的政策研究机构，一个值得信赖的用于辩论与对话的论坛"，他们秉持着"建立一个持久安全的、繁荣的、公平的世界"的目标，围绕着国际安全、国际法、地区研究、全球卫生、环境、国际经济等领域开展了一系列的深入研究。各国政要在拜访伦敦的时候常会参观这座世界著名的智库，李克强总理就曾于2014年6月18日在查塔姆宫前发表了演讲。

世界著名的会议规则——查塔姆规则（Chatham House Rule）也发源于此。该规则制定于1927年，并曾于1992年、2002年两次修订。该规则规定：如果一个会议，或会议的某个环节，是依据查塔姆规则进行的，则与会者可在会议外自由地使用在会议中获取的信息，但不得透露演讲者及其他与会者的身份与所属机构。查塔姆规则虽然不具备法律约束力，但研究所将对违反规则的会员或客人采取纪律处罚，他们今后可能会被排除在研究所的活动之外。查塔姆规则允许人们以个人身份发言，并表达可能与其所属组织或所持的立场相悖的意见，以此鼓励自由讨论。如果他们在会议上所说的内容被其他人公开引用，与会人员也不必担心自己的声誉或受影响。查塔姆规则一经创立，便吸引了无数学者在查塔姆研究所分享自己的观点，也被世界各大组织机构所引用以鼓励自由讨论。

研究所的历史根据不同的发展历程可以分为起源、二战期间、战后重建、美苏冷战以及多元发展五个阶段。

起源阶段（1919—1939 年）。1919 年，在巴黎和会期间，英国外交官莱昂内尔·柯蒂斯（Lionel Curtis）主张建立一个国际事务研究所。于是英美两国协议建立专门进行国际问题研究的组织，旨在对国际问题进行深入研讨并通过和平协商来解决国际争端。同年英国成立国防事务研究所。1920 年 7 月，国防事务研究所被分立为英国国际事务研究所和纽约对外关系委员会。1922 年，第一期《国际事务》刊发。1923 年国际事务研究所搬入位于伦敦圣詹姆斯广场 10 号的查塔姆大厦，该楼曾作为三任英国首相的官邸。1926 年乔治五世国王授予研究所皇家宪章，从此研究所便冠以"皇家"之名。1927 年，世界著名的"查塔姆规则"正式形成。20 世纪 30 年代，查塔姆研究所逐渐成为各国政要在外交访问时所要参观拜访的著名场所。在这期间，研究所对非洲问题和英联邦问题发表了一系列看法与见解。1930 年，世界著名的经济学家凯恩斯在查塔姆研究所的国际黄金问题特别研究小组中研究黄金在国际货币体系中的作用，他在研究所的工作对布雷顿森林体系的设计产生了深远的影响，并支撑了战后的经济复苏。1933 年，查塔姆研究所成员诺曼·安吉尔（Norman Angell），因其作品《大幻想》（*The Great Illusion*）而获得诺贝尔和平奖，该书分析了各国经济的相互依存关系，并驳斥了通过征服和战争可以给一个国家带来巨大经济利益并使它的生存空间、市场和原料得到保证的主张。

二战期间（1939—1945 年）。研究所的许多工作人员被分配到牛津大学贝利奥尔学院，另一些人则被借调到政府部门与英国外交部展开了紧密合作。在查塔姆宫，研究所在代理所长玛格丽特·克里夫（Margaret Cleeve）的主持下继续开展工作。研究人员建立了外国研究和新闻机构，该机构准确地收集到被轴心国占领的国家的情况，对英国的战时情报和战后规划产生了重要的影响。同时，研究所为武装部队的军官安排课程，并为难民和同盟国学者提供研究设施。

战后重建（1946—1950 年）。二战结束后查塔姆研究所积极地加入到国际新秩序的构建当中，一些工作人员离职加入到国际组织当中，比如联合国和国际货币基金组织，他们帮助这些机构和组织设计了相关的制度框架。查塔姆研究所曾对国际复兴开发银行的成立作出了重大贡献。

美苏冷战（1950—1991 年）。20 世纪 50 年代，随着苏联和西方之间的紧张局势不断上升，查塔姆研究所出版了《冷战中的防务自由世界和朝鲜的任务——导致战争的谎言》。1951年，西德的著名总理康拉德·登纳（Konrad Adenauer）在查塔姆研究所发表了演讲，他呼吁："维护欧洲和平的唯一途径是建立一个超越国界的国际社会。"

1953年，伊丽莎白女王加冕。从此，伊丽莎白女王成为查塔姆研究所的赞助者。在她的任期，她与研究所保持着密切的联系，定期听取查塔姆研究所关于重大事件的简报，并资助研究所的研究活动。

20世纪60年代，随着古巴导弹危机以及一系列非洲和南美洲的独立运动，查塔姆研究所开始注重对非洲以及南美洲的研究。

20世纪70年代，随着欧洲一体化的进程加深，查塔姆研究所将目光聚焦于英国在欧洲的未来。1972年，"1972年以来的欧洲"研究小组成立，目的是研究欧洲经济共同体的广泛影响力。

1975年10月，研究所举行了第一次英苏圆桌会议，从而开启了早期的第二轨道外交。研究所试图深入开展东西方间的交流，改善英国与苏联之间的关系。20世纪90年代，随着苏联解体、柏林墙倒塌，研究所通过第二轨道外交进一步促进了与前华沙条约国家政府的直接接触，加强了东西方之间的沟通与交流。

多元发展（1991年至今）。20世纪80年代到90年代，在科学界发现地球臭氧层耗竭后，查塔姆研究所主持召开年度气候变化会议，以促进气候变化领域的国际合作。随着环境问题的愈发突出，研究所对能源问题和可持续发展开展了长期研究。21世纪初，"9·11"事件后研究所加强了对国际恐怖主义、中东、亚太、国际安全以及国际法等领域的研究。2001年，美国讨论小组成立，该组织旨在从更客观的角度，更开放、更细致地讨论美国对"9·11"的反应。2002年，查塔姆研究所制订了欧盟的FLEGT计划，旨在打击非法采伐的情况。研究所是森林治理以及关于非法采伐研究的先驱者和提倡者。2005年，查塔姆研究所奖成立，该奖项用于表彰那些为改善国际关系作出重大贡献的个人或组织，获奖者由成员投票选出的。乌克兰前总统尤先科是第一位获此殊荣的人。2010年代，随着全球工业化以及气候变化的影响，中国的经济和影响力不断加强。查塔姆研究所将目光转向了中国以及其所在东亚地区。查塔姆研究所对中国低碳经济区建设的影响进行分析，加强中国与欧盟在可持续发展方面开展的合作。2016年，英国脱欧公投前后，研究所就英国的主权、能源、贸易、外交和安全政策以及欧盟的未来进行讨论和分析。2017年，研究所成立了霍夫曼可持续资源经济中心，为公民和环境安全探索可持续的、繁荣的资源经济。霍夫曼中心的"再造"项目对新技术如何更好地满足未来、社会和环境的需要开展了研究。2019年，研究所成立全球健康中心，该中心致力于推进全球卫生协商，支持有效的全球卫生治理、领导力和责任制。

2020年，查塔姆研究所开展了一系列活动庆祝该所成立100周年。

二、智库的组织构架

查塔姆研究所之所以能成为世界顶尖智库，与其完善的制度设计、专业的科研团队、独立的资金来源有着极为密切的关系。研究所的制度设计一方面从领导层方面保证了独立性，另一方面又保证不会导致与政府过多脱节。专业的科研团队保证了研究所在各个领域都能开展深入的研究以适应迅速变化的世界。独立的资金来源能让研究所保持独立性的同时有充足的资金开展各项研究活动。

（一）管理结构

查塔姆研究所管理机制的顶层是一位名誉领导，即赞助人。英国女王伊丽莎白二世自从1953年继承王位起就一直担任此职。尽管她没有正式的管理义务，但伊丽莎白二世通过《皇家宪章》不断地表达她对研究所的支持。

研究所的管理权力架构主要有三层。第一层为主席，主席设有三个席位，人选分别来自英国议会的三大党，这保证了研究所的独立地位。同时，也保证了研究所与英国政府交流渠道的畅通。第二层为理事会，理事会是研究所的主要权力机构，根据研究所章程监督研究所的运作和管理，其成员由所有研究所会员匿名投票选出，任期3年，并可连任一届。目前理事会成员共有13位，现任理事会主席是奈杰尔·施恩瓦尔德爵士（Sir Nigel Sheinwald），他在英国外交部门任职近40年，曾任英国驻美大使。理事会下设四个委员会，分别是执行委员会、财政委员会、投资委员会和提名委员会。第三层为行政领导，负责研究所日常运作和研究，由所长、副所长以及各研究部门主任组成，目前查塔姆研究所所长为布朗文·马多克斯（Dr Bronwen Maddox）博士。此外还设有高级顾问小组和青年顾问小组。高级顾问组成立于2008年，是研究所的高端外部智力支持单位，也是其建言献策的重要渠道。顾问组成员对研究所的研究项目和政策提供富有经验的参考咨询，同时帮助研究所将其观点向英国政府乃至全世界传播。高级顾问小组目前共有34名成员，由曾经的英格兰银行行长马克·卡尼（Mark Carney）和前英国桑坦德银行主席什里蒂·瓦德拉（Shriti Vadera）担任联合主席共同领导。青年顾问小组共有18名，该小组旨在参与未来的国际事务，小组成员也可以为策略提出自己的建议，并与理事会和行政领导团队分享自己的看法。[1]图1为查塔姆研究所领导层架构。

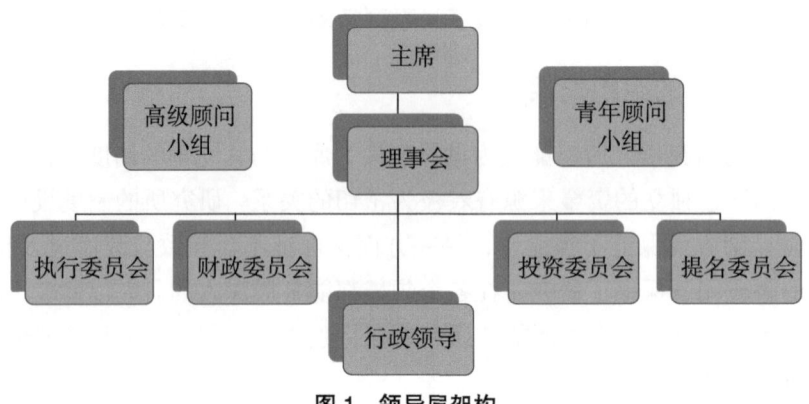

图1 领导层架构

（二）科研团队

查塔姆研究所根据不同的研究方向将其研究人员细化成一系列核心的项目组，其中有些项目组专注于世界各大地理区域内的各国政策和地缘关系的研究，而另一些项目组则针对特定的主题开展研究。目前研究所共有14个项目组，其中6组为区域项目组，分别是非洲项目组、亚太项目组、欧洲项目组、中东和北非项目组、俄罗斯和欧亚项目组以及美国和美洲项目组。针对特定主题进行研究的项目组则有环境和社会项目组、全球经济和金融项目组、全球卫生项目组、国际法项目组、国际安全项目组、英国的国际新角色项目组、数字社会倡议项目组以及可持续发展加速器这8个项目组。这些项目组根据各自区域和领域内的研究方向，开展各类具体的项目研究。表1为查塔姆研究所主要研究项目。

表1 查塔姆研究所主要研究项目组与研究内容

项目组	主要研究内容
非洲项目组	项目组的政策研究集中在影响非洲各国、非洲区域和有关非洲国际关系的问题上，重点在以下领域：（1）选举与政治制度；（2）外交关系和国际体系中的非洲机构；（3）包容性经济增长、治理与技术；（4）和平与安全；（5）可持续资源管理。

[1] 韩丽：《英国智库的标志——英国皇家国际事务研究所》，载《智库理论与实践》2016年第4期。

续表

项目组	主要研究内容
亚太项目组	该项目组重点关注亚太地区的政治、经济和社会发展，其研究焦点在以下6个主题：（1）地缘政治；（2）贸易、投资和经济；（3）冲突、和平与稳定；（4）可持续和包容性增长；（5）技术和社会；（6）人口统计数据、族群与移民。
欧洲项目组	该项目组的研究重点是欧洲的民主和政治经济、欧洲安全、英国脱欧后的外交政策，以及大西洋两岸关系的未来这四大领域。
中东和北非项目组	该项目组主要关注该地区被忽视的经济、政治和社会问题，重点关注以下几个领域：（1）在地区权力斗争中崛起的混合势力以及其对国家权力的挑战；（2）互相联系的政治经济网络以及其对冲突动态的影响；（3）国家建设对冲突动态和解决措施的中心地位；（4）区域行为主体在区域冲突和地缘政治中的影响力；（5）公民动员及其与国家机构和精英利益者的冲突联系。
俄罗斯和欧亚项目组	该研究组的主要焦点在于以下5个领域：（1）乌克兰的选举；（2）俄罗斯的外交政策；（3）俄罗斯的国内政治；（4）东欧公民社会的恢复；（5）中亚的外部动力与外部利益。
美国和美洲项目组	该项目组关注北美、中美洲和南美洲的政治、经济和安全问题及其对全球的影响。主要集中在以下5个主题：（1）美国及其全球大国的地位；（2）加拿大、墨西哥等中等大国在国际和地区中的作用；（3）国家间在贸易、金融、气候变化和移民方面的作用；（4）变化的民主本质；（5）经济、政治和文化的变迁。
环境和社会项目组	该项目组研究气候变化、生物多样性的破坏和资源枯竭等相关的危险，以及它们给安全、地缘政治和国际发展带来的深刻风险。他们的主要研究焦点在以下5个领域：（1）粮食、农业和生物多样性；（2）循环经济；（3）气候变化和气候风险；（4）自然资源的使用和治理；（5）能源转换。
全球经济和金融项目组	该项目组的研究焦点：（1）大流行病和全球经济危机；（2）国际经济合作；（3）全球治理与G7和G20的作用；（4）气候变化中的经济学；（5）国际贸易与投资；（6）发展中国家的债务；（7）全球卫生的创新融资；（8）公司的宗旨和责任；（9）国际货币体系的演变。
全球卫生项目组	该项目组的工作重点是全球卫生中3个紧密联系的方面：（1）全民医疗保险；（2）全球卫生安全；（3）健康社会。
国际法项目组	该项目组的研究主要集中在4个关键领域：（1）理解全球秩序转型时期国际法体系的变化；（2）解决新技术和新全球共同领域的治理缺失；（3）振兴人权制度；（4）加强全球包容治理。

续表

项目组	主要研究内容
国际安全项目组	该项目组主要研究领域集中在以下3个方面：（1）国际安全、防御和治理；（2）科学、技术和安全；（3）社会和安全。
英国的国际新角色项目组	该项目主要探讨脱欧之后主权更强但稳定性更弱的英国，在这个动荡不安的时代中的地缘政治角色、外交角色和安全角色。
数字社会倡议	该项目组秉持着以解决问题为导向的政策建议，旨在最大限度地发挥技术发展的潜力，弥合竞争，建立合作，以支持一个可持续安全、繁荣和公正的世界。
可持续发展加速器倡议	该项目组研究领域主要集中在以下3个方面：（1）再生土地经济与循环建成的环境；（2）财政和技术在促进可持续转型方面的作用；（3）消费驱动型经济增长的模式。

各个项目组虽然研究领域和侧重方向都有所不同，但他们并非彼此完全独立，不同项目组的研究员之间经常开展合作并共同推出各类研究专题。这种合作机制不仅保证了各个项目组在本领域的深度研究，同时还最大程度上整合了所内的研究资源，提升了项目组各项研究的广泛性，更好地讨论复杂且棘手的社会问题。

（三）资金来源

查塔姆研究所是一个在英国慈善委员会注册的非营利性组织。为了强调自身的独立性和客观性，研究所从来不接受政府的额外补贴，其举办的活动也不接受任何一位资金来源方的资助。为了贯彻研究所的宗旨和使命，研究所不接受任何来自资助方的有可能破坏其使命和原则的要求。无论资金来源如何，研究所始终保持对其实际成果以及公众、私人活动的独立控制权，并力求保持中立。同时研究所对资金来源奉行公开原则，只有在特殊情况和根据特定的指导方针时，捐赠者才可以匿名；只有当机密研究和其出版物不违背研究所的宗旨并且其资金不超过研究所年度总收入的5%时，研究所才被允许接受机密研究的委托。另外，研究所不接受烟草业企业的捐赠和资助。

查塔姆研究所的资金主要分为两大类：科研资金和无限制资金。科研资金的用途受到了严格限制，只能用于其捐赠的科研部门和科研项目，而无限制资金正如其名可以由研究所自由支配。根据2020年度查塔姆研究所年度报告，当年的科研资金占查塔姆研究所全部资金来源的70%，其资金来自世界各地200多个组织和个人的捐助，他们通过对特定的研究项目以及研究部门的支持来资助研究所。科研资金的来源主要有私人基金会、英国政府部门、非英国政府部门和国际组织、学术机构和个人以及公司团体5个类型。其中私人基金会占全部资金总额的21%，英国政府部门的资助占比为17%，非英国政府部门和国际组织占比为17%，学术机构和个人以及公司团体的占比分别为3%和12%。非限制基金占全部资金来源的30%，主要来源为非限制捐赠、出版物、投资回报、活动以及会员。出版物收入主要包括《国际事务》(*International Affairs*)和《今日世界》(*World Today*)，占总收入的4%。会员分为个人会员和企业会员，研究所从大约3000多名的个人会员和300多名企业会员那里获得会员订阅的收入，其中包括私营公司、政府部门、大使馆和高级专员公署、大学和学术机构、媒体组织和其他非政府组织，企业会员收入占比为11%，个人会员占比则为5%。非限制捐赠、投资回报、活动的占比分别为6%、1%和3%。2020年度查塔姆研究所共有531位捐赠者，其中有2位匿名捐赠者。捐赠金额最高的是MAVA基金会，其金额在500万英镑以上。捐赠金额位居第二的是英国外交、联邦和发展办公室，其金额在100万英镑以上。华为公司、中国国际金融有限公司、中华人民共和国驻英大使馆亦是研究所的赞助人。

三、智库的主要活动

查塔姆研究所在伦敦中心提供了一个独特的论坛，可以在这里听到各国领导人、政策制定者和意见领袖的声音。查塔姆研究所的活动主要有四大类型：会员活动、企业会员活动、邀请活动、公开活动。[1]

（一）会员活动

会员活动是指对查塔姆研究所的所有会员开放的活动。每年，查塔姆研究所组织和主办约120场会员活动，包括国家元首和政府代表就有关重要政策所发表的演讲以及知名作家、学者、决策者参与的关于国际事务的讨论。除了较为常规的主题演讲外，研究所还会定期举办以下子类别的会员活动。

（1）讲座。研究所定期举办讲座，针对当代政治问题进行公开的辩论。演讲者都是杰出的学者或政策制定者，他们在各自的领域内都有着深厚的专

---

[1] Chatham House. Our Events Explained, https://www.chathamhouse.org/events/our-events-explained.

业知识。

（2）小组讨论。研究所的小组讨论汇集了多位知名的发言人，他们会对某个问题从不同的角度阐述不一样的观点。

（3）招待会。研究所每个月都会举办活动后的招待会，让研究所的会员有机会与发言人、工作人员增进交流。此外，研究所每年还会为会员举办夏季晚会和圣诞晚会，并为新会员举办两次招待会。

（4）网络研讨会。简短的、只在网上进行的讨论，主要的话题是国际问题，让参与者可以在自己家里或办公室舒适地提出问题，并了解关键问题的最新情况。

（二）企业会员活动

企业会员可参与所有会员活动，以及专为企业会员量身定制的特别系列活动。

（1）企业领袖系列。每场活动会员都能收获到来自大型国际企业的首席执行官的独特见解。该活动开放给所有来自研究所的合作伙伴和主要企业会员的代表人。

（2）董事早餐简报。由研究所的董事主持，会员将有机会接触到各个行业内的高层人士。

（3）代表人早餐简报。对来自研究所的合作伙伴和主要企业会员的代表人开放，在这场活动中将由研究所的研究员和副研究员分享他们的最新研究成果和对时事的专家分析。

（三）邀请活动

只有被邀请的人员才能参加的特定活动，圆桌会议是这类活动的主要形式，会议将会邀请一组专家参与，被邀请者要就某一特定的主题进行研讨和辩论，每个被邀请者都有平等的与会权利。

（四）公开活动

公开活动是开放给社会公众人士参加的活动，主要有以下三大类型的活动：

一是会议。研究所每年会举办20多场会议，讨论重要的全球问题。会上有知名的国际问题专家和政要发表独家见解。会议是对公众开放的，但需要缴纳注册费。这些会议都会受到查塔姆规则的约束。

二是研究活动。研究所的研究项目会举办许多研究活动，邀请各自领域的决策者和专家参加。其中许多活动是开放给有兴趣的公众人士参加的，大众可以报名参加他们感兴趣的项目，主要是讲习班和模拟这两类活动。

三是特别活动。研究所每年还会组织特别活动，这些活动往往是查塔姆研究所精心准备的重磅活动，包括年度查塔姆奖的颁奖典礼和晚宴、伦敦会议以及在柏林举办的欧洲战略抉择会议。

（1）欧洲战略抉择年会，由查塔姆研究所、基尔大学安全政策研究所以及康拉德·阿登纳基金会联合举办，旨在了解欧洲在安全、经济竞争、贸易、技术以及全球影响力等领域中所面临的一系列复杂挑战。

（2）发起于2014年的伦敦会议，作为查塔姆研究所的年度旗舰活动已然成为一个重要的国际交流论坛，会议通过地域、政治和专业等多方面角度评估全球变化的驱动力，在全球顶尖学者、智库专家和政府官员间分享关于全球化问题的思想、观点和看法，为政府、企业以及NGO探明机遇与挑战。[1]

（3）查塔姆研究所奖设立于2005年，奖励给在改善国际关系方面作出突出贡献的个人或组织。候选人由研究所研究团队及3位理事会主席提名，并由成员共同投票选出，获胜者将获得女王伊丽莎白二世亲笔签名的奖状及水晶奖杯，女王还会在颁奖典礼上发表演讲。迄今为止，已有16位杰出人士获得查塔姆研究所奖。2020年马拉维的法官们获得了查塔姆研究所奖，以鼓励他们为非洲民主选举所作出的贡献。

四、智库的影响力

皇家国际事务研究所2020年排名较2015年的情况相比见表2，不难看出，这所老牌智库的实力和地位已经受到了严峻的挑战，虽然仍是全球顶尖智库，但实力却大不如前，研究所曾以外交政策而闻名世界，但在短短5年时间内，却从该领域内的第1名的宝座滑落到了第8名，其他领域内的排名也皆有所下降，只有全球健康领域内的排名有所上升。其原因有3点：一是和英国国情的剧烈变化有所联系，二是因为研究所管理层经历了较大的变动，三是研究所这几年的研究方向也在逐渐转型，更多资源被投放在了可持续发展和全球健康等领域的研究中。

---

[1] Chatham House. London Conference, https://www.chathamhouse.org/london-conference.

表2 查塔姆研究所《全球智库报告》排名情况

排名类型	2020年	2015年
全球顶级智库排名	6	2
非美国顶级智库排名	6	1
西欧顶级智库排名	5	1
国内经济政策排名	77	75
环境政策排名	12	8
国防和国家安全排名	22	5
对外政策和外交事务	8	1
全球健康政策排名	5	16
国际发展政策排名	5	2
国际经济政策排名	13	9
公共政策影响力排名	5	4

（一）影响力分析

忻华教授曾通过"权力场中心空间"和"决策共同体"的理论视角，结合英国社会的实际情况，得出了英国的决策体系模型。从这个模型可以看出，英国议会等委员会、首相及其内阁，是英国政策的最终制定者，居于最核心的地位；而英国智库则处于该体系的中心层，扮演着中间者的角色。它们凭借自身的专业知识以及与其他各方的交流渠道，将不同的社会阶层以及社会群体的利益诉求向决策核心层传达，从而影响核心层的决策活动。另一方面则通过对核心层的决策活动进行解读，为其他社会群体的活动提供相应的政策分析和专业建议，借此影响英国政策的施行。而根据影响力发挥作用的时间与强度，可以将英国智库影响决策的主要方式划分为短期间接影响、短期直接影响、长期间接影响和长期直接影响四种类型。[1]

1. 间接影响：出版物和媒体活动

研究所对决策的间接影响主要体现为两种方式，一是兼具长期影响和短期影响的出版物，二是主要表现为短期影响的媒体活动。

有学者将智库和最高决策层的关系称为"思想的市场"，研究所作为非

---

[1] 忻华、杨海峰：《英国智库对英国对华决策的影响机制：以皇家国际事务学会为例》，载《外交评论》2014年第4期。

营利性的公共政策研究机构，其主要功能是扮演决策者的"第二大脑"，对当今社会和国际形势开展分析，对国内重大议题和国际热点问题提供专业咨询意见。智库的出版物是这一功能最直接的体现。因为智库自身的研究活动和项目的出版物首先面向社会大众，并不能直接作用和影响最高层的决策活动，所以该智库对于英国决策层只是充当提供专业意见的"外脑"，并不直接决定英国公共政策的"首脑"。智库利用自身的专业性开展各类研究活动，通过自己的专家团队与学术团体形成良性互动，通过媒体活动发表观点并推广自身的出版物，最后形成了自身在学术团体和社会公众的品牌效应，从而博取最高决策层的关注。最高决策层是否阅读了智库的出版物，对智库出版物的观点又有多少程度的认可，这些是不得而知的，但是智库对政府的影响力又是切实存在的。

研究所的出版物根据其时效性可以分为：（1）简报；（2）研究论文和专题报告；（3）书籍。

简报时效性快，可以为政策制定者迅速地提供最新的消息，以应对迅速变化的情况。研究论文和专题报告的时效性适中，能就特定的主题开展深入的研究，为决策者提供详细的分析。书籍的时效性较慢，但能对专门的领域开展最为细致的研究。从2016年至今研究所共出版8本书，其中与布鲁金斯学会出版社联合出版的"洞察"系列最为著名。该系列丛书主要讨论的是重点领域的相关政策，如卫生、安全、经济、法律和环境等，由所内顶尖的学者撰写，旨在预测趋势并阐明新的想法和思路。

正是由于这种短期和长期相结合的特点，让研究所的出版物在不同的时间维度上都能对外施加间接影响。同时，简洁快速的简报与深入细致的专著相结合的出版方式，满足了各个研究层次、不同社会阶层和群体的不同需求，达到了最好的宣传效果。

研究所还拥有三大著名期刊，分别是较为大众化的杂志《今日世界》（*World Today*）、较为学术化的《国际事务》（*International Affairs*）以及专门针对网络安全和政策问题进行研究的《网络政策》（*Journal of Cyber Policy*），其中《国际事务》以高达7.91的影响因子位居全球国际关系领域期刊第一[1]。

研究所的出版物大多可以从研究所的数字图书馆上下载，除纸版及电子版外，还有大量的视频音频文件。从直观的视频到深入的文字解析，多角度、

---

[1] Oxford Academic, https://academic.oup.com/ia.

多方式地让读者了解及支持其政策分析。

  媒体活动是研究所的短期间接影响的主要方式,这主要是由于媒体的特性所决定的。媒体,尤其是随着网络发展而产生的新媒体具有愈发明显的即时性,因此研究所的媒体活动更多是针对时事新闻所展开的,也是短期的、即时的。同出版活动的影响路径相似,研究所的媒体活动也是为了在社会公众面前形成自身的品牌效应,从而寻求最高决策层的关注,而并非直接作用于决策活动。因此研究所的媒体活动和出版活动同属于间接影响的范畴。

  研究所除了在官网上发布研究成果和参与传统媒体的时评活动外,也会通过 Facebook、Twitter、LinkedIn、RSS、YouTube 等网络媒体进行宣传,研究员们也会经常通过个人微博等方式传播研究成果,发表个人意见和观点。据 2021 年数据统计,查塔姆研究所在 Facebook 上共收获了 104231 个点赞数,远超英国智库平均的 43575 个点赞数和全球智库平均点赞数 31384 个;在 Twitter 上,查塔姆研究所在 2021 年共有 225874 位粉丝,而英国智库平均粉丝数和全球智库粉丝平均数只有 34976 位和 18429 位;在 YouTube 上,查塔姆研究所共有 39600 个订阅数,而全球智库平均订阅数只有 5254 个;研究所在 Instagram 共有 7176 位粉丝,远高于英国智库的平均粉丝数;在 LinkedIn,查塔姆研究所有 59889 位粉丝,也远远超过英国和全球智库的平均数据。同 2019 年相比,2020 年查塔姆研究所被世界各大媒体提及 35366 次,同比增长 10%;研究所官网的浏览量增长了 78%,共有 34091 位来自 160 个国家和地区的读者阅读过研究论文《饮食体系对生物多样性丧失的影响》,共有 27980 位来自 136 个国家的读者阅读了专家评论《新冠疫苗:什么时候轮到你?》;研究所讲解关于民主的重要性的文章也长时间位于 Google 相关领域榜首。

  2. 直接影响:参加会议和"旋转门"制度

  作为最高决策层的官僚集团在遇到困难且紧迫的实际问题时,必定会向更具有专业知识和学术背景的知识分子寻求意见,以确保决策的正确性。而知识分子则借助这个机会利用自身在专业领域中的知识权威反过来影响官僚集团的决策,使决策者接受知识分子所持的立场或者价值理念。[1]智库在这机理中就是扮演着"知识分子"的角色。当最高决策层需要专业知识来制定政策时,就会邀请智库参加各类型的会议,以便咨询专家们的专业意见,这是智库直接影响决策的重要方式。又因为这些会议所讨论的议题往往是当下

---

[1] Peter M. Haas, "Epistemic Communities and International Policy Coordination," *International Organization* (Winter 1992), p.1.

社会的重要热点问题，而智库也是针对这些问题提出自己的看法，因此这种影响力属于短期的直接影响。

据忻华教授统计，自 2002 年年初至 2012 年年底的 11 年间，英国议会就对华政策的 5 个议题，举行了 38 场专题会议，查塔姆研究所共参加了其中 4 个议题（"中国崛起对英国的影响""中英双边贸易与投资""中国与低碳增长之关联""新形势下的中欧关系走向"）的 7 场专题会议，其参会数量占英国议会此类会议总数的 18.4%。[1] 由此可以看出，研究所对英国最高决策层具有较强的影响力。

"旋转门"制度是指个人在公共部门和私人部门之间双向转换角色、穿梭交叉为利益集团牟利的机制。"旋转门"机制可以被归为两类。第一类是由民间进入政府的"旋转门"，第二类是由政府进入私人部门的"旋转门"。英国学者戴安·斯通曾表示：英国智库对政府的长期直接影响力更多来自人力资本。这里的"人力资本"，便是指智库中的专家与学者。英国自 20 世纪中后期，智库的智力支持和政策咨询的作用就广受英国两党的重视，不少专家学者通过智库从学界进入政界，同时为了争取智库的影响力，两党中的政治家也会加入到智库中，智库与英国决策层之间的"旋转门"机制被迅速地强化。从智库中走出的学者，天然地会带有与智库的亲近关系；进入智库的官员，其自身的立场和价值取向也会影响到智库整体的立场和价值取向。这种一来一往的关系，大大加强了智库与政府间的联系。到如今，许多英国决策层的卸任官员往往会继续在智库开展研究工作或者担任管理职位。就比如目前研究所三位主席之一的奥莱斯泰尔·达令（Alistair Darling）就曾担任过国会议员以及财政大臣。据相关数据统计，在对华政策研究的有关领域，英国议会和内阁卸任官员后在研究所继续工作的人数占研究所在此领域专家总数的 82.1%，其中英国外交部的卸任官员最多，占专家总数的 39.2%，其次为英国议会和财政部，分别为 10.7%。[2] "旋转门"制度为研究所建立了广泛的关系网：在该关系网中，研究所可以更迅速、更通畅地与英国政府保持良性互动，而研究所得以通过广泛的人脉，对决策层直接施加影响。

---

[1] 忻华、杨海峰：《英国智库对英国对华决策的影响机制：以皇家国际事务学会为例》，载《外交评论》2014 年第 4 期。

[2] 忻华、杨海峰：《英国智库对英国对华决策的影响机制：以皇家国际事务学会为例》，载《外交评论》2014 年第 4 期。

（二）影响力的成因

虽然这几年查塔姆研究所的实力有所下降，但它有百年的历史，在这百年的时光中，它经历过各种挫折磨难，但最后仍能傲立于世界智库之林，因此对其影响力的成因进行分析，学习其经验对国内智库的发展是有价值的。

1. 坚持独立原则

查塔姆研究所特别强调自身立场的独立性和客观性，其希望成为研讨与辩论国际问题的国际论坛，而不是英国企业或政府的代言人。因此，该研究所强调研究结果以客观描述事实为重，不被利益相关方所影响。作为英国皇家智库的查塔姆研究所，曾连年批判英国政府的政策而招致英国政府的强烈抗议。为了追求自身的独立性，查塔姆研究所一方面严格限制自身的经费来源，不断地强调从未收受英国政府的任何额外的津贴补助，相反为了摆脱对政府资金的依赖，广泛地从世界各地企业会员募集资金，研究所会员不仅吸纳欧美的企业作为会员，还不断地发展中国、日本、韩国等地企业成为会员，比如中国华为也是研究所的会员之一；另一方面，研究所从组织框架上的设计上保证自己的独立性。作为名誉最高领导人的英国女王，虽然不断地为研究所提供资助，但却没有插手日常的管理和研究活动。作为实际上的最高权力领导人的3位主席，分别由英国议会的三大党或无党派人士担任，3位主席相互制约以保障研究所自身不带任何政治色彩。理事会对研究所的管理和研究活动进行监督，行政领导则需要对理事会负责。研究所相互制约的管理层构架，保障了研究所本身的独立性。

研究所追求的独立性，实质上是避免智库沦为利益集团的口舌。其独立性原则使研究所不因服务对象的要求而预设价值判断，不因资助方的要求而修改研究成果。当研究所得出的研究结论与价值预判发生冲突时，坚持依据科学方法得到的研究结果，而不是扭曲甚至篡改研究结论。只有如此，才能保证研究所的学术威望以及在国际社会上的公信力。

2. 国际视野和本土视角相结合

国内政策往往会与国际形势产生紧密联系，脱离国际社会讨论国内政策显然不切实际，大国的国内政策往往会对国际形势产生重要的影响。因此研究所往往在立足国情展开研究的同时，也强调基于全球视角的观察和研究。纵观研究所的发展历史，我们不难发现研究所总能敏锐地察觉到国内或者国际社会上的热点问题，并及时地以此作为导向开展深入的研究调查，而不是单纯地针对一方领域开展研究。比如，2016年正值欧洲难民潮和英国脱欧公投，研究所便将目光投向了英国社会最关心的两大问题，即难民问题和英国脱欧问题。针对这两大问题，研究所陆续地开展了《难民危机》《英国脱欧后的未来》等引起国内重大反响的项目研究。又比如，20世纪七八十年代，随着环境问题、气候问题以及能源问题愈发尖锐，研究所便将重心从英国在欧洲一体化的角色转向国际能源安全合作以及气候、环境变化方面的研究。立足于本土国情，积极地参与到全球治理，主动地承担国际责任，敏锐及时地捕捉国内和国际的动态，是查塔姆研究所成为世界顶尖智库的重要原因。

研究所的顶层设计使研究所在保证自身独立性的同时仍能与英国政府进行有效的沟通，强调了研究所的本土立场。来自不同党派的主席大部分都具有在英国政府任职的背景，例如目前的两位主席曾分别担任过英国安全局局长、英国财政大臣，同时由英国前首相领导的高级顾问小组的成员当中也有一部分前政府官员，这些成员保障了研究所能更为敏锐地察觉到英国政府以及英国社会所聚焦的议题。

相应地，为了立足本土的同时能保障国际化的视野，研究所不断地推动研究员的多元化和国际化，包括从以清华大学苏世民学院为代表的中国顶尖大学中吸收优秀的青年学者。同时研究所通过建立"旋转门"制度鼓励研究员的自由流动，在促进知识、信息和经验流通的同时，拓展智库的人脉资源。早在20世纪40年代，一大批研究员就加入到国际组织中帮助这些组织构建自己的制度和价值体系。当然也有许多其他组织的研究员加入到研究所的团队中。这一流转制度非但没有使研究所人才流失，反而进一步充实和提升了其人才队伍，扩展了研究所的人际关系网络和交流渠道。研究所还鼓励研究员兼任其他社会职务，如现任的研究所布朗文曾担任英国独立智库政府研究所的所长以及时事月刊《展望》的编辑兼首席执行官。

3. 积极开展学术活动以及媒体宣传

查塔姆研究所每年举办100多次会员活动，200多场研究讲习班、研讨会和简报会、私人圆桌会议以及欧洲战略抉择年会、伦敦会议，邀请包括各国政府首脑在内的政商界重要人士以及诺贝尔经济学奖得主等知名专家进行讲演，研究所的会员都可以参加到这些活动中。数量众多且高质量的研讨活动和会议为研究人员营造了良好的学术氛围，也极大地宣传和推广了研究所的学术成果。查塔姆研究所奖的设立更是提升了研究所在国际社会上的影响力，获奖者将会获得女王亲手签名的奖状并将由女王亲自在现场发表贺词，这在西方世界可谓极大的荣誉。

研究所在积极开展学术活动的同时，也积极地通过多媒体的渠道向全世界宣扬着自己的研究成果，比如Facebook、Twitter、LinkedIn、RSS、YouTube等新兴网络社交媒体，研究员们也会通过个人社交媒体账号等方式传播研究成果，发表个人意见和观点。这些多层次、多渠道的媒体宣传，及时、迅速、广泛地传播了研究所的观点，并成功在新时代塑造了查塔姆研究所这一著名品牌。

4. 外界争议

尽管查塔姆研究所享誉世界，但研究所仍然在许多方面受到了世界各大媒体和学者的批判，主要集中在两大方面：

一方面是指责查塔姆研究所仍旧反映着建制派和帝国主义的世界观。伦敦大学国际政治学教授英德尔吉特·帕玛尔（Inderjeet Parmar）曾批评道："它（查塔姆研究所）从未真正实现其既定目标，仍然坚持帝国主义，在'教育'新觉醒的'公众舆论'方面具有精英主义的特征，并支持与盎格鲁－撒克逊主义相结合的种族化世界观。"[1]同时查塔姆研究所还被指责在20世纪60年代与南非温和派的黑人代表谈话时所展现的偏见以及建制派的面目。[2]

另一方面，正如所有的英国智库一般，查塔姆研究所被指责资金来源上的透明度较低，甚至远低于保加利亚的研究机构。[3]

（吕思磊／文）

---

[1] Inderjeet Parmar and Shihui Yin, "100 Years of Chatham House: A Century in the Service of Empire," the Wire (2020), https://thewire.in/world/chatham-house-100-years.

[2] Sophia Tesfamariam, "Scholarly or sophistry? A take on Chatham House's 'Ethiopia and Eritrea: allergic to persuasion'", *American Chronicle* (2007), https://archive.ph/20130117012827/http://www.americanchronicle.com/articles/view/20292.

[3] Sarah Neville, "British think-tanks 'less transparent about sources of funding'", *Financial Times* (2015), https://www.ft.com/content/ae6968c4-b5ec-11e4-b58d-00144feab7de.

南非国际事务研究所

South African Institute of International Affairs

一、智库的形成与发展

南非国际事务研究所（South African Institute of International Affairs，简称 SAIIA）是南非首屈一指的国际问题研究机构。作为一个独立的、非政府的公共政策智库，SAIIA 致力于推动建立一个治理良好、和平发展、经济可持续和全球参与的非洲。SAIIA 由一群学者、报纸编辑和来自两个不同党派的政治家于 1934 年在开普敦成立。SAIIA 的第一任主席是詹姆斯·卡拉瑟斯·比蒂爵士（Sir James Carruthers Beattie），副主席由 R·W·威尔科克斯教授（Professor R. W Wilcock）和参议员 F.S. 马兰（Senator F. S Malan）担任。自 1960 年以来，SAIIA 一直位于约翰内斯堡威特沃特斯兰德大学校园内的扬·斯穆茨学馆（Jan Smuts House）为纪念扬·克里斯蒂安·斯穆茨（Jan Christiaan Smuts，杰出政治家，英联邦的概念创始者，对国际联盟和联合国的成立作出了很大贡献）。在 1990 年代初期，SAIIA 的战略重心开始从主题宽泛的学术讲演转变为更具针对性的研究议程。SAIIA 由一个独立委员会管理，此委员会成员包括该研究所在南非各地的分支机构以及商界和民间社会的知名人物。

虽然 SAIIA 成立于 1934 年，但其起源可追溯至第一次世界大战后巴黎和会。在当时，学界开始认识到国际关系的研究和国家间的对话对于和平事业的重要性。在英联邦"帝国会议"等全球会议上，SAIIA 通常是代表非洲前殖民地的唯一机构。1945 年，该研究所发表了第一篇论文，《真实的印度：一个具有全球重要性的人类问题》（*The Real India: A human problem of world importance*），该论文由罗伯特·布里斯托爵士（Sir Robert Bristow）撰写。

第二次世界大战后，南非开始努力提升其国际地位。在 1950 年至

1952 年期间 SAIIA 发表的第一份报告中，该研究所时任主席 W. J. 布绍博士（Doctor W. J. Busschau）提到南非人已经开始意识到观察国际事务的重要性。SAIIA 在 20 世纪下半叶开展了大量旨在通过对话和研究来了解国际事务的活动。

SAIIA 在扬·斯穆茨学馆的常设办公室使其能够制订明确的会议计划。在奥本海默厅举行的会议能够吸引更多公众关注 SAIIA 及其活动。1969 年，SAIIA 举办了首次以"地区背景下的美国外交政策"为主题的研讨会。1970 年 6 月，SAIIA 举行了首次关于"人口爆炸对国际关系的影响"的大型会议。

在约翰·巴拉特（John Barratt：联合国前外交官）担任总干事后，SAIIA 开始通过组织一些会议和座谈会来加强其公众声誉。SAIIA 与 80 多个与其类似的组织、学术部门和图书馆保持联系。

1970 年代，SAIIA 的研究重点放在了南非政治环境问题上。在这 10 年中，相关会议和随附的不定期论文讨论了诸如"教育促进发展"、"西南非洲的未来"和"南非全球地位"等主题。SAIIA 承诺坚持非种族主义，并一直保持与非洲国家交流的强烈意愿，会议参与者也包括来自非洲各地的学者。

随着南非在 1994 年的政治转型（指南非 1994 年按照 1993 年临时宪法组织民主选举、实现国家政治民主转型）。转型过程避免了南非历史上屡见不鲜的仇杀、冲突和恐怖活动，从国际社会的"不可接触者"一跃成为民主转型的后来居上者。与此同时，SAIIA 也在发生转变。1994 年，萨拉·皮纳尔博士（Doctor Sara Pienaar）接任了 SAIIA 的国家工作组主任，并在前一年首次出版了 SAIIA 的南非国际事务杂志。1992 年至 1994 年期间，SAIIA 的大部分研究都集中在分析南非在世界上的新地位，这些研究同时也激发学者和公众对未来南非外交政策的专注。

随着南非对世界其他地区关注的提升，SAIIA 开始扩大其研究范围，如对南南合作的研究。1996 年至 2005 年期间，在国家工作组主任格雷格·米尔斯博士（Doctor Greg Mills）的领导下，SAIIA 的国际影响力日渐增强，并成为许多顶级国际智库在非洲的首选合作伙伴。SAIIA 还巩固了其成员基础，与南非的外交使团建立了更密切的关系，这些外交使团也成了该研究所的主要捐助者。

如今，SAIIA 与其充满活力的成员队伍在国际舞台上愈发活跃，其研究项目及成就愈发体现出全球意识与别具一格的非洲视角。

二、智库的组织架构

（一）领导机构

SAIIA 由一个独立委员会管理，该委员会由 SAIIA 在南非各地的成员代表以及商界和民间社会的高级人物组成。SAIIA 在南非社会发展部注册为非营利组织，在南非税务局注册为公益组织。

（二）科研团队

SAIIA 的科研团队成员是来自世界各地高校与研究所的学者和专家，他们各自代表着各种不同的信仰、国籍、性取向、政治派别和观点。该智库认为这种多样性能促进其研究工作的发展。该智库科研团队的代表成员有：

（1）伊丽莎白·西迪罗普洛斯（Elizabeth Sidiropoulos）：SAIIA 的首席执行官。她在政治和国际关系领域有 20 多年的研究经验，她的研究对象主要是南非的外交政策、南南合作和非洲新兴力量。她是南非及外国多家媒体的常驻评论员，曾发表过多篇关于南非外交政策文章，此外，她还是《南非国际事务杂志》的总编辑。伊丽莎白还担任了 G20 的非洲智囊常设小组的主席与发展合作和可持续发展工作小组的主席。2020 年 12 月，她被任命为联合国经济和社会事务部的二级咨询委员。

（2）亚历克斯·本肯斯坦（Alex Benkenstein）：SAIIA 非洲资源治理项目的主任。他的工作重点是渔业、海洋治理和采矿领域等与资源治理有关的一些问题。他代表 SAIIA 与多个公共和私营部门展开合作，例如世界黄金理事会、南部非洲发展共同体、非洲发展新伙伴关系局和本格拉流委员会。亚历克斯毕业于斯泰伦博斯大学，获得国际研究硕士学位。

（3）迪昂·克洛特（Deon Cloete）：SAIIA 未来规划项目主任。他带领该研究所预测非洲未来发展趋势，以准备应对南共体区域可能面临的政治、经济、社会、安全、技术和环境威胁。他的研究方式主要是咨询国家、区域和全球的各个利益相关者，和同其他各类研究团体、组织、机构和地方政府进行协商。他毕业于斯泰伦博斯大学，获得复杂系统变革和创新博士学位。

（4）古德威尔·斯坦利·卡钦圭（Goodwill Stanley Kachingwe）：领导 SAIIA 的监测和评价工作，负责监督该智库各个项目的工作流程与研究成果。

他是一位经济学家，在项目的制定、管理、监测和评价以及研究设计和执行方面拥有丰富经验。他获得了联合国协会商业领导学院的商业领导硕士学位、德国柏林应用科学大学国际和发展经济学硕士学位和马拉维大学农业经济学学士学位。

（三）资金来源

SAIIA 的项目资金来自国际政府、多边组织和私人基金会的赠款，而一些核心机构资金来自当地企业、外交部门和公共机构。其国际资助者基本由地区与国际的非政府组织构成。最新的 Transparify 报告对全球智库的透明度进行了评级，在公开披露捐助资金方面，该智库获得了五星级评级。

1. 核心资助者

（1）康拉德·阿登纳基金会（The Konrad Adenauer Foundation；德语：Konrad-Adenauer-Stiftung，简称 KAS）是一个德国政党基金会，与中右翼基督教民主联盟（CDU）有关联但独立于该联盟。该基金会的总部位于波恩附近的圣奥古斯丁和柏林。该基金会公民教育计划的目标是通过"促进欧洲统一、改善跨大西洋关系和深化发展合作"来"促进自由与自由、和平与正义"。他们发挥智囊团和咨询机构的职能，旨在通过对当前政治趋势的研究和分析，为公民提供政治行动的基础。KAS 每年在全球范围内举办 2500 多场会议和活动，并通过著名的奖学金计划和正在进行的综合研讨会计划积极支持青年的政治参与和教育。

（2）瑞典国际开发合作署（The Swedish International Development Cooperation Agency，简称 SIDA）是瑞典外交部的一个政府机构。SIDA 负责组织瑞典对发展中国家的大部分官方发展援助。根据经合组织的数据，2020 年瑞典的官方发展援助增加了 17.1%，达到 63 亿美元。SIDA 在其使命中提到《世界人权宣言》所宣布的人权、民主和性别平等，并与隆德大学的拉乌尔·瓦伦堡人权与人道主义法研究所一起，为东南亚妇女的人权发声。SIDA 支持时间最长的项目是其发展中国家研究，旨在加强低收入国家的研究，减少贫困，建设可持续社会。这项工作的预算接近 10 亿瑞典克朗（2020 年），以瑞典 2015—2021 年研究合作和研究发展合作战略为指导。

2. 主要捐助者

SAIIA 的主要捐赠者如表 1 所示，主要捐赠对象为 SAIIA 的某种研究项目。

表 1　SAIIA 的主要捐赠者名单

计划资助者	项　目
国际发展部	第二阶段全球经济治理
布拉德罗基金会	布拉德罗奖学金
康拉德·阿登纳基金会	KAS 硕士实习计划
国际治理创新中心	非洲门户网站
美国国际开发署	采掘业资源透明化治理
英国皇家国际事务研究所	查塔姆学院奖学金
让·莫内（法国企业家、外交官、金融家、行政人员和政治家）	学术界政策辩论
人类土地（国际儿童权利慈善人道主义伞式组织）	高中生和大学生研讨会；学业援助 / 辩论教学 / 了解联合国运作机制
南部非洲信托	南部非洲海洋及沿海生态系统的恢复研究
芬兰大使馆	民主建设、治理能力、公民社会等领域研究
欧盟	促进南非民间社会更广泛有效地参与环境治理
联合国儿童教育基金	青少年参与培训计划
美国国务院	加强民间社会、儿童和青年参与和宣传
儿童权利	儿童与青年在南非环境改善中的可持续性参与
埃库胡莱尼市	SAIIA 青年活动
豪登省政府	SAIIA 青年活动
国际发展研究中心	非洲对新型冠状病毒的宏观经济政策反应
挪威外交部	原子发展计划

3. 咨询和委托研究

表 2 为来自世界各地的 SAIIA 计划资助者及其具体资助项目。

表2 世界各地的 SAIIA 计划资助者及其具体资助项目

计划资助者	项目
德国发展研究所	南非在全球发展结构中不断变化的角色研究
国际人道协会	评估南非野生狮群的经济价值和潜在风险
南部非洲开放社会倡议	纳米比亚非洲同行审查机制宣传项目（ASPIN）
丹麦大使馆	丹麦驻非洲大使会议活动
全球期货治理奖学金	GGF 计划全球治理前瞻
日本国际协力事业团	促进南共体的基础设施发展
德国外交部政策处	非洲在不断变化的全球秩序中的作用
规划监测与评估部	《25年技术支持回顾》之"国际关系章节"
南部非洲发展共同体秘书处	南共体蓝色经济战略研究
日本大使馆	日本和南非在印度洋的共同利益研究
德意志联邦共和国大使馆	南非沿海城市生态系统恢复研究
马蓬古布韦（Mapungubwe）战略反馈研究所	《地缘政治》之"非洲编辑卷"

三、智库的主要活动

SAIIA 对非洲未来的经济和政治发展进行独立的、以实证为基础的研究，为当地和区域决策者提供智力支持，力图响应非洲对创新政策解决方案日益增长的需求，同时在全球范围内借鉴最适合的方案。SAIIA 的工作涵盖外交政策、治理、环境、经济政策和社会发展等领域，将当地经验与全球学术研究联系起来。SAIIA 还为公众提供了一个开放的平台来讨论相关问题。

（一）主要活动

1. 全球经济、贸易与投资研究

在全球层面，SAIIA 关注 G20、非洲以及 WTO 的发展。在区域方面，该智库分析区域和双边贸易谈判（如欧盟伙伴关系协议、非洲大陆自贸区和非洲增长和机会法案）、区域价值链和基础设施融资，所有这些都与第四次工业革命背景下的非洲经济可持续性有关。该活动还探讨了新兴金融机构在非洲的作用。SAIIA 还重视海上安全及其在非洲蓝色经济中的作用，并与非洲联盟、区域经济共同体和国家合作制定相关政策和战略。

2.外交政策研究

SAIIA 对外交政策的研究侧重于地区和平与安全、南非的外交政策以及非洲如何与主要的全球参与者展开联系（如美国、欧洲和新兴大国，尤其是中国）。该活动开展研究，协助南非和非洲的决策者、商界和民间社会推进区域和平与安全、发展和经济增长。

3.治理研究

治理研究活动侧重于非洲新兴的治理框架构建，尤其重视非洲同行评审机制（APRM）的治理监测和督促方法。SAIIA 与民间社会组织合作，以加强他们对 APRM 及其相关流程的兴趣和有意义的参与。该活动旨在提高 APRM 为治理改革、机构和流程做出贡献的能力。SAIIA 开展大量实地考察和定量研究，以了解国家、地区和大陆在冲突、政治、经济和发展方面的趋势，为当地的国际政策和战略提供支持，并使决策者能够监测他们的政策选择对未来的影响。

4.资源管理研究

资源管理研究活动为政府和其他利益相关者提供有关管理非洲自然资源的研究支持，以最大限度地发挥其在采矿业、能源和绿色经济以及生态系统和公共资源（包括渔业和林业）的治理中的作用。该活动与当地、区域和其他国际合作伙伴密切合作，在资源治理方面具有极大影响力。

5.区域观测站

SAIIA 区域观测站是一项面向未来的倡议，旨在预测未来 10—30 年对南部非洲发展共同体（SADC）产生重大影响的新兴破坏因素，并通过跨学科的、复杂的系统情景构建方法分析此类干扰因素的潜在影响，为区域决策作出贡献。

6.青年发展中心

青年发展中心（Youth@SAIIA）提供了一个平台，使得来自不同背景的年轻人和教育工作者会面，以确定本地和全球性的重要问题，并努力寻找解决方案。该活动不仅通过培养学生的研究和领导技能，激发他们对国际事务的兴趣，还为国际关系领域的学生和学者建立一个资源中心和图书馆，制订针对研究生实习生的领导力培养计划和针对大学生和高中生的各种激励计划，培养青年人对国际关系的研究兴趣。

（二）特殊活动

1. 非洲门户网站

SAIIA 创建的非洲门户网站（www.africaportal.org），既是一个数据库，又是一个专家分析中心，由 SAIIA 和位于加拿大的国际治理创新中心负责运营。非洲门户网站提供了来自 75 家智库和研究机构的 5000 多份有关非洲当前政策问题的简报、讨论文件和报告。这些智库和研究机构大多位于非洲，它们通过向国际社会传播其研究成果获益良多。该网站也集中了全球各个智库与其他学术组织对非洲问题最前沿的报告，对了解与研究非洲问题具有相当高的参考价值。

2. G20 研究项目

SAIIA 的 G20 研究项目（G20 Toolkit）旨在帮助非洲以及关注 G20 对非洲大陆的承诺。对于非洲观察者、G20 观察者以及那些关心非洲大陆在全球经济中的未来的人而言，这是一个重要资源。该工具包是关键资源的一站式集合，涵盖了 G20 如何影响非洲并与非洲互动的全面信息。

3. 中非研究项目

SAIIA 的中非研究项目（China-Africa Toolkit）调查了中国和非洲之间迅速发展的关系及中国与非洲广泛合作的战略意义。自 2006 年以来，SAIIA 对中国对非政策的动机、理由和制度结构进行了研究。这使政策制定者能够更细致地了解中国日益增长的实力和影响力，从而增强他们利用双边和多边关系来促进非洲发展的能力。中非研究项目于 2009 年开发，最初是一份针对非洲决策者的长达 77 页的中非关系背景资料。该项目如今研究了中国对非洲影响的多个维度，包括能源、资源、贸易、投资、援助、公共外交、农业、和平、安全、移民和多边主义。该项目主要由 SIDA 资助。

4. 非洲 COVID-19 宏观经济政策反应研究项目

该项目是 SAIIA 在国际发展研究中心呼吁对 COVID-19（新型冠状病毒）大流行进行快速响应政策研究后启动的。宏观经济政策反应研究项目（Covid-19 Macroeconomic Policy Research in Africa，CoMPRA）的总体目标是为低收入和中等收入国家以及伙伴国家提供信息，以应对新冠病毒大流行而制定宏观经济政策。

四、智库的影响力

（一）全球影响力

多年来，SAIIA 因其在非洲治理、经济外交、自然资源治理、新兴大国以及非洲和南非外交政策方面的出色工作赢得了广泛的声誉，它也是一些全球研究机构的重要成员之一。SAIIA 被 Transparify NGO 授予五星级排名。SAIIA 在宾夕法尼亚大学 "Go-To" 智库指数中一直被评为世界顶级外交政策和国际关系智库。

SAIIA 是南方智库网络（Netwark of Southern Think Tanks，NeST）的创始方之一，该网络是全球南部智库和学术机构的论坛组织，致力于提出和分享南南合作向国际化发展的看法和建议。它的其他创始成员来自印度、中国和巴西。SAIIA 同时还是非洲资源治理研究网络的创始成员，它由非洲大陆的 15 个机构组成。此外，SAIIA 与德国发展研究所一道，负责 G20 智库的非洲常设小组秘书处的工作。

研究所旨在培养在校年轻学生对国际事务的认知，从而使他们具备成为未来研究人员和领导人的技能。每年参与该项目的学生和教师多达 6000 多人。SAIIA 每年还会为年轻人举办各种颇具创意的活动，比如青年领袖会议、南非最大的联合国模拟会议和校际竞赛等。这些项目和活动能够为年轻人提供相关的资源和辅导，并使他们有更好的能力理解和参与影响南非、非洲大陆乃至整个世界的事务。

另外，作为其举办会议、研讨会和演讲者会议的职责的一部分，SAIIA 接待了一系列南非和国际知名人士。其中包括联合国秘书长科菲·安南、已故南非总统纳尔逊·曼德拉和当时的美国参议员巴拉克·奥巴马。该智库在宾夕法尼亚大学全球智库排行榜中名列第 85 名。

（二）成为顶级智库的原因

（1）核心人物：企业家占主导地位。企业家作为 SAIIA 的核心人物有两项独有的作用：一是利用其在企业界的地位和人脉资源为智库发展筹集资金，使研究资金充足；二是把企业战略与管理的思维和方法运用到智库运作过程中。前者为智库成长提供"血液"，后者为智库发展提供组织管理理念和方法。这两个方面都是 SAIIA 发展成功的关键因素。SAIIA 现任主席弗雷德·法斯瓦纳（Fred Phaswana）为南非著名企业家，自 2013 年 6 月起担任了标准银行集团和南非标准银行的主席。

（2）机构战略：从思想学术研究到综合性研究。从 1990 年代初期开始，SAIIA 的战略重心便从学术讲演转变为更有针对性的研究议程，研究内容和机构活动变得更具多元化特征，并从各个方面综合性地对地方、区域、国家与国际社会产生实质影响。全球经济、贸易、投资研究，外交政策研究，治理方案研究等都对南非以至于非洲发展规划提供了重要智力支持。

（3）内容发展：以人文主义为基础，向社会和国家层面拓展。SAIIA 的研究内容囊括了外交政策、治理、环境、经济政策和社会发展，对非洲与南非的社会和国家层面的政策、治理方案的制定等产生广泛影响，这也使得该智库受各地方、区域、国家以及国际政策支持。

（4）传播策略：精英人际网络、各类特色奖项、多途径研究成果推广和媒体互动为国际影响力提升提供舆论保障。出版物（尤其是专业期刊和研究报告）和主题活动（尤其是国际性的品牌活动）是智库传播的通用策略，这些策略和手段有助于形成和提升智库的影响力（尤其是学术影响力和社会影响力）。SAIIA 所有的研究结果都以出版物、政策简报、视频、文章、研讨会和会议的形式免费提供。南非国际事务杂志（ISSN 1022-0461）作为该智库的主要出版物，是一个以政策为导向、经过同行评审和跨学科的论坛，用于讨论影响整个非洲，特别是南非的国际事务。

SAIIA 参考图书馆于 1934 年成立时对外开放，收藏了有关国际关系、政治、经济和相关全球问题的资料。它拥有大量期刊和储藏丰富的书架，为研究人员、学者、商界人士、SAIIA 会员、学生和公众提供服务。作为南非为数不多的具有联合国托存地位的图书馆之一，其收藏了联合国期刊、官方记录、会议记录、年鉴和条约。此外，SAIIA 图书馆是南非唯一一家作为世界银行发展信息中心存放处的图书馆，该中心提供一站式获取全球最新发展信息的途径。还可以在 SAIIA 图书馆中通过其内部数据库按主题进行搜索，查阅大量期刊和年鉴。SAIIA 图书馆有一个单独但规模较小的国际联盟文件集，其中包含国际联盟从 1919 年到 1930 年代后期活动的信息。该图书馆自 2004 年以来一直收藏着"马丁·埃德蒙（Martin Edmonds）藏书集"，其中有 2500 多本关于安全相关问题的书籍。该藏品由兰卡斯特大学国防与国际安全研究中心主任马丁·埃德蒙教授在退休时捐赠给 SAIIA。

（5）国际化路径：与外国智库和国际组织开展广泛合作。SAIIA 与联合国和欧洲诸多顶级智库等都有广泛且深入的合作。其资金来源的一大部分也来自国际慈善组织与西方发达国家基金会的赞助。在与外国智库和国际组织的合作中，南非国际事务所既获得了更多的国际知名度，又在这个过程中吸收了诸多知名学者，为其科研团队注入更多"国际化"血液。

（6）资金来源：具有多元性和独立性的资金来源为研究结果的客观中立提供了财力保障。SAIIA 强调自己研究成果的公正客观严谨性，无党派站位偏好，以及资金来源的独立性。其中，资金独立直接决定着该智库是否能有客观独立的观点以及不偏向某个党派的研究结果。SAIIA 以委员会的形式运作，其领导机构是由来自政、商、学界等各领域人士所组成的理事会，日常通过委员会的运作来保证基金会在全球顺利开展各种项目。有了可观的年收入用于负担研究员的相关薪酬支出，足以让 SAIIA 的学者无后顾之忧，以开放、专业、独立的思维进行项目研究，从而保证其智库研究成果的客观严谨及高质量。虽然部分捐赠资金有定向使用说明，例如仅限于使用在某一领域方面的研究，但 SAIIA 会尽可能地保证资金来源不影响研究过程与研究结果。

（7）研究成果：研究成果的专业性和独立性为政府采纳建议提供了信赖保障。在保持自身财务独立以及可支配资金来源多样化的同时，SAIIA 与非洲各国政府也一直保持着密切的关系，从而对决策者施加影响，并让公民社会接纳其价值观。

（8）研究方向：研究方向的前沿性和引领性为智库成果的落地转化提供了战略保障。SAIIA 除了在接受慈善捐赠方委托指定的课题内容之外，在一般课题的选择上也有自己独特的见解。SAIIA 的研究项目大部分都会抓住当前的国际热点问题，由于其高质量的研究团队及较高的研究经费提供了保障，使得其研究成果前瞻性并具有很强的实用性。

（9）人员结构：宽口径多元化的人员构成为智库研究的持续创新提供了人才保障。SAIIA 在招聘时，会在最大程度做到专业、种族、文化背景、教育、工作经历等方面的多样化。唯有多样化、包容化的人员构成结构，才能使得顶级智库具有创造力及全球化的视野。丰富且多元化的人员构成保证了 SAIIA 能够以跨文化、跨种族、跨专业、跨性别的角度来进行交流，从而提升其研究成果能覆盖全领域的可能性，且达到独立创新、严谨客观的目标。

（王韩斌 / 文）

兰德公司

Research and Development

一、智库的形成与发展

兰德公司（Research and Development，简称 RAND）是美国重要的综合性战略研究机构，被誉为现代智囊的"大脑集中营""超级军事学院"，以及世界智囊团的开创者和代言人。70多年以来，兰德公司从最初的一个小项目发展成为闻名遐迩的国际化咨询公司，走过了从依附到独立、从单一到多元、从封闭到开放、从单纯服务美国客户到服务于全球的发展历程。

（一）从酝酿到产生

第二次世界大战期间，美国一批科学家和工程师参加军事工作，把运筹学[1]运用于作战方面，受到国家重视。二战结束后，美国高度重视科学技术对于战争取胜的重要作用，加之苏联与美国逐渐走向全面对抗，冷战格局逐步形成，为了保证"永久和全面的和平"，美国战争部、科学研究和发展办公室以及工业界部分具有前瞻眼光的人士经过讨论认为，需要一个私人组织将军事规划与研究和发展决策联系起来。于是，兰德公司便开始酝酿了。

1944年11月，时任美国陆军航空队司令的亨利·阿诺德上将提出一项关于《战后和下次大战时美国研究与发展计划》的备忘录，要求成立一个"独立的、介于官民之间进行客观分析的研究机构""以避免未来的国家灾祸，并赢得下次大战的胜利"。1945年，美国陆军航空队司令阿诺德上将与美国战争部部长顾问鲍尔斯、道格拉斯飞机公司总工程师雷蒙德等人会面，签订了一项1000万美元的"研究与发展"的合同，成立了兰德计划。该项目由位于

---

[1] 所谓"运筹学研究"（Operation Research，OR）是一种针对作业过程的优化研究，通常用来提高效率。其重要性在二战期间得到充分凸显，为同盟国赢得战争的胜利作出了突出的贡献。

加利福尼亚州，初衷旨在利用科技人才在和平时期继续为美国政府服务，为美国空军进行战术战略、新型武器装备方面的机构进行研究。具体来说，是要进行"进行 V-1 和 V-2 火箭技术和其他未来洲际空间技术的研究"。兰德计划在 1945 年 12 月开始正式实施，并在 1946 年发布了其第一份报告《实验性环绕世界飞船的初步设计》[1]。到 1948 年，兰德计划已经发展到拥有 200 名员工，涉及数学、工程、空气动力学、经济学等诸多领域的研究。

（二）从附属到独立

随着兰德计划的不断发展，其自主运作能力不断提高，不再需要依靠道格拉斯公司而可以独立地开展研究。加之随着兰德项目的扩大和研究人员的增多，道格拉斯公司局限了兰德的进一步发展。终于，1948 年，新任美国空军参谋长向道格拉斯飞机公司提出将兰德计划发展为一个独立的非营业公司，得到批准；同年 5 月 14 日，兰德计划获得美国福特基金会 600 万美元的投资，正式从道格拉斯飞机公司独立出来，成为一家非营利性公司；同年 11 月，兰德项目合同正式从道格拉斯飞机公司转向兰德公司。至此，兰德公司从附属走向了独立。

（三）从单一到多元

兰德公司自成立之初起，就将"进一步促进科学、教育和慈善目的，一切为了美国的公共福利和安全"作为自己的宗旨。对于独立后的兰德公司，资助体系和运营机制的完善为其业务多元化发展提供了条件。

1952 年，兰德公司再次得到美国福特基金会贷款，促使其研究领域从军事扩展到其他领域，推动了兰德公司的研究多元化；20 世纪 50 年代以来，兰德一方面与美国军方保持密切的联系，另一方面积极拓展业务范围，接受各类国际组织、大学、企业、他国政府的赞助，开展其他方面的研究，帮助其客户解决政治、经济、社会民生等各个领域的问题；1970 年，帕蒂兰德研究生院成立，标志着兰德公司向教育领域迈进，几年后，帕蒂兰德研究生院培养出世界上第一位决策分析博士；1973 年，兰德公司设立兰德基金，资助自主研究项目以及基础领域研究，进一步激发了兰德公司的研究动能；20 世纪 80 年代，兰德欧洲公司成立，开始涉足工业界和企业部门项目；20 世纪末，

---

[1] 该报告提出制造人造卫星，但在当时被认为是脱离社会实际，并未受到重视。直到 1957 年，苏联发射了人类第一颗人造卫星，此时人们才发现兰德 11 年前"前瞻性的报告"，美国政府随即加大了对兰德的投入，推动了兰德的发展。

兰德公司相继成立了卡塔尔政策研究所以及兰德海湾国家政策研究所。

兰德公司成立初期主要为美国军方服务，从事军事战略战术、武器技术等方面的研究，随着兰德公司的不断发展壮大，其服务对象从美国军方扩展到各国政府、国际组织、企业、大学、研究机构、基金会等，其研究领域也从军事向政治、经济、社会、文化等多方面进行拓展。时至今日，兰德公司已成为世界范围内最负盛名的决策咨询机构之一。

二、智库的组织架构

自1948年正式独立起，兰德公司就设计了一套稳定、高效的运营机制，并在长期发展中对其进行不断的改革与完善，有效指导和保障着兰德各项业务的开展与成长。

（一）领导机构

兰德公司作为一家非营利性机构，实行理事会领导下的总裁负责制。兰德理事会是兰德公司的最高决策机构，负责审核经费预算、课题立项、成果审查。根据2023年10月的最新资料，兰德公司理事会共由20人组成。从表1可以看出，其中既包括美国政府和军队高官、大学校长、工商界人士等，也包含美国以外人士，如瑞典前首相比尔·卡特尔。兰德理事会主席及成员定期更换，现任兰德理事会主席为迈克尔·莱特，副主席为特雷莎·怀恩·罗斯伯勒。

表1 兰德公司理事会组成

姓　名	职　务
迈克尔·莱特 （Michael E. Leiter）	世达律师事务所合伙人、美国国家反恐中心前主任
特雷莎·怀恩·罗斯伯勒 （Teresa Wynn Roseborough）	家得宝公司执行副总裁兼法律总顾问
卡尔·比尔特 （Carl Bildt）	瑞典前首相、前外交大臣
理查德·但泽 （Richard J. Danzig）	约翰霍普金斯应用物理实验室高级研究员、美国海军部前部长
弗朗西斯·福山 （Francis Fukuyama）	斯坦福大学弗里曼斯伯利研究所主任

续表

姓　名	职　务
佩德罗·何塞·格里尔 （Pedro José Greer，Jr）	罗斯曼大学医学院教授兼创始院长
查克·哈格尔 （Chuck Hagel）	美国国防部前部长
凯伦·埃利奥特·豪斯 （Karen Elliott House）	《华尔街日报》前发行人、道琼斯公司前高级副总裁
乔尔·海特 （Joel Z. Hyatt）	环球公司联合创始人、董事长兼首席执行官；时事媒体有限责任公司联合创始人兼首席执行官
莱昂内尔·约翰逊 （Lionel C.Johnson）	太平洋养老金与投资研究所总裁
雷纳德·金顿 （Raynard S. Kinton）	安多佛利菲普斯学院校长
彼得·洛威 （Peter Lowy）	洛威家族集团（LFG）负责人
迈克尔·林顿 （Michael Lynton）	斯奈普（Snap）公司前董事长
杰森·马特尼 （Jason Matheny）	兰德公司总裁兼首席执行官
珍妮特·纳波利塔诺 （Janet Napolitano）	加州大学伯克利分校公共政策学院政治安全中心创始人兼教务主任、美国国土安全部前部长
索莱达·奥布莱恩 （Soledad O'Brien）	记者、海星传媒集团首席执行官
玛丽·彼得斯 （(Mary E. Peters）	美国前交通部长、玛丽·彼得斯咨询集团有限责任公司负责人
大卫·波奇斯 （David L. Porges）	殷拓公司前董事长兼首席执行官
伦纳德·谢弗 （Leonard D. Schaeffer）	威宝（Wellpoint）创始董事长兼首席执行官
唐纳德·赖斯 （Donald B. Rice）	美国空军前部长、兰德公司前总裁兼首席执行官

总裁办公室作为兰德理事会下的最高行政部门，负责公司的日常运作（详见表2）。现任总裁杰森·马特尼曾在国家安全委员会和科学技术政策办公

Research and Development

室领导白宫技术和国家安全政策,于 2022 年 7 月成为兰德公司总裁兼首席执行官。除总裁办公室外,公司行政部门还包括总财务办公室、对外事务办公室、服务办公室、质量监控总办公室和职员发展与管理办公室,一般由主管副总裁兼任部门主任,负责公司日常管理。

表 2　兰德公司总裁办公室组成

姓　名	职　务
杰森·马特尼（Jason Matheny）	公司总裁兼首席执行官。领导兰德总裁办公室,负责兰德公司的日常运作
珍·古尔德（Jennifer Gould）	公司副总裁兼幕僚长。负责调整兰德公司战略重点,帮助推动和制定首席执行官愿景、目标和关键举措的实施
安德鲁·霍恩（Andrew R. Hoehn）	负责研究和分析的高级副总裁。负责兰德公司 1600 名研究人员的所有研究和分析、质量保证以及招聘和监督
埃里克·佩尔茨（Eric Peltz）	公司财务和运营高级副总裁。负责监管兰德国际、企业规划和企业职能,包括对外事务、金融、人力资源、信息服务和工作场所服务,包括设施、房地产和安全
莱斯特·阿诺德（Lester Arnold）	公司人力资源副总裁。负责监督人力资源职能领域
罗伯特·凯斯（Robert M. Case）	公司副总裁、总法律顾问兼公司秘书。负责监管构成兰德公司总法律顾问办公室的法律服务、公司秘书以及道德和合规职能
雷卡·奇鲁沃卢（Rekha Chiruvolu）	公司首席多元化官;多元化、公平和包容性执行董事
米歇尔·科隆（Michele Colón）	工作场所服务和房地产副总裁
迈克·贾努齐克（Mike Januzik）	公司副总裁兼首席财务官。负责监督财务报告和会计;合同、赠款和采购;计费;财政部;风险管理
克里斯汀·拉诺伊 – 纽曼（Christine Lanoie-Newman）	公司首席开发官。负责监督兰德公司的所有发展工作,包括所有慈善和基金会筹款工作
杰里米·拉维奇（Jeremy Rawitch）	公司对外事务办公室常务董事。负责兰德公司的媒体关系、网络编辑和社交媒体、设计和多媒体、研究编辑和制作、企业传播和研究传播职能

续表

姓　名	职　务
梅丽莎·罗 （Melissa Rowe）	公司全球研究人才副总裁。负责开发和维持兰德全球研究人才库，系矩阵劳动力管理以及组织、运营和工作空间设计的新方法方面的专家
南希·施陶特 （Nancy Staudt）	公司帕蒂兰德研究生院院长
迈克尔-韦岑菲尔德 （Michael Wetzenfeld）	公司副总裁兼首席信息官

（二）科研团队

强大、多元的科研团队是兰德公司享誉盛名的关键。根据兰德公司官方网站数据（截止至2021年11月18日）显示[5]，来自50多个国家超过1880人在兰德公司工作，其中超过90%以上的研究人员拥有硕士及以上学历，超过一半研究人员拥有博士学位。兰德公司通过多元化的、高水平的科研团队开展各项研究活动，保证着业务的有效进行。

1.科研团队组织与管理机制：二元矩阵式管理

二元矩阵式管理是兰德公司科研团队组织和管理的机制，通过二元矩阵式管理，兰德公司科研团队的力量得以最大限度地激发。

在人员管理上，所有研究人员都被纳入全球研究人才管理库，并根据学科背景的不同分设不同的研究学部（见表3），各学部分设学部主任，向行政副总裁汇报，负责人员的招聘、考核、提拔、培养、警告或解聘，以及学科的业务建设，同时也审查课题安排、研究进度、人员工作情况和经费开支情况。学部主任会以普通研究人员的身份参与研究项目，但不再担任研究部门的负责人，其很重要的一项职责就是寻找、聘用合适的人才。

表3　兰德公司研究学部

学　部	研究方向	学科构成
行为与政策科学部	主要研究军队人力资源、健康、教育、司法体系、基础设施建设、环境	心理学、医学、公共卫生、人类学、犯罪学、教育政策、法律、社会学和卫生政策等
国防与政治科学部	主要研究国防和情报战略与规划、民事司法等	政治学、国际关系、公共政策、安全研究、历史、法律等

续表

学　部	研究方向	学科构成
经济、社会与统计学部	主要研究健康、教育、国家安全、劳动力及人口等	经济、社会学、统计、成本分析等
工程与应用科学部	主要研究国家安全和社会政策等	数学、物理、信息科学、运筹学、管理科学、工程学等

在项目管理上，兰德公司按照研究领域与方向设置9个不同的研究项目组，分别是3个解决社会和经济政策问题的部门：兰德教育与劳工、兰德医疗保健、兰德社会与经济福利；4个联邦资助的研发中心（FFRDC）[1]：国土安全运营分析中心、兰德陆军研究所、兰德空军项目、兰德国家安全研究部以及2个全资子公司：兰德欧洲公司与兰德澳大利亚公司（见表4）。

表4　兰德项目研究组

项目组	资助来源	研究方向
兰德教育与劳工	政府、高校、基金会、企业等	各类教育议题以及劳动力发展、市场等劳动力相关议题
兰德医疗保健		政府的健康政策与法案、医疗支出、医疗机构、医疗质量、人口和社群健康等课题
兰德社会与经济福利		司法政策、社区健康和环境政策及社会和行为政策
国土安全运营分析中心	美国联邦政府	国土安全威胁和机会研究、运行分析、监管、条令和政策研究、采办研究、研发研究、创新和技术加速
兰德陆军研究所（兰德阿罗约中心）	美国陆军	为美国陆军提供战略、战术、资源、后勤、人事、训练、健康等各方面的研究支持
兰德空军项目	美国空军	空军战略战术、空军现代化、人事和训练、资源管理等

---

[1] 美国联邦资助的研发中心（Federally funded research and development centers FRDCs）是一类特殊的研发机构，它由政府拥有，但由大学、其他非营利机构和企业等承包商来进行管理。FFRDCs的绝大部分经费来自联邦政府机构，且主要开展那些通常由政府直属研究机构或私营部门无法有效完成的长期研发工作。

续表

项目组	资助来源	研究方向
兰德国家安全研究部	美国政府中（除陆军、空军以外）涉及国家安全的部门如国防部长办公室、美军联合参谋部、联合作战司令部、美国海军等	采购与技术政策、武装力量和资源政策、国土安全和防御、情报政策、国际安全和防卫政策等
兰德欧洲	政府、高校、基金会、企业等	作为兰德公司的欧洲分支机构，其使命是通过客观研究和分析帮助改进政策和决策
兰德澳大利亚	政府、高校、基金会、企业等	专注于澳大利亚的政策问题，涵盖了从国防和健康到社区和经济发展以及教育的政策相关主题

在项目运行机制上，研究项目组承接课题后，课题负责人根据研究的性质与需要，到四个研究学部调配研究人员组成课题研究小组，待课题结束后，调配的研究人员将回到各自原来的学部，按新课题的需要重新组合，从而形成了公司内部流动的人力资源市场。在二元矩阵式管理框架下，研究人员一方面在学部下接受行政管理，另一方面根据不同研究项目的需要灵活流动，既有利于学科建设和人才培养，也有利于发挥跨学科人才优势协作完成课题任务，真正实现兰德在其愿景中所宣称的"跨领域、跨学科"研究特色。

2. 兰德人才引进机制

兰德公司有一套较为完善的人才引进机制，注重从多渠道引进人才贤士，具体而言，包括三种人才引进方式。其一，通过实习生制度进行人才培育与选拔。面对初入社会的名校毕业生，兰德公司设立了专门从事实习生招募、培养和管理工作的管理部门，每年度选择一些优秀的博士来公司实习，遴选出其中实习表现优异的人，作为兰德公司未来的研究人员储备。其二，通过"旋转门"机制（Revolving Door）引进具有政界、商界工作经验的人才。作为特殊的人才转换渠道，"旋转门"系指相关人员在政府、政党、智库、企业及利益集团等不同组织之间实现角色转换的流动现象。"旋转门"式的人才交流机制是美国智库成熟、发达的关键因素。兰德公司格外重视其研究团队成员的社会经历，对于有过任职经历的社会精英，通过"旋转门机制"广泛吸纳进入兰德工作。如瑞典前首相、美国国家反恐中心前主任、美国国防部前部长等均通过"旋转门"机制进入兰德工作；其三，对其他智库研究中心人才的引进，通过开出优厚条件吸引其进入兰德工作。综上，三种人才引进机制使兰德公司人才储备不断壮大，质量不断提升。

3. 人才培养机制

"十年树木，百年树人"，对人才培养的投入保障了兰德公司科研人才的成长与发展。在人才培养上，兰德公司运用自身优势，从硬性条件、软件条件两个方面加强对研究人员的培养。其一，在硬件条件方面，兰德公司通过完善研究设施、提供良好的研究环境为研究人员提供了便利。例如兰德数据库、兰德图书馆为兰德开展研究提供了有效依据，最先进的计算机设备和软件有利于相关领域研究人员开展研究。其二，在软件条件方面，兰德公司注重为员工创造一个多元化、公平和包容的研究环境，以达到吸引人才、鼓励创新、推动研究发展的目的。

（三）资金来源

根据兰德公司官网公布的数据，2020年兰德公司共收入3.49亿美元，其中绝大多数来源于美国联邦及各州官方机构，尤其是美国联邦机构，兰德公司收入来源的前6名分别为：美国卫生与公共服务部及相关机构、美国国防部长办公室和其他国家安全机构、美国空军、美国国土安全部、美国军方和其他联邦机构，占比达到80%以上（见图1）。分析其资金来源，发现兰德公司具有明显的官方属性，与美国联邦政府及联邦各部门开展密切合作，虽然近年来兰德公司积极拓展业务，试图与非美国官方客户开展合作以降低对美国官方依赖性、提高自身研究的独立性与客观性，但不可忽视的是，美国官方仍对兰德拥有举足轻重的重要影响。另外，值得注意的是，我国台湾地区也是兰德公司的客户，其官网显示"台北经济文化办事处"向兰德公司提供资金支持。我国政府并不存在与兰德公司的直接合作，而在兰德公司的高校客户列表中，出现了两所我国的高校，分别是浙江大学与西北大学。

兰德公司作为非营利性组织，具有以下几个特点：其一，收入免税。根据美国国内税收法，兰德公司属于"非营利""非个人""公共支持类"组织，其非投资、经营性收入和所获捐赠享受免税。其二，收支平衡。根据美国国内税收法规定，非营利性组织必须达到收支平衡，不能有明显的利润。其三，社会监督。兰德公司必须每年公开收入及支出状况，接受社会大众的监督。其四，社会共有。兰德公司资产属于社会共有。任何出资者，包括美国政府、美国空军等，无论其（组织或个人）出资额多高，都对兰德公司不具有所有权或支配权。从法律规定来说，任何出资者一旦给兰德公司出资（项目合同、拨款或捐赠），也就失去了所出资产的所有权，不能从资产经营中获得收益。一旦公司解体，经政府同意，可转移到其他非营利机构。

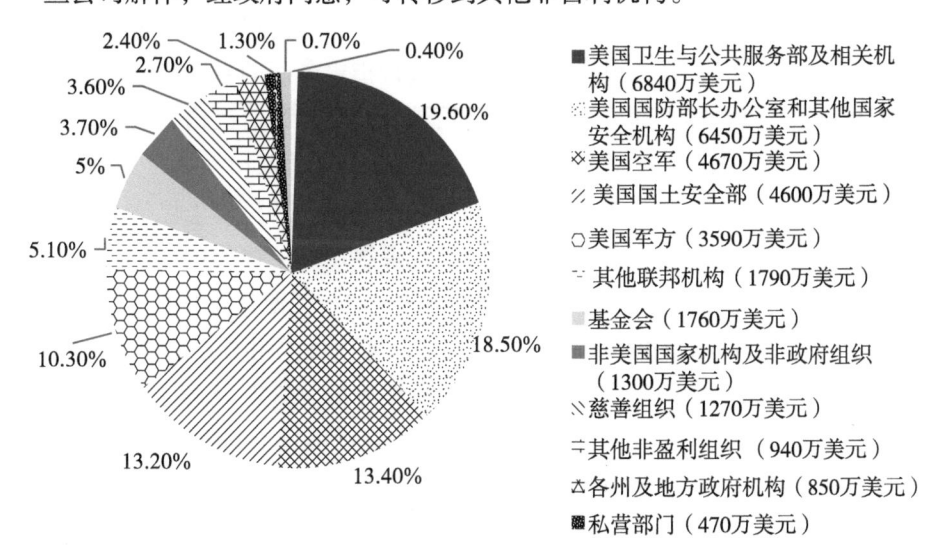

饼图数据：
- 19.60% 美国卫生与公共服务部及相关机构（6840万美元）
- 18.50% 美国国防部长办公室和其他国家安全机构（6450万美元）
- 13.40% 美国空军（4670万美元）
- 13.20% 美国国土安全部（4600万美元）
- 10.30% 美国军方（3590万美元）
- 5.10% 其他联邦机构（1790万美元）
- 5% 基金会（1760万美元）
- 3.70% 非美国国家机构及非政府组织（1300万美元）
- 3.60% 慈善组织（1270万美元）
- 2.70% 其他非盈利组织（940万美元）
- 2.40% 各州及地方政府机构（850万美元）
- 1.30% 私营部门（470万美元）
- 0.70%
- 0.40%

图 1 兰德公司 2020 年收入来源

三、智库的主要活动

兰德公司作为当代世界影响力最大的非营利性决策咨询机构之一，除日常的行政管理及运营外，兰德公司以从事研究与分析活动为核心，同时通过帕蒂兰德研究生院从事一定程度的教育活动。下面将从分析与研究活动、具体研究活动、研究方法、质量评审机制、宣传营销活动和教育活动等主要活动进行介绍。

（一）分析与研究活动

研究与分析是兰德公司的核心业务，是兰德运行的关键。具体包括研究与分析活动以及研究相关活动。整体运营上来讲，兰德公司通过与客户的协议或者自主驱动开展项目研究，在项目敲定后，通过二元矩阵模式进行研究人员的抽调与组合，研究结束后，组织专业人士对研究进行评估，保障研的客观性与质量性。在经过评估后，兰德公司还会对自己的产品进行推销与宣传，至此形成了一个完整的研究链条。此外，为了保障研究的高效开展，兰德公司还通过建立兰德数据库、创新研究方法等保障自身研究的高水准与高效率。

兰德公司开展的分析与研究主要是两类，一是与客户签订长期合同，根据客户的需求进行项目研究；二是兰德公司自身立足最新视野认为具有研究价值的项目，开展自主研究再进行兜售。其一，兰德公司通常与客户签订长期协议，建立合同关系，根据客户的需求进行指定方面的专业研究。从前文所述的资金来源内容中即可知，兰德公司与美国联邦政府机构、美国各州和地方政府，非美国政府、机构和部委，国际组织，学院和大学，专业协会，其他非营利组织和行业等客户订立合同，其中美国联邦机构（包括卫生与公共服务部、国土安全部和空军部等）为其主要客户。兰德公司与上述客户有着3—5年或者每年更新的合同，根据合同的规定，兰德公司的研究人员通过研究与分析、提出项目修改意见等形成完整的《项目说明书》，《项目说明书》包括问题、背景、数据、预算、时间表、研究方法、进度等。《项目说明书》形成后，进行项目执行，兰德公司按照时间表提供项目不同阶段的研究结果，完成项目。其二，兰德公司会选择一些项目进行自主开展，在结束后向潜在用户进行兜售。除了第一类根据与客户签订的合同开展的研究项目，兰德公司还会根据世界最新动态，选择一些热点话题进行自主研究。对于这类项目，兰德公司在开题后向潜在的用户兜售或推荐，或者在研究结束后以粗线条的方式告知潜在客户，动员其购买产品。

（二）具体研究活动

兰德公司作为一家综合性决策咨询机构，多元化是其研究的重要特点之一。了解兰德公司开展研究的方向，可以从两个方面进行：一是从其官网罗列的研究领域直接进行了解，二是通过其设置的研究机构进行了解。

从兰德公司官网罗列的研究领域来看，兰德公司将研究领域总体上划分为：儿童、家庭与社区，网络与数据科学，教育与扫盲，能源与环境，健康、保健和老龄化，国土安全与公共安全，基础设施和交通，国际事务，法律与商业，国家安全与恐怖主义，科学与技术，劳工与工作场所12个领域。具体来说，根据主题、地区等的不同，对研究领域进行不同的划分。其一，按照主题不同进行分类。兰德公司通过设置搜索引擎录入，将所有研究领域通过英文首字母 A–Z 进行了划分。其二，通过研究地区的不同，根据区域对研究主题进行了详细的划分。其三，除了设置引擎进行话题具体分类以外，兰德公司会根据现实状况设置一些重点研究话题，进行重点的研究。

从兰德公司设置的研究机构来看，其研究部门包括：3个解决社会和经济政策问题的部门：兰德教育与劳工、兰德医疗保健、兰德社会与经济福利；4个联邦资助的研发中心（FFRDC）：国土安全运营分析中心、兰德陆军研究所、兰德空军项目、兰德国家安全研究部；2个全资子公司：兰德澳大利亚公司和兰德欧洲公司。

（三）研究方法

如果说专家是兰德的"工人"，数据就是兰德的"原料"，方法是兰德的"车间"。[13]除了直接开展研究与分析活动外，兰德公司还通过创新研究方法、建立兰德数据库等方式为研究人员提供便利，巩固进行研究的基础。

一是创新研究方法，兰德公司首创了众多研究方法与模型。随着经济社会的快速发展，兰德面临的研究问题也趋向复杂，如何突破传统研究方法并不断加以创新成为一个问题。面对这种情况，兰德公司高度重视，投入大量人力、物力、财力进行研究方法的创新，首创了诸如德尔菲法、系统分析法、博弈论方法等情报分析方法，并在实践中广泛采用，成为情报咨询业乃至全世界广为采用的高效研究方法。其一，建立了应用网络分析与系统科学中心、定性和混合方法中心、应用定性和混合方法中心（C-QAM）、博弈方法中心、因果推断中心、不确定性决策中心和可扩展计算与分析中心等6个方法中心，每个中心都积累了大量的基础数据，从不同角度创新研究方法。其二，形成了12类方法构成工具包，包括因果分析、统计分析、情报监测方法等，根据不同的内容采用不同的研究方法。兰德通过研究方法的创新与采用，保障了其研究与分析的高效与客观。

二是深入调研，掌握一手数据，建立健全兰德数据库。兰德公司高度重视数据和基础信息的作用，认为数据是进行研究与分析的关键。一方面，兰德公司注重深入调研，掌握一手数据。兰德公司设置了专门的调查研究组，在高级调查总监的领导下开展数据的收集。另一方面，又在研究和分析的过程中注重数据的积累，不断完善数据库的建设，其中部分数据库已经成为国际知名数据库，如人类学数据库。根据不同的内容类别，兰德公司设置不同的数据库，如健康与保健数据库、能源与环境数据库、商业与经济学数据库等。部分数据库有偿向全世界提供开放服务，扩大了其数据库的影响力。除了在线数据库外，兰德公司还具有相当丰富的纸质文献资源，兰德公司总部大楼的图书馆，藏书丰富，其中不乏部分保密文件。丰富的数据资源，为兰德公司进行研究与分析提供了最大的便利。

（四）质量评审机制

兰德公司通过建立严格的成果审查机制，保证其研究质量。对每一份文章、研究报告、简报等，兰德公司在发表前都要进行审慎地评审，以保证其质量。1997年兰德公司首次制定并在内部网上发布了《高质量研究和分析标准》，根据研究人员、客户等的反馈，先后于1999年、2003年和2009年对标准进行了3次修订和更新。在这份分析研究标准中，兰德公司对研究目的、研究方法、数据支撑、研究客观性等作出了明确和具体的要求，为进行质量审核提供了依据。

根据《高质量研究与分析标准》，兰德公司建立了严格的质量评审机制。一是对项目进行独立评审。评审组成员一般由两名未参与该研究项目的公司内部专家和一名外部专家组成，课题负责人需向评审组提交项目成果材料，完成答辩并获得评审组一致通过后才算通过评审。每个研究项目都要经历期中和期末两次评审，通过评审的研究报告经分管该项目组的副总裁审定之后才能正式发表。二是对专业文章和论文进行同行评议。专业文章和论文主要用于对外发表和交流，代表了兰德公司的最高学术水平，评审也更为严格。文章发表前需要经过3—9位国内外权威研究专家的同行评议，根据同行评议意见修改完善后，还需经过评审委员会投票通过才能正式发表。因故未通过评审的论文，即使委托单位同意，也不能以兰德公司的名义发表。三是对研究项目组进行周期性综合审查。为了考察研究成果的实际价值和社会效应，兰德公司每隔4—5年会对某个研究项目组进行综合审查，审查结果将作为研究人员考核、晋升和淘汰的重要参考。[15]通过严格的质量评审机制，兰德公司保证了自身研究的高水准。

（五）宣传营销活动

具体来说，兰德公司的宣传手段如下：一是定期出版著作及研究报告并积极向有关部门提交及向社会进行公开。对于一些具有重大研究价值的议题，兰德公司自行开展研究，在研究结束后，向有关部门提交以求采纳，或者向社会大众进行公开以寻求潜在的客户，无形中扩大了其社会影响力。二是加大公共媒体宣传，增加大众曝光度。兰德公司积极在公共媒体前亮相，就一些热点事件进行评论,加强对公共舆论的影响。三是拓宽传播介质,拓展新时期传播途径。近年来,网络信息技术加速发展,兰德公司积极拓展传播途径,通过建立社交媒体(如 Twitter、Facebook)账号、发展健全网站内容、建立官方 APP 等方式积极进行宣传。以 Twitter 为例,兰德公司根据热点事件频繁更新内容,做出及时评论,发表自身观点,截至 2021 年 11 月 20 日,其 Twitter 账号已获得 21 万余人关注。四是与官方保持密切联系。兰德自成立以来,就与美国官方保持着密不可分的关系。兰德公司通过与官方签订合同、组织专家出席国会听证会等加强与官方的联系,通过与官方的合作扩大自身的影响。五是积极参加各种学术交流活动,通过召开、参与学术交流活动,与参加交流的政、商、学界精英加强沟通,传播自身理念以扩大影响。六是扩展业务范围,在世界各地开设分公司。兰德公司先后设立了兰德欧洲、兰德澳大利亚两个全资子公司,加强了兰德在世界范围内的传播力及影响力。

(六)教育活动

除进行研究与分析外,兰德公司还积极投身教育行业,开办了帕蒂兰德研究生院(Frederick S.Pardee RAND Graduate School)。帕蒂兰德研究生院旨在为下一届政策领导者提供教育,培养专业的公共政策博士。帕蒂兰德研究生院平均每年会收到超过 1500 份入学申请,经过审查与考核,其中 25—30 名被正式接受。在管理方面,实行内部管理和外部治理相结合;在招生方面,强调学生背景的多元化;在课程方面,开设了以研究方法为主的必修课和不同方向的选修课;在科研方面,要求所有学生必须全程参加基于科研项目的训练;在学位方面,严把出口关以确保培养质量;在就业方面,为学生提供全学程指导与服务。

四、智库的影响力

兰德公司作为美国乃至当今世界最负盛名的决策咨询机构之一,依靠灵活的组织结构、高效的运营管理、高素质的专家队伍,成为西方现代综合性智库建设的典范。

(一)对智库影响力的评价

我们将从政府、公众、国际合作等层面对兰德公司影响力进行评价。

1. 政府层面

从其历史上来看,兰德公司自 1948 年成立以来,就伴随着浓厚的"官方"背景。冷战期间，兰德凭借对中美建交、古巴导弹危机、美国经济危机、东西德统一等诸多重大事件的成功预测，声名大振，成为美国政界、军界的首席智囊机构。而从资金来源到人员组成上和美国联邦各机构的密切联系，更是扩大了兰德在美国政府中的影响力。

2. 公众层面

兰德公司以其高质量的研究及高超的营销手段获得了大众的一致认可。泰晤士报曾这样评价兰德公司：半个世纪以来，它一直是全球十大超级智库之一。它以权威的问题分析与卓越的决策咨询，影响和左右着美国的政治、经济、军事、外交等一系列重大事务决策，是美国现代智慧的"大脑集中营"。而其现代化的营销手段，也使其在新媒体时代网罗了一大批关注者。

3. 国际合作层面

兰德公司通过与国际组织、各国政府等签订合同，加强国际合作与交流，扩大其影响力。除此之外，兰德公司的数据库全球知名，如兰德反恐数据库，其他国家和地区在就恐怖主义开展研究的时候，经常会借鉴兰德公司反恐数据库的信息。

4. 同行评价

兰德公司具有较高的业内认同度，主要体现在全球智库排名上，不论是美国宾夕法尼亚大学进行的全球智库排行（见表5），还是我国社会科学院出版的全球智库样本，都对兰德公司进行了较高的评价，这体现了同行对兰德公司的高认同度。

表5 2020兰德公司在全球中的智库排名

领 域	排 名
综合排名	9
科技与工程领域	2
国家安全领域	3
健康领域	4
教育领域	4
国际事务领域	5
社会政策领域	5
经济领域	6

（二）成为顶级智库的原因

兰德公司之所以能成为世界顶级智库，与其所采取的发展战略、运营模式、人才队伍等关系密切，通过分析兰德公司成功的原因，可以为我国智库建设提供启示与借鉴。

1.追逐热点，选题精巧是兰德成功的重要战略

兰德公司坚持立足前沿，把握国际社会发展规律和趋势，对机遇与挑战、问题和前景进行研究。这些具体的研究主题，一部分是根据与客户签订的合同，按照客户的需求进行研究，另一部分，就是通过立足前沿，把握时代脉络，前瞻性地提出一部分有研究价值的选题进行自主研究与分析，在完成后再向潜在的用户兜售或向公共部门提交，无形中扩大了其影响力。在面对一些国际重大问题的时候，兰德公司总是能把握住机会，在第一时间提出解决方案。不论是对越南战争的研究与分析，还是对东欧危机的预判，都体现了兰德公司出色的前瞻性视野与精巧的选题能力。

2.高素质的专家队伍，多元化的人才结构是兰德成功的根本保障

如果兰德公司是一间工厂，专家人才队伍就是这家工厂的生产工人。其一，高素质人才是研究质量的保障。其二，多元化人才是兰德研究成果客观全面的法宝。兰德公司1800余名员工，来自350余个学科，通过跨学科、跨专业的合作研究，兰德保障了其研究的全面性。其三，灵活高效的人才培养机制是兰德历久弥新的关键。一方面，通过"二元矩阵式"模式进行研究人才的管理与调动，在内部形成了流动竞争的人力资源市场，充分发挥了研究人员的跨学科合作优势。另一方面，通过"旋转门"机制引进具有实务工作经验的社会精英，使兰德研究的战略高度与国家接轨，也促进了自身研究队伍的建设。

3.创新研究方法，重视数据作用是兰德成功的"撒手锏"

兰德还致力于如何促进研究与分析，具体而言，就是创新研究方法，重视数据的作用。一方面，兰德重视研究方法的创新，投入大量的人力、物力、财力，首创了诸如德尔菲法、系统分析法、博弈论方法等情报分析方法，并在实践中广泛采用，成为情报咨询业乃至全世界广为采用的高效研究方法。另一方面，兰德高度重视数据与基础信息的重要性，深入调研，掌握一手数据，建立健全兰德数据库。其设置了专门的调查研究组，在高级调查总监的领导下开展数据的收集，又在研究和分析的过程中注重数据的积累，不断完善数据库的建设，其中部分数据库已经成为国际知名数据库，如人类学数据库。创新研究方法与加强数据库的建设，为兰德公司从事研究与分析活动提

供了诸多便利，保障了研究与分析的高效、高质量进行。

4.严格的质量审核机制是兰德成功的机制保障

一方面，兰德通过高素质人才队伍、创新科研方法、注重数据收集提高研究的质量标准。另一方面，通过建立严格的质量审核机制对研究标准进行把关。制定《高质量研究和分析标准》作为进行质量审核的依据，在具体审核上，通过对项目进行独立评审、对专业文章和论文进行同行评议以及对研究项目组进行周期性综合审查。经过严密、多层次、多种类的质量审核，兰德贯彻了其注重质量的价值观，守住了研究成果的质量，赢得了其客户的尊重与认可。

5.高效的营销与宣传手段是兰德成功的重要秘诀

兰德公司的广泛影响力离不开两个方面：一是高质量的研究成果，二是良好的成果推销机制。兰德公司非常重视其研究成果的推广与宣传，通过强有力的推广与宣传积极扩大自身的影响力。

6.官方背景深厚、资源丰富是兰德壮大的重要推手

自成立起，兰德公司就有着浓厚的官方背景，在美国陆军航天部（后美国空军）的支持下，兰德公司获得众多资金支持，走上了一条大手笔发展的道路。充足的资金让兰德公司能够在发展初期进行"胆大妄为"和"扩张性"的投入，没有将研究方向局限在一个小的范围内，促进了兰德未来的成功。在兰德发展几十年的历程中，不难发现，大部分的资金来源来自美国官方，通过与官方的合作，兰德不但获得了资金来源，还获得了在高层进行发声的机会，不断地扩大自己的影响力，从而一步步走向了成功。

7.独立客观、鼓励创新是兰德成功的精神内核

在秉持着为美国利益服务的基础上，兰德力图追求研究的独立性。在成立之初就强调自己是一个独立、客观、非营利性、不代表任何派别的咨询机构，并在自己的各项研究工作中自始至终贯彻这种理念。这种特立独行的工作作风帮助兰德取得了很多其他咨询公司无法达到的新颖成果，为公司树立起了良好的声望，也因此赢得了客户的尊重；同时，兰德积极鼓励创新，不少研究项目都是由研究人员自行立题开展的。兰德公司鼓励研究人员特别是年轻人充分发挥想象力，提出独特的见解，进而开展相关研究。正是这种开放的思维，使得兰德的研究领域迅速扩大，服务对象也从原来的只针对军方甚至仅仅是针对空军扩散到政府的多个部门及私人企业。

（王嘉嵘／文）

世界经济和国际关系研究所

The Institute of World Economy and International Relations

一、智库的形成与发展

世界经济和国际关系研究所（The Institute of World Economy and International Relations，简称 IMEMO）是总部位于俄罗斯莫斯科的科学研究机构，在当前俄罗斯智库中处于较为高端的位置，主要研究方向为经济学、政治学和国际关系。世界经济和国际关系研究所是东欧/中欧最大的非营利政治和经济分析研究机构，为俄罗斯政府和公众提供了广泛的专业咨询，以其半个世纪以来悠久的学术传统和独特的研究方法而闻名于世。

IMEMO 成立于 1956 年，是 1925—1948 年间存在的世界经济和世界政治研究所的继任者。该研究所侧重于对世界发展的主要趋势进行分析。在成立不久后，该研究所就以其权威性的综合基础性研究和出色的应用社会经济学、政策研究和战略研究而闻名遐迩。随着时间的推移，研究所的部分区域研究机构——美国和加拿大研究所、非洲研究所、国际工作运动研究所等——从其组成中脱颖而出，但世界经济和国际关系研究所在其中仍然是一个处于领导地位的研究中心，其涉猎范围和研究问题的综合性一直是无与伦比的。

IMEMO 于 1971 年 2 月 11 日被苏联最高苏维埃主席团颁布法令授予苏联劳动红旗勋章，以表彰其在世界经济和国际关系研究和科学人才培养方面取得的巨大成功。研究所的科学家一直认为，他们的使命是全方位地研究国际进程、市场经济的运作机制和外国政治制度的特点。

二、智库的组织架构

IMEMO 的组织架构部分由智库的领导机构、科研团队和主要部门组成。

IMEMO 主要部门设置较为复杂，根据其研究领域将其划分为国际、经济、政治、科研和能源五个部门。

（一）领导机构

IMEMO 的主要领导机构为 1 名所长，1 名主任和 3 名副主任，如图 1 所示。

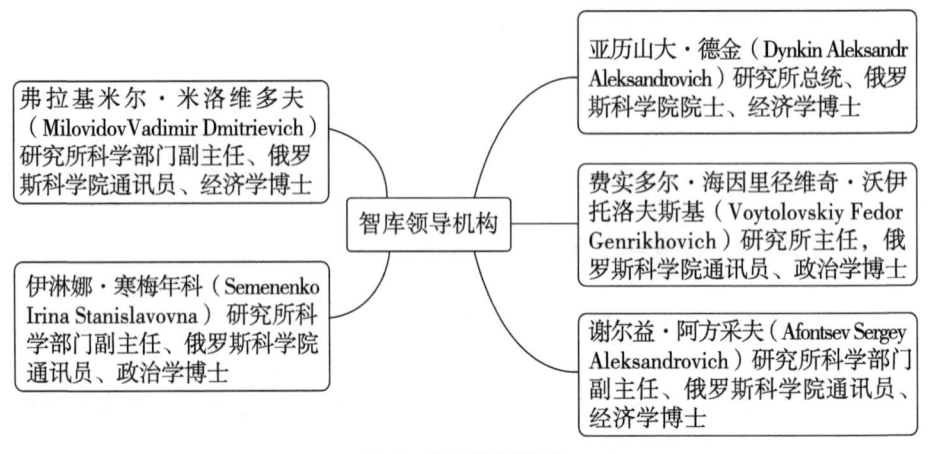

```
                                    ┌─ 亚历山大·德金（Dynkin Aleksandr
                                    │  Aleksandrovich）研究所总统、俄罗
                                    │  斯科学院院士、经济学博士
┌─ 弗拉基米尔·米洛维多夫          │
│  （Milovidov Vadimir Dmitrievich）│
│  研究所科学部门副主任、俄罗       │  费实多尔·海因里径维奇·沃伊
│  斯科学院通讯员、经济学博士      ─┼─ 托洛夫斯基（Voytolovskiy Fedor
│                                   │  Genrikhovich）研究所主任，俄
├──────── 智库领导机构 ────────────┤  罗斯科学院通讯员、政治学博士
│                                   │
│                                   │
└─ 伊淋娜·寒梅年科（Semenenko    ─┤  谢尔益·阿方采夫（Afontsev Sergey
   Irina Stanislavovna）研究所科     │  Aleksandrovich）研究所科学部门
   学部门副主任、俄罗斯科学院       │  副主任、俄罗斯科学院通讯员、
   通讯员、政治学博士                └─ 经济学博士
```

图 1　智库领导机构

（二）科研团队

IMEMO 的主要科研人员如图 2 所示。

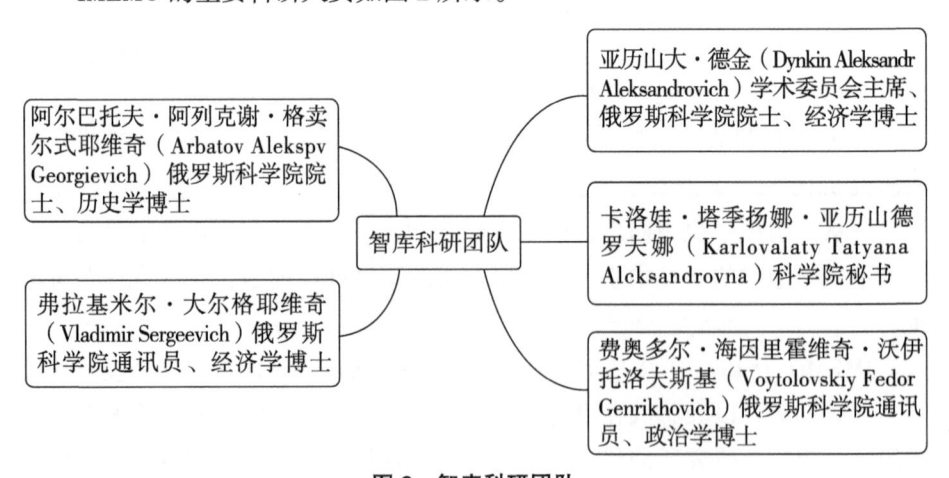

```
                                    ┌─ 亚历山大·德金（Dynkin Aleksandr
                                    │  Aleksandrovich）学术委员会主席、
                                    │  俄罗斯科学院院士、经济学博士
┌─ 阿尔巴托夫·阿列克谢·格卖     │
│  尔式耶维奇（Arbatov Alekspv     │  卡洛娃·塔季扬娜·亚历山德
│  Georgievich）俄罗斯科学院院    ─┼─ 罗夫娜（Karlovalaty Tatyana
│  士、历史学博士                   │  Alcksandrovna）科学院秘书
├──────── 智库科研团队 ────────────┤
│                                   │  费奥多尔·海因里霍维奇·沃伊
│                                   │  托洛夫斯基（Voytolovskiy Fedor
└─ 弗拉基米尔·大尔格耶维奇      ─┤  Genrikhovich）俄罗斯科学院通讯
   （Vladimir Sergeevich）俄罗斯     │  员、政治学博士
   科学院通讯员、经济学博士         └─
```

图 2　智库科研团队

（三）主要部门

IMEMO 的主要部门有国际研究部、经济研究部、科学与创新研究部、能源与产业研究部和社会与政治研究部，如图 3 所示。

图3 智库主要部门

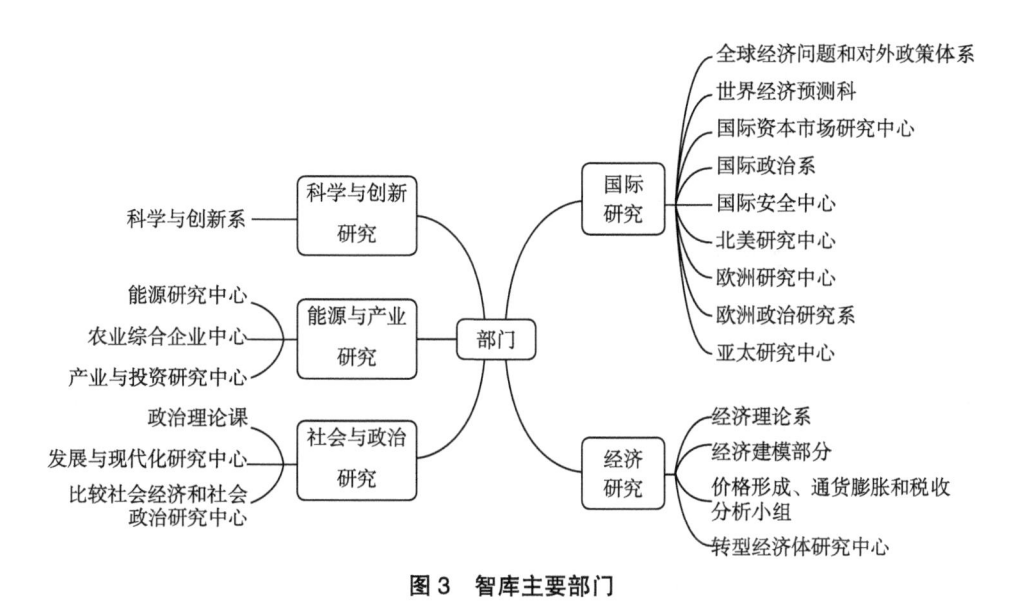

部门分类：

- **科学与创新研究**
  - 科学与创新系
- **能源与产业研究**
  - 能源研究中心
  - 农业综合企业中心
  - 产业与投资研究中心
- **社会与政治研究**
  - 政治理论课
  - 发展与现代化研究中心
  - 比较社会经济和社会政治研究中心
- **国际研究**
  - 全球经济问题和对外政策体系
  - 世界经济预测科
  - 国际资本市场研究中心
  - 国际政治系
  - 国际安全中心
  - 北美研究中心
  - 欧洲研究中心
  - 欧洲政治研究系
  - 亚太研究中心
- **经济研究**
  - 经济理论系
  - 经济建模部分
  - 价格形成、通货膨胀和税收分析小组
  - 转型经济体研究中心

（四）资金来源

根据IMEMO官网公布的历年统计数据，其资金支持主要来源于以下几种渠道：第一种为俄罗斯联邦总统的赠款，主要用于支持俄罗斯年轻科学家；第二种为2010年全球基金赠款；第三种为俄罗斯科学基金会赠款；第四种为俄罗斯基础研究基金会赠款。

具体内容见表1：

表1 智库资金支持主要来源

俄罗斯联邦总统赠款		
项　目	俄罗斯和欧盟经济关系的重组：因素和前景	
负责人	Ph.D. Nevskaya A. A.	
时　间	2018—2019年	
2010年全球基金赠款		
项　目	金砖国家	欧洲联盟作为全球化中新的反危机技术的试验平台
负责人	Doctor of History Khoros V. G.	Ph.D. Volkov A. M.
时　间	2016年	2016年
项　目	外国文化移民的融合：文化间主义的前景	国有企业作为原产国创新发展的代理人对俄罗斯、法国和中国经验的比较

续表

2010 年全球基金赠款		
负责人	Doctor of Economics Tsapenko I. P.	Ph.D. Danilin I. V.
时 间	2016 年	2016 年
项 目	2035 年战略全球展望国际会议	促进国际发展作为外交政策的工具：外国的经验
负责人	Doctor of History Arbata A. G.	Doctor of History Baranovsky V.G.
时 间	2016 年	2015—2016 年
项 目	危机中欧盟国家社会国家概念和做法的转变	东欧和俄罗斯实施中国丝绸之路经济带超级战略的因素
负责人	Ph.D. Kvashnin Y. D.	Doctor of Political Scientists, Prof. Strezhneva M. V.
时 间	2014—2016 年	2015—2016 年
俄罗斯科学基金会（RSF）		
项 目	俄罗斯和中国公司在非洲大陆竞争加剧的前提、现状和前景	在新的军事、政治和技术因素下军备控制的前景
负责人	Ph.D. Lukonin S. A.	Doctor of History Arbatov A. G.
时 间	2017—2020 年	2018—2020 年
项 目	在新的军事、政治和技术因素下军备控制的前景	在与欧盟关系恶化的情况下优化俄罗斯对外投资关系（延长赠款）
负责人	Doctor of History Arbatov A. G.	Ph.D. Doctor of Economics Kuznetsov A.V.
时 间	2018—2020 年	2017—2018 年
项 目	世界秩序危机专家社区的答案	规范当今世界的种族关系和民族社会冲突：公民认同的潜力（比较政治分析）
负责人	Ph.D.Assoc.Ryabov A. V.	Ph.D., Doctor of Political Sciences Semenenko I. S.
时 间	2015—2017 年	2015—2017 年
项 目	在与欧盟关系恶化的情况下优化俄罗斯对外投资关系	
负责人	Chl.-k., Doctor of E.S. Kuznetsov A. V.	
时 间	2014—2016 年	

续表

俄罗斯基础研究基金会（RFI）		
项　目	西班牙经济国际化战略及其应用于俄罗斯企业竞争力计划的可能性	无条件核心收入的概念及其在新的社会和技术挑战中的实现前景
负责人	Ph.D. Doctor of Economics Kuznetsov A.V.	Ph.D. Kvashnin Y. D.
时　间	2020—2022年	2019—2021年
项　目	社会发展数字化转型下的科技政策：世界经验与俄罗斯	维谢格拉德集团在欧盟的自主权限制：选择国家战略，应对泛欧挑战，发展与俄罗斯的关系
负责人	Doctor of Political Science Ph. D. Danilin I. V	Ph.D. Doctor of Economics Chetverikova A. S.
时　间	2018—2020年	2019—2021年
项　目	数字经济发展的推动者：形成、网络互动和政府支持他们的政策	俄罗斯和欧盟公司在全球价值链中的互动
负责人	Doctor of Political Science Ph. D. Danilin I. V.	Ph.D. Doctor of Economics Nevskaya A. A.
时　间	2018—2019年	2018—2019年
项　目	政治认同因素对中东区域国家外交政策的影响	德国在欧洲一维和跨大西洋进程中不断变化的作用，对俄罗斯的挑战
负责人	Doctor of I.S., Prof. Zvyagelskaya I. D.	Doctor of Political Sciences Vasiliev V. I.
时　间	2019年	2018—2020年

三、智库的主要活动

IMEMO的主要活动根据其研究对象，可以分为对国际形势的分析与对国内综合问题的研究两部分。

（一）对于国际形势的分析

IMEMO对于当前国际安全、国际政治与经济、全球自然资源以及国际组织的活动等领域进行会议研讨与评论报道。具有代表性的是"普里马科夫斯基读物"科学与专家论坛和"欧洲对话"讨论论坛，二者均以开展会议作为活动主要形式。

1."普里马科夫斯基读物"科学与专家论坛

该论坛于2015年成立，以科学家和政治家叶夫根尼·马克西莫维奇·普里马科夫（Yevgeny·Maksimovich·Primakov）的名字命名，当前论坛已成为讨论国际发展形势、国际安全领域挑战以及世界政治主题的重要国际平台。

论坛旨在加强来自不同国家和地区的专家之间的对话、讨论应对全球和区域挑战的方法，以促进"第二轨道"的互动。自论坛成立以来，许多杰出的科学家、世界研究和分析中心的专家、政治和公众人物都参加了论坛，世界各地的顶尖科学家、政治家和外交官就全球和区域挑战和威胁进行了公开对话。

论坛举办的活动多与国际时事热点相关，由专家、青年学者集中在国际关系、国际战略上，对于事件发表评论。论坛还会邀请俄罗斯政府官员、其他国家首脑人物参加会议，重要人物发表的讲话以及专家学者的见解会被刊登在国内外的网站上供读者阅读。

2."欧洲对话"讨论论坛

"欧洲对话"讨论论坛于2009年10月成立，目的是充分促进俄罗斯与欧洲联盟在经济、政治和公共生活各个领域的和解，分析和讨论俄罗斯和欧盟关系中最紧迫的问题。

2020年论坛主题是"俄罗斯与欧盟国家关系中的历史真相和神话"。IMEMO学者在会上指出，历史无疑是一门科学，但由于其特殊性，它总是充当意识形态争议和反对解释的平台。为了使俄罗斯和欧洲在看待历史上达成共识，学者认为有必要在明确谴责极权政权罪行的基础上，对于极权主义的过去形成共同的态度，不仅研究具体的事件和事实，还应该从道德上进行评价。

（二）对于国内综合问题的研究

IMEMO侧重于对于国际关系的研究，IMEMO下属的俄罗斯联邦国家贸易委员会优先事项科学协调委员会，则以研究俄罗斯国内问题为主要方向，该委员会根据俄罗斯联邦政府2018年1月17日第16号决定（关于批准设立和运作俄罗斯联邦科学和技术发展优先领域理事会的决定）设立。委员会立足于人类与自然、技术、社会机构在全球发展现阶段的相互作用的态势，采用人文和社会科学的方法以提升俄罗斯社会有效应对重大挑战的能力。委员会的研究领域集中在经济与科学、劳动力与就业、环境问题、民族冲突、国家安全、社会文化等方面，委员会定期组织会议对上述领域问题进行讨论，为俄罗斯当局提供一个合理有效的解决方案。

在经济与科学方面，通过分析创新经济的制度约束，整合经济、创新和科学政策，俄罗斯联邦国家贸易委员会优先事项科学协调委员会提出如下措施方针：一是制定"俄罗斯联邦社会经济发展和国家安全战略规划"综合科学和技术方案；二是确定国家创新体系的结构性和体制性问题；三是确定俄罗斯联邦科学和技术发展战略优先事项科学协调委员会的工作结构和方向。

在劳动力和就业方面，委员会依照人口转型和第四次工业革命的态势，研究了劳动力市场和就业结构的转型。

在环境问题方面，委员会通过优化人与自然、人与技术的互动来应对环境问题。就本国环境治理而言，俄罗斯联邦国家贸易委员会优先事项科学协调委员会于2020年11月18日，以"俄罗斯社会有效应对重大挑战的可能性"为题召开了会议，制定了一份关于"开发和实施一套全面创新循环技术和废物消耗处理、处置和处理设备"的全面创新周期综合科技项目的建议草案。

在民族冲突方面，委员会为应对实际和潜在国际族裔政治、跨国武装冲突。提议采取以下措施：一是制定"人口、迁徙、身份保障俄罗斯国家发展"综合科学和技术方案；二是建设打击洗钱和资助恐怖主义的数字模型和社会经济建模。

在国家安全方面，面对当前的紧张局势，为应对国家安全当前与传统的外部军事和非军事的威胁，强化战略稳定和军备控制，委员会在2018年7月26日制定报告《俄罗斯联邦科学和技术发展战略》。该报告是世界经济和国际关系研究所和库尔恰托夫研究所联合研究项目的一部分。

在社会和文化安全方面，委员会为应对技术发展的挑战、体制失衡和身份危机，在2020年11月18日以"俄罗斯社会有效应对重大挑战的可能性"为题召开了会议，主张在专业和培训活动中建立一个监测、分析和纠正人类心理生理状况的数字系统。

四、智库的影响力

（一）对政府的影响力

IMEMO对俄罗斯联邦政府有着较大影响力：从研究所的资金来源来看，研究所的资金来自4个项目，其中3项都由俄罗斯联邦政府所支持，可见政府对于该智库的重视程度；从智库的研究成果来看，研究所为50多个俄罗斯机构提供政策建议与外交和经济战略思路，如国际项目、联邦部委和其他政府机构、俄罗斯议会和国有企业。

（二）对公众的影响力

根据全球智库排行的评价体系，智库对公众的影响力应分别从纸媒曝光次数、社交媒体粉丝量、网站三个角度进行评估。IMEMO 虽然在美国媒体的曝光度不高，但在俄罗斯当地的新闻网站上，出现的频率非常高，例如网站 Yandex 上就有很多 IMEMO 学者的文章，而在俄新社、俄罗斯国际事务理事会以及回声莫斯科等网站，IMEMO 学者的文章及评论出镜率也较高。智库还与国际文传电讯社[1]多次合作举办各类论坛，影响力广泛。

（三）在国际上的影响力

IMEMO 积极参与国际项目，与多个国家的机构开展合作。IMEMO 对全球趋势（创新、外国直接投资、能源问题、国际安全等）的研究为俄罗斯社会和政府相关政策提供了重要论据。

IMEMO 与全球多数国家、国际组织都有不同程度的合作。

（1）同德国和美国相关机构的合作。2013 年 6 月，汉堡大学和平与安全政策研究所（ISFH）启动了一个关于深度削减核武器问题的项目。这是一个涉及德国、美国和俄罗斯专家的三方研究项目，旨在讨论削减核武器的下一步行动。军备控制协会（华盛顿）和 IMEMO 是该项目的合作伙伴。该倡议设立了一个由国际公认的专家组成的三方委员会。该委员会的任务是找到解决办法，促进世界进一步削减核武库。

（2）同欧亚开发银行的合作。自 2011 年底以来，IMEMO 与欧亚开发银行一体化研究中心合作，发表了关于俄罗斯和其他前苏联加盟共和国开展跨界投资的报告。《2013 年独联体国家相互投资监测》报告被列入 2014 年世界 50 大分析出版物之列。2017 年 1 月，《2016 年独联体国家相互投资监测》再次跻身全球 50 部最佳作品之列。

（3）同波兰和德国相关机构的合作。2013 年，IMEMO 同俄罗斯科学院、德国外交政策学会（DGAP）和波兰国际关系研究所（PISM）启动了"三边合作：德国、波兰和俄罗斯"（Trialog, Deutschl and Polska Rossija）项目。该项目的目的是为德国、波兰和俄罗斯之间的三边政治合作提供专家和分析支持，

[1] 国际文传电讯社是一家独立的俄罗斯通讯社。该机构由国际文传电讯社股份公司拥有，总部位于莫斯科，通讯社在提供来自俄罗斯和独联体领土的准确和及时的突发新闻方面建立了良好的声誉，成功地转型为一家信息公司，为风险评估，合规，尽职调查，KYC，商业和金融情报量身定制了专业的 IT 解决方案。以上内容参见维基百科与国际文传电讯社官网。

并促进三国关系的发展。该项目得到德国波兰合作基金会和海因里希博尔基金会的支持。2013年10月，国际能源机构与波兰科学院政治研究所签署了一项科学合作协定，将2014—2015年联合研究的主题定为"俄罗斯、波兰的社会和政治发展动态"。

（4）同中国相关机构的合作。2013年初，IMEMO与中国现代国际关系研究院就"太平洋安全新模式"这一主题进行了联合研究，最终以俄中双语的形式发表了一份研究报告——《环太平洋安全新模式》。

（5）同美国相关机构的合作。在俄美宣布"重启"双边关系和签署新的《削减战略武器条约》之后，俄罗斯国际导弹组织与布鲁金斯学会（美国）开展了一个独特的项目，致力于推动俄罗斯和美国在核裁军、不扩散和民用核能领域的合作。该项目希望在缔结新的《削减战略武器条约》之前，就两国的进一步行动提出专家建议，以避免这一重要的国际安全问题进程出现停滞。会议决定重点分析进一步裁减战略武器、核不扩散和发展和平核能的途径。

（四）成为顶级智库的原因

IMEMO在宾夕法尼亚大学全球智库排行榜上名列第34名，这一排名处于较高位置，在俄罗斯本国属于顶尖智库行列。究其背后原因，可以从智库团队、智库出版物、国际联系、全球智库排行榜数据这四个角度进行分析。

1. 智库团队

IMEMO是俄罗斯科学院全球问题和国际关系司主管的主要智库。IMEMO的学者由12名俄罗斯科学院院士、75名教授、180名高级研究员、60名初级研究员，以及2名四星上将在内的退役军人组成。IMEMO主任为亚历山大·德金教授，是俄罗斯科学院正式成员、俄罗斯全球经济和国际政治领域的主要专家之一、俄罗斯总统科学和教育委员会主席团成员、俄罗斯总统委员会成员。同时IMEMO与世界领先的研究中心保持着广泛的国际科学联系，联合开展研究、举行会议，其合作伙伴包括美国的战略与国际研究中心（CSIS）、亚太安全研究中心（APCSS）、美国哥伦比亚大学，欧洲的俄罗斯-欧盟中心（比利时）、波兰国际关系研究所（PISM）、中国人民大学以及亚美尼亚共和国国家科学院等。

2. 智库出版物

IMEMO每年出版书籍超过50本，在俄罗斯期刊上发表300—400篇文章。IMEMO自身创办的期刊就有14种，其中较为知名的期刊以《世界经济和国际关系》为代表。该刊物创立于1956年，是俄罗斯关于国际政治、世界经济、国家和地区发展理论和科学实践等问题的出版物，由俄罗斯科学院出版。该月刊在俄罗斯科学电子图书馆上科学指数排第 20 名，以政治主题和经济主题为条件排名分别为第 1 名和第 4 名。

3. 国际联系

IMEMO 与世界领先的研究所保持着广泛的国际科学联系，以开展会议、联合研究以及教师讲学为主要方式。IMEMO 利用世界经济和国际关系研究所与俄罗斯科学院多年预测研究的经验，以及与其他国际研究所进行合作的经验总结，编撰了《俄罗斯与世界》刊物。《俄罗斯与世界》具体内容分为经济部分和外交政策部分。经济部分对俄罗斯与外部世界的经济关系进行了预测性评估，外交政策部分对国际关系的发展提出了预测，分析俄罗斯面临的主要外部挑战和应对能力。

4. 全球智库排行榜数据

根据全球智库排行榜上规定的智库遴选原则与指标，一级指标划分为 4 个部分：智库影响力、智库资源、智库产出、智库公共形象。现按照世界经济和国际关系研究所完成 4 个指标的程度顺序进行排列。

（1）智库影响力。智库影响力是 IMEMO 在一级指标中所占比重最大的一部分。世界经济和国际关系研究所具备全领域开放性，智库有俄语、英语两种语言可供选择；同时 IMEMO 与其他国际机构互派学者访学，与国际联系紧密。智库在宾夕法尼亚大学公布的全球智库排行榜上占据第 34 位。

（2）智库资源。智库拥有的资源是占比第二大的部分，主要体现在人员与组织上。根据 IMEMO 官网的历史与组织架构部分，可以看到其发展历史悠久，领导与科研人员数量质量上均较为完备。

（3）智库产出。智库的产出，即成果，是占比第三大的部分。IMEMO 的学术产出丰富，每年出版超过 50 本书，在俄罗斯期刊上发表 300—400 篇文章，每年有 50 多篇英文文章和章节收录在书籍中。但政策产出相对较少。智库的项目涉及种类繁多，涵盖政治经济军事等多重领域，研究对象广泛，不仅包括话题热度最高的美国、中国，还包括非洲等部分小国。研究报告包括《世界发展》《分析和预测》《俄罗斯与世界》等。

（4）智库公共形象，这是占比最小的部分。研究所的网站、社交媒体的粉丝量和纸媒曝光次数相对占比较小。

（蒲菁／文）

国际战略研究所

International Institute for Strategic Studies

一、智库的形成与发展

国际战略研究所（International Institute for Strategic Studies，简称 IISS）是英国研究国际政治和全球战略的权威机构，在全球安全、防务、军事冲突等领域成果卓然，既是国际军事情报研究中心，又是国际问题研究者的国际俱乐部[1]，素有"世界战略思想库"之称。

IISS 于 1958 年 11 月由英国学术界、政界、宗教界和新闻界人士共同创立，创立之初被称作布赖顿协会，是一所私营、非营利、无党派倾向的国际性软科学研究机构。其任务是通过制定政策，推动全球和平与安全，维护文明的国际关系。协会总部位于英国伦敦，在华盛顿、新加坡、巴林、柏林均设有办事处。

20 世纪 50 年代末，布赖顿协会成立的初衷是研究"核时代的安全问题"，同当时国际形势有密切关联：一方面，苏联开始壮大核力量，并着手发展导弹系统。部分西欧人士预感到，一旦苏联的核导弹威胁到美国本土，美国对西欧的核保护就不再可靠。另一方面，西欧经济不断繁荣，西欧学者们意识到西欧应该扛起维护自己安全的责任[2]，如何解决欧洲的安全问题变得极为迫切。在这样的时代背景下，英国军事历史学家迈克尔·霍华德（Michael Howard）、工党前议员、国防大臣丹尼斯·哈利（Dennis Harry）以及记者阿拉斯塔尔·巴肯（Alastair Buchan）等人于 1958 年共同创办了布赖顿协会。由于这些创始人大部分来自英国，所以布莱顿协会在英国伦敦成立。

1964 年布莱顿协会进行了改组，由美国福特基金会赠款，正式成立研究

---

[1] 萧良：《伦敦国际战略研究所：锐眼看寰球的战略权威》，载《今日中国论坛》2005 年第 12 期。
[2] 郭丰民：《伦敦国际战略研究所见闻》，载《世界知识》1981 第 2 期。

所。成立研究所后布赖顿协会不断发展。在人员配备上，研究所吸收了大批来自世界各国的会员，并聘请了国际著名学者、军事权威及政府要员作为客座研究员参与论坛、讲座等学术活动。在研究内容上，不再局限于军事和战略，逐步涉及政治、经济、社会等领域。在研究成果上，20世纪60年代正值核时代，布赖顿协会持续精进对核安全的研究，在核污染问题和核武器控制方面作出了自己的贡献。

1971年布赖顿协会的研究所改为国际战略研究所（IISS），总部设于伦敦。IISS在20世纪70年代聚焦于地区安全项目的调研工作，同时，组织美国和苏联的军控专家组织定期会晤也是这一时期IISS的重要任务之一。随着科研队伍的壮大，IISS的研究范围向非洲、亚洲、拉丁美洲和中东地区的冲突类型及解决方案方向拓展。此外，IISS较早地意识到研究东西方对欧安全的必要性，在20世纪70年代后期到80年代间制订了详细的区域性研究计划。[1]

20世纪80年代至90年代，IISS迅速发展壮大，研究人员开始从非军事的角度研究世界和地区的冲突问题。80年代早期，IISS与哥斯达黎加、埃及、约旦、朝鲜、墨西哥、巴基斯坦、俄罗斯、泰国、土耳其、津巴布韦等国的大学联合举办了一系列主题学术研讨会，进一步探究冷战后果、种族冲突实质、政策变化依据以及维和、地方军控等问题。从20世纪90年代下半期开始，IISS以全球战略变化问题作为研究核心，并定期举行专题讨论会，以保证研究所能够就全球战略变化问题提供准确、及时的基础信息和高水平的分析报告。此研究成果对相关国家政府制定政策具有重要参考价值。[2]1997年，IISS将位于伦敦市中心的阿兰德尔宅邸（Arundel House）作为总部大楼，阿兰德尔宅邸毗邻泰晤士河，距离英国政府办公楼和唐宁街仅5分钟路程。[3]

进入21世纪，全球局势日益复杂，IISS开始致力于从全球化的视角研究国际关系、军事冲突、经济与能源安全、地缘经济、地缘政治等问题，研究的地理范围由原来的北约防区不断向亚洲、中东、非洲及世界其他热点地区扩展。IISS在2021年前后研究的重点国家是伊朗，重点话题是新冠疫情和"一带一路"倡议。在这两大话题中，中国都是重要的角色。因此，中国也自然而然成为IISS的重点研究国家。

---

[1] 施燕斌、夏尊凤：《伦敦国际战略研究所》，载《国防科技》2001年第6期。
[2] 梦柯：《英国伦敦国际战略研究所》，载《俄罗斯中亚东欧研究》2004年第6期。
[3] 萧良：《伦敦国际战略研究所：锐眼看寰球的战略权威》，载《今日中国论坛》2005年第12期。

IISS 拥有西方最好的分析团队之一，能在安全问题上作出有一定参考价值的分析。自成立以来，成果显著。其每年固定出版的《战略调查》（Strategic Survey）和《军事平衡》（Military Balance）等出版物被誉为该领域的权威刊物，被全球专家学者所认可。此外，IISS 还牵头举办有"军事达沃斯"之称的"香格里拉对话"（Shangri-La Dialogue，SLD）以及在中东地区颇具影响力的"麦纳麦对话"（Manama dialogue），为各个地区乃至世界的国防、军事等领域的发展提供重要参考信息。

IISS 在世界各地有多个分支机构，并与当地的研究所和大学密切合作。正是由于广泛的国际联系与深度了解，IISS 才能够在种族问题、政治变革等国际重大问题出现的时候，迅速精准地分析形势、提出建议。[1]IISS 先后在华盛顿、新加坡、巴林、柏林开设办事处，以便与世界各地建立起更紧密的联络，从而深入了解全球资讯。最新成立的办事处是 IISS 欧洲办事处，于 2021 年在柏林正式成立，受到德国联邦政府的财政支持，并迅速开展国际工作。

二、智库的组织架构

作为一家研究国际政治与全球战略的国际性组织，团队成员的国际化是一个十分重要的因素。据 2021 年统计，目前 IISS 成员来自 22 个不同国家。此外，IISS 作为一所私营、非营利的国际智库，需要强大的资金支持。只有在资金充足的条件下，才能广泛开展国际活动与调查研究，扩大并夯实研究成果，真正起到科学决策的作用。基于此，下文将详细介绍 IISS 的领导机构、科研团队与资金来源。

（一）领导机构

IISS 主要领导机构关系图（见图 1）：

图 1 IISS 领导机构关系图

---

[1] 许有志、李华：《贯彻落实十九大精神 借鉴国际智库先进经验 不断提升工程咨询行业政策咨询水平》，载《中国工程咨询》2018 年第 1 期。

IISS 的领导机构由董事会、咨询委员会和总裁办公室构成。具体职能如下：

董事会（The Trustees）是 IISS 最高领导部门。董事会成员作为研究所的担保人，负责维护机构价值、监督机构运行以及任命理事会主席与研究所所长。[1]董事会成员兼任咨询委员会成员，分别加入审计委员会、投资委员会、薪酬与就业委员会。董事会目前共有 12 名成员，均为政界、学界、商界等社会各领域知名人士。现任董事会主席比尔·埃莫特（Bill Emmott）是《经济学人》前主编，在政治、金融、经济和商业等领域均有涉猎。

咨询委员会（The Advisory Council）是 IISS 的咨询机构，由该所的杰出国际会员组成。其开设目的是就研究所的研究方针向董事会和总裁提供政策建议，对研究所成果进行科学性评估，并向国内决策层和国际社会传播研究所的观点。咨询委员会成员由董事会与咨询委员会主席、总干事、首席执行官协商后任命，通常不少于 20 名不超过 35 名，任期 3 年，最多连任两届。咨询委员会现有 28 名成员，包括政府官员、杂志主编、大学教授、公司总裁等知名人士，部分成员同时就职于董事会。咨询委员会现任主席李钟敏博士（Chung Min Lee），是韩国高等科学技术研究院融合与安全事务研究所（Institute of Convergence and Security Affairs, Korea Institute of Science and Technology）教授，卡内基国际和平基金会（Carnegie Endowment for International Peace）亚洲项目高级研究员，是国际关系和全球战略研究专家。

总裁办公室（Director-General's Office）是研究所的执行管理部门，全面负责研究所的日常管理与运作。现任总裁是约翰·奇普曼博士（John Chipman），曾在各大企业的国际咨询委员会和董事会任职，并为大量国际企业提供咨询。同时，他还定期以政治风险、地区安全和全球趋势为主题发表演讲。他创办了 IISS 最重要的两大区域安全对话机制——香格里拉对话和麦纳麦对话。总裁办公室设有办公室主任、特别项目经理、计划管理员以及个人会员经理各一名。他们协助总裁完成研究所内外各类事务。

IISS 在总裁办公室的统筹管理下，下设研究部门和运营部门两大部门。学术研究是研究所的核心，研究所将科研项目组分为领域研究和地域研究两大组别，两大组别下再分设具体项目组。每个项目组包括项目主管、项目顾问、高级研究员和若干研究助理。研究所具体研究情况将在下文科研团队专

---

[1] 秦小燕：《英国国际战略研究所的运行机制与发展态势》，载《智库理论与实践》2017 第 5 期。

题详细介绍，此处不做赘述。运营部门负责研究所的内部事务管理及外部联络，包括会议和活动、公司和对外关系、财务、新闻通讯、知识和信息服务、人力资源运营以及研究成果的出版等（见图2）。

运营部门（Operational Staff）
- 会议和活动（Conferences and Events）
- 公司和对外关系（Corporate and External Relations）
- 财务（Finance）
- 新闻通讯（Press and Communications）
- 知识和信息服务（Knowledge and Information Services）
- 人力资源（Human Resources）
- 运营（Operations）
- 设计（Design）
- 编辑服务（Editorial Services）
- 编辑（Editors）

图2　IISS运营部门组织架构图

除伦敦总部外，IISS在全球重要地区设立办事处，以便更快更精准地掌握国际事务的相关信息。各地区开设办事处是IISS探寻国际化路径的一项极其重要的举措。IISS先后在华盛顿、新加坡、巴林、德国设立美洲中心、亚洲中心、中东中心和欧洲中心，与这些地区保持紧密联系。IISS-美洲办事处于2001年7月在华盛顿成立，主要研究美国安全、防务及政策问题。IISS-亚洲办事处于2001年9月在新加坡成立，负责其在亚洲的工作，并逐步将视野拓展至亚太以外地区的战略问题。IISS-中东办事处于2010年5月在巴林成立，聚焦于中东及海湾地区的地缘政治和战略问题并作出重要贡献。IISS-欧洲办事处于2021年6月在柏林成立，作为IISS与德国及其他欧洲大国建立密切关系的桥梁。每个办事处设有一名总经理和一位执行董事，负责办事处的整体管理。

（二）科研团队

IISS以全球化的视角对各国国防、军事、经济、能源安全、地缘经济、政治等进行研究。鉴于研究内容繁多复杂，研究所将研究团队划分为两大板块：一方面开展地域研究，主要研究非洲、亚太地区、欧洲、日本、拉丁美洲、中东和海湾地区、南亚、美国等国家和地区的相关事务，并成立专门机构。另一方面从专业领域着手成立专门研究队伍，主要研究领域为国防与军事分析、核不扩散政策、网络、冲突、安全与发展、地缘经济、地缘政治与战略等。下文将从人员构成和研究团队两个部分对 IISS 的科研团队进行介绍。

1. 人员构成

IISS 研究团队设有 3 个层级，分别是领导人员（Directing Staff）、高级研究员（Senior Staff）和助理研究员或分析师（Research Staff）。领导人员，包括 IISS 总裁、各办事处执行董事、各研究部门总监；高级研究员，IISS 目前设有国防政策和战略咨询、导弹防御、陆地战争、海军部队和海事安全、军事航空航天、区域安全、治国方略和影响网络、国防经济学、城市安全和混合战等领域的高级研究员，他们都是来自各个领域的专家学者；助理研究员或分析师，多为刚毕业的博士生，加入 IISS 时间较短。

2. 研究团队

IISS 研究团队主要从事领域研究和地域研究，其中从事领域研究的团队 5 个。

（1）国防与军事分析项目研究团队（Defence and Military Analysis）。本项目旨在研究国家军事与安全相关的政策和实力，国防开支、国防采购、国防工业以及新技术的影响等。科研队伍设有军事航空航天（Military Aerospace）高级研究员、陆战高级研究员、海军部队和海事安全（Naval Forces and Maritime Security）高级研究员、治国方略和影响网络（Statecraft and Influence Networks）高级研究员、国防经济学（Defence Economics）高级研究员、国防政策和战略咨询（Defence Policy And Strategy Consulation）高级研究员，他们按照各自研究领域开展更精细的研究。值得一提的是，研究所还专设有中国国防政策与军事现代化（Chinese Defence Policy and Military Modernisation）高级研究员，重点关注中国跨军种国防分析、中国国防工业和国防创新能力，以及中国的区域战略事务和国际关系。该研究团队共有 33 位成员，是其他项目团队人数的 1—2 倍，可见国防与军事是 IISS 研究的核心领域。

该团队目前的主要研究方向是亚太地区的军事能力和俄罗斯的军事现代化。此外，研究人员还在研究军事的创新和适配，总结军事和商业领域的经验教训，以及评估欧洲国防开支。知名出版物《军事平衡》（*The Military*

Balance）和数据工具"军事平衡+"（Military Balance+）均依靠本项目的研究作为支撑。

（2）战略、技术和军备控制（Strategy, Technology and Arms Control）

本项目旨在探究各国对技术的利用，特别是军事技术和军备控制，以在国际体系中最大限度地发挥力量。

目前，本项目研究的重点是先进应用技术对安全政策和战略的影响，研究分析在战场和"混合战争"中产生战略影响的创新先进应用技术的传播，以及专家为其扩散和使用制定规则所做的努力；同时，为减少核武器和非核战略武器的风险贡献力量，审查与增减威慑有关的外层空间领域问题，探究军事能力平衡和有效战略沟通如何更好地促进稳定。此外，关注核武器在重塑区域和全球秩序方面的新作用，评估核武器扩散程度及其对国际关系的影响，审查欧洲核安全、非战略核武器对中国和俄罗斯的理论意义以及对朝鲜半岛的威慑。

（3）网络权力和未来冲突（Cyber Power and Future Conflict）项目研究团队。本项目旨在分析信息和通信技术在军事和情报方面的应用。研究内容从以前的卫星和机器人到现在作为主流的人工智能和社交媒体，以及即将到来的量子计算（quantum computing）。

本项目目前的研究重点是评估全球网络大国的能力，审查影响各国网络空间行为的法律和规范举措，展望未来各国在太空的竞争。它还批判地解读了影响及控制公民社会的新军事技术和学说。

另外，本项目还邀请网络大国的决策者与网络安全领域的重要人物共同参与到促进网络公开度和信任的对话中，意在通过这项工作为新时代战略思想奠定知识基础。

（4）冲突、安全与发展项目研究团队（Conflict, Security and Development）。项目旨在探究冲突与不稳定的驱动因素和社会经济影响，并分析国际安全与全球发展之间的相互作用。项目邀请政策执行者、私营部门、国际组织和发展机构共同探讨各自对国家政策路径的看法和建议。科研队伍邀请了网络安全高级顾问，设有城市安全和混合战高级研究员（Urban Security and Hybrid Warfare）、调查与冲突高级协调员以及安全与发展分析师。值得一提的是，该项目对拉丁美洲的冲突、安全与发展尤为重视，专设了两名拉丁美洲研究分析师。

本项目目前的研究重点是武装冲突及其与社会经济发展的相互关系。同时，对冲突与世界发展的主要趋势（如城市化、非国家武装团体）之间的联系开展前沿研究。研究所与冲突相关的主要出版物《武装冲突调查》也以本项目的研究为基础。

（5）地缘经济与战略（Geo-economy and strategy）。本项目旨在以全球经济力量从西向东的重新分配为研究背景，与政府和企业决策者合作，共同分析经济和地缘政治的相互作用。本项目当前共有三项研究重点：一是重点关注能源问题。通过了解亚洲绿色能源政策（Greener Energy Policies in Asia）的政治和经济驱动因素及其对国际能源市场的影响，预测影响全球能源贸易变化的地缘政治因素。二是研究海湾地区的经济结构变化及其地缘政治因素。三是分析治国方略上经济和金融工具的适用方法。

从事地域研究的团队有9个。

（1）印太防务与战略项目研究团队。本项目以中国为重要研究对象，优先研究中国的国际作用及中国军队现代化问题。研究所开设有"一带一路"倡议主题研究，针对中国提出的"一带一路"倡议开展重点研究。

此外，亚太地区项目还主要分析东北亚、东南亚、澳大利亚及亚太地区海洋的政治和安全动态。研究团队借助新加坡办事处的地域优势，与该地区政策制定者和专家权威保持密切接触，以了解亚太地区多样化的战略文化和安全动态。本项目目前的研究重点包括：中国"一带一路"倡议的战略意义；东南亚的政治变化和外交政策；韩国发展中地区政策与国际政策；当代亚太地区的军事能力。该项目的研究成果为每年在新加坡香格里拉饭店举办的"香格里拉对话"提供参考信息。值得一提的是，IISS专为研究亚洲地缘政治问题撰写了"阿德尔菲系列"（Adelphi Series）出版物。该系列是一份关于亚洲地缘政治过去、现在和未来的全方位指南。研究人员在三大战略趋势背景下，研究亚洲日益增长的地缘政治竞争、国防采购趋势及军事发展能力。

（2）欧洲项目研究团队。本项目主要研究欧洲各国的国防政策和军事策略。研究所与欧洲政策研究中心（Centre for European Policy Studies）联合设立"欧洲安全项目"，吸收来自欧盟国家、美国、俄罗斯的研究人员。主要研究成果涵盖的领域包括：跨大西洋联盟面临的新的安全和防务任务，巴尔干地区的稳定、安全与防务政策和核武器安全等。欧洲安全项目下设欧洲安全论坛，主要讨论欧洲安全和战略问题。

（3）日本主席项目研究团队。日本主席项目是日本政府捐资数百万美元设立，旨在研究日本如何根据其经济、外交和军事力量确定自身的战略地位。

该项目研究及相关活动的经费均来源于日本政府的捐赠。

本项目通过数据研究、公共论坛和圆桌会议，揭示日本实现战略目标的资源和能力的潜力与缺陷，旨在帮助用户形成有关安全和外交政策的战略思维，成为决策者、企业和专家研究21世纪日本在动态地缘政治和地缘经济环境中的战略地位。

（4）中东和海湾地区项目研究团队。本项目旨在研究该地区的冲突和安全体系，以及中东大国与域外大国之间的关系。主要研究对象国是埃及、沙特阿拉伯和伊朗。本项目的核心研究团队位于巴林办事处，共有9名研究人员。研究所长期与该地区相关机构保持紧密联系，以便更好地了解国家力量和非国家力量的动机和战略。

（5）中国研究项目团队

本项目旨在基于事实分析和中文语境的研究，纠正各国对中国的错误认识和猜测，帮助政府和企业正确认识中国政策。团队研究中国全球政治形象的内外驱动因素及其未来趋势，探究中国如何行使政治权力，以及对全球和区域安全的影响。同时，探究中国外交活动的影响因素，主要为中国的影响力运作、持续变化的外交政策以及中国在全球公域的现状。此外，团队旨在消除全球对中国经济的误解，重新审视中国的创新能力。

团队研究重点主要有：中国的创新生态系统；中国的全球数字投资和标准设定；中国经受制裁的能力和经济治国政策；中国通过"一带一路"、数字丝绸之路及政府主导的其他地缘经济倡议进行经济治国的能力。

（6）拉丁美洲研究项目团队

本项目旨在为拉丁美洲的全球战略提供理论支持，提供关于区域安全、治理、经济和地缘政治挑战的新思维和创新研究。团队支持拉丁美洲制定国家和区域政策，以在不断变化的地缘政治和地缘经济秩序中加强稳定和复原力，帮助私营部门了解可能影响其战略的社会经济、安全、政治和地缘政治风险。团队研究地缘政治新秩序中的拉丁美洲地缘政治趋势与国内政治、社会经济和安全等。议题包括：美国、中国对该地区的影响和战略评估；拉丁美洲与地缘政治大国间存在的安全稳定挑战；亚洲和中东的新兴伙伴；拉丁美洲对外贸易战略的多样化选择；等等。

拉丁美洲作为一个特殊的地区，团队还着力于调查有组织犯罪、国内脆弱性（domestic fragility）、区域和全球稳定与安全之间的联系，包括探索犯罪集团和非法供应链的全球化动态、犯罪国家的崛起及作用。

（7）俄罗斯和欧亚研究项目团队

随着俄罗斯和欧亚地区经历全球重大地缘政治和地缘经济变化，首先，该团队对俄罗斯入侵乌克兰后的战略人格及其对国际秩序的影响进行了动态分析。其次，团队研究俄罗斯的自我认定、自我统治及其影响因素，有三大关系对其造成影响：领导者和精英的关系决定政权凝聚力和政策方向；政权和公众的关系决定政权的稳定性和合法性；中心和地区的关系影响国家整体决策甚至国家凝聚力。

团队研究俄罗斯外交政策的影响，特别是俄罗斯对与西方关系缓和以及与非西方国家建立务实伙伴关系的迫切程度，以及对"欧亚主义者"（Eurasianist）的态度。团队还分析了经济孤立对俄罗斯的影响，以及俄罗斯将如何通过进口替代或非西方来源减轻影响。分析俄罗斯对国际流动基础设施的依赖程度及其受后碳世界（post-carbon world）和长期技术变革的影响。

（8）南亚和中亚防务、战略和外交研究项目团队

该项目研究南亚和中亚的冲突和战略对抗，力求通过召集国防、军事和情报界的主要安全行动者进行"1.5轨道"对话（'track 1.5' dialogues），改善国际关系并开展政策研究，为政府提供参考。此外，团队还关注阿富汗和区域安全环境问题，在2021年8月美国从阿富汗撤出部队后，持续关注南亚、中亚与阿富汗之间的安全联系。致力于通过鼓励印度、巴基斯坦和中亚主要国家与阿富汗塔利班—哈卡尼政权（Taliban-Haqqani regime）的接触，就区域稳定，特别是反恐合作建立共识。

团队研究印度—巴基斯坦安全和国防关系，通过鼓励印度和巴基斯坦的安全机构与战略社区接触，以帮助恢复印度—巴基斯坦的和平关系。团队试图探究印度和巴基斯坦之间核威慑和安全危机的影响因素。

（9）东南亚政治和对外政策研究项目团队

该项目研究东南亚政治与全球关系的联系，了解东南亚专家和官员及其在北美、欧洲和亚洲其他地区战略伙伴面临的主要政策挑战。团队还考察了东南亚政治如何塑造本地区的国际关系，调查武装部队如何影响东南亚国家外交政策，探讨非暴力宗教极端主义（nonviolent religious extremism）在东南亚的崛起，以及对各国外交政策影响。

团队着眼于东南亚商界精英与中国之间持续加深的联系对其政府应对大国竞争方式的影响，分析东南亚社会中华人的地位性质及其对东南亚与中国关系的影响。此外，团队重视缅甸的冲突与外交，密切关注与缅甸冲突相关

的政治和国际关系，探讨冲突的性质和方向及其对该区域地缘政治的影响。

（三）会员制度

向全球招收会员是IISS吸收成员的重要方式，研究所寻求各领域知识领袖及政府重要官员成为其会员。IISS建立了完善的会员制度。申请会员需附上个人陈述与简历，申请材料将被提交到咨询委员会审核。会员考核的主要标准是其对国际战略的贡献，申请材料经咨询委员会审核通过后，申请人方可被授予IISS会员资格。

研究所的会员绝大多数是美、英、法、德等国家的军政界人士、外交官、新闻界人士以及相关研究机构和大学的研究人员，近年该研究所不断吸收中、日、韩、中东等国家和地区的知名人士入会。IISS会员可分为两类：个人会员（Individual Membership）与团体会员（Corporate Partnership）。个人会员主要是指在战略、防务或安全问题的研究上有一定造诣，或对相关领域具有浓厚研究兴趣的个人。政府机构、学校、使馆、公司、研究机构、报社等集体组织可通过成为团体会员与IISS建立高级别战略伙伴关系。团体会员将受邀参加IISS举办的重要活动，与世界顶尖决策者交流观点。根据会员等级不同，会费和会员资格会有所差异（见表1）。

表1 IISS会员类型与会费

	会员类型	会费（英镑/年）
个人会员	个人会员	350
	限制资格会员	200
	优惠会员	100
	学生会员	85
团体会员	赞助会员	50000
	执行会员	30000（仅单年） 27500（多年）
	尊贵会员	20000
	高级会员	15000（仅单年） 12500（多年）
	使馆会员	2000（仅单年） 1500（多年）

除了常规的论坛和研究会，IISS 每年还专为会员举办一场会员年会。会员年会将全球会员聚集在一起，讨论国际政治与全球战略问题。此外，会员可以免费阅读 IISS 的 4 本世界知名出版物。

（四）资金来源

IISS 是一所私营、非营利的国际智库、注册慈善机构，也是一家担保有限公司。一所智库只有在强大资金支持下，才会在人员、管理制度、研究选题、观点表达上保持独立性，智库也才得以正常运行和蓬勃发展。

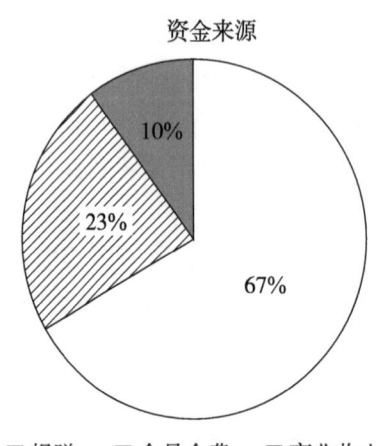

IISS 资金来源多元化，主要有以下三个渠道（见图 3）：

（1）各国政府、大使馆、基金会、企业、团体及个人的捐赠。此类来源占研究所总资金来源的三分之二。主要捐赠方有空中客车公司、洛克希德·马丁公司、雷神公司、波音公司、瓦伦堡基金会等，这些机构的捐赠数额均在 10 万英镑以上。另外，IISS 在德国联邦政府的资助下在柏林开设欧洲办事处，日本政府捐赠数百万美元成立"日本主席项目"，"香格里拉对话"和"麦纳麦对话"的开办均是来源于东道国新加坡政府和巴林王国的支持。

图 3 IISS 资金来源

（2）会员会费。研究最新财务报告显示，个人会员订阅费用与上述主要资助方共同构成主要资金来源，达到 10 万英镑及以上。此外，研究所还拥有来自众多团体会员的高额会费收入。

（3）出版刊物、数据库及商业贸易所得收益。IISS 拥有《生存》（*Survival*）、"阿德尔菲系列"（Adelphi Series）、《战略调查》（*Strategic Survey*）、《军事平衡》（*Military Balance*）等国际知名出版物，以及受众广泛的"军事平衡+"在线数据库，这些都不断地为研究所带来可观的收益。此外，研究所还拥有一家贸易公司，代表其进行商业经营活动，所得收益也作为研究所的资金。

研究所不接受任何对其研究、分析和组织的独立性施加限制的资金来源。董事会监督确保研究所在筹集、接受捐赠到合同执行全流程符合标准，并符合研究所的独立性和卓越性。研究所建立了透明严格的财务制度，在经费支出上由研究所严格管控，不受项目委托方的干预，严格控制各项支出并将财务数据记录在本年度的年度报告中。

三、智库的主要活动

IISS研究成果有三种形式向公众展出：一是将数据和分析收录于在线数据库，为国际社会提供国防和军事情报；二是推出IISS独立出版物，包括年度报告、专题分析等；三是通过Twitter、Facebook等网络新媒体及时公布研究动态，积极与其会员和公众进行互动。同时，研究所每年定期或不定期在世界各地举办多种形式的会员年会、学术论坛以及IISS国际安全峰会。这类活动既是IISS展示研究成果的重要平台，也是各国重要人士信息交换和灵感碰撞的场所，从而为研究所提供更广泛的研究思路。上述研究所活动可归纳为3类，分别是情报收集、研究分析和会议论坛。

（一）情报收集

IISS搜集全球各个国家和地区军队、安全、防务、战略等领域的情报，以供记者、分析人员和学者广泛使用。IISS拥有在线数据库"军事平衡+"。"军事平衡+"是IISS国防和军事分析团队的在线数据库，为私营部门、政府、武装部队、学术界和媒体等提供必需的国际情报和研究所内部信息。美国前国防部长罗伯特·盖茨（Dr Robert M. Gates）和大卫·彼得雷乌斯将军（General David Petraeus）分别评价"军事平衡+"是"决策者和公众辩论的重要事实和分析来源"和"了解各国防御能力的首选平台"。

"军事平衡+"数据库的功能大致可被归纳为四类，第一类是辅助政府研究，"军事平衡+"中存放着IISS科研团队经调查研究得出的"国家国防设施目录"（Defence equipment inventories）、国防经济情况（Defence Economics）、经济和部署的可视化（Visualisation Tools for Economics and Deployments）、演习与部署情况（Exercise and Deployment Situation）、军队力量编成（Force Composition）等报告，为国防政策的制定者提供及时的数据。第二类是提供国际情报，IISS收集了171个国家和地区的情报，在数据库中向社会大众公开。第三类是推动国防工业，数据库列出了全球重要国家10年内前30项开支的估算（占全球国防开支的88%）和1200多条采购记录，帮助用户更好地洞察新市场。第四类是应用工具，"军事平衡+"是一个线上可订阅数据库，存有经专家验证的开放源代码（Open source），拥有 7 个搜索引擎和 3 个数据工具，并可导出可视化数据。

（二）研究分析

IISS 研究人员通过收集验证 171 个国家和地区的国防、军事等数据，分析各国的国防安全、军事实力、外交政策、冲突、经济等，并提出新的战略构想。这些研究内容以出版刊物、调查报告以及网络平台的形式向全球发布。

（1）出版刊物。IISS 主要出版物有：《生存》、"阿德尔菲系列"、《战略调查》、《军事平衡》、《战略评论》（Strategic Comments）等。

其中，在国际战略与政策方面，伴随研究所成立的《生存》诞生于核问题最严峻的时期，其目的是帮助全球应对冷战时期核武器竞赛所带来的风险。伦敦国王学院（King's College London）战争研究教授劳伦斯·弗里德曼（Lawrence Freedman）评价《生存》称，该杂志对于实践和学术都具有重要价值。每年 5 月出版的《战略研究》报告，是一份关于全年主要政治、经济、外交政策发展的年度评论，就重大安全问题的发展趋势进行分析，以图表和地图形式为读者提供地缘政治变化的新见解，年度关键事件发生的时间线及世界年度事务综合回顾。对于政策制定者、商界领袖、学者来说，具有重要参考价值。

在军备力量研究方面，每年 10 月出版的《军事力量对比》是介绍世界各国军事实力、组织、装备和防卫消费的权威性著作。《军事力量对比》和《战略研究》因其对全球军事力量数量和质量的卓越分析，被学界誉为国防工作者、国际安全和政治领域人员"必不可少的参考工具"。

年刊《武装冲突调查》全面总结了全年武装冲突的全球趋势。其内容包含年度武装冲突数据汇总，影响冲突的政治、军事和人道主义因素的年度审查，当前战争驱动程序和动态分析及武装冲突全球相关性指标（简称 ACGRI，是 IISS 的专有指标，将冲突发生率与地缘政治影响相结合，以评估全球武装冲突的显著特点）。《武装冲突调查》是可供安全政策制定者参考的重要资源，也是武装冲突研究者不可或缺的知识来源。

"阿德尔菲系列"是 IISS 专为研究亚洲地缘政治问题开设的出版物，自 2014 年连载至今。IISS 认为，亚洲作为世界上最复杂的地区之一，对世界政治有重大影响，若意图掌握全球地缘政治，首先必须充分了解亚洲地缘政治。研究人员在三大战略趋势背景下，研究亚洲日益增长的地缘政治竞争（Geopolitical Rivalries）、国防采购趋势（Defense-Procurement Trends）及军事发展能力（Developing Military Capabilities）。这是一份关于亚洲地缘政治过去、现在和未来的全方位指南。IISS 还专为研究中东问题推出《伊朗在中东的影响网络》（Iran's Networks of Influence in the Middle East）。这份战略报告档案于 2019 年 11 月出版，是 IISS 经过为期 18 个月的实地研究、访谈和开源分析，研究伊朗在伊拉克、黎巴嫩、叙利亚和也门等主战场的活动及其对巴林、沙特阿拉伯和科威特的影响推出的。在地区紧张局势加剧之际，该报告档案着眼于伊朗将如何进一步发展其周边合作关系以及可能面临的风险和限制。为决策者和从业者提供重要信息，并引发相关讨论。

此外，研究所每年以论丛形式发表多篇专题论文，出版《国际安全研究汇编集》《地区安全研究汇编集》，以及一本编入"国际战略研究所丛书"的读物。

（2）调查报告。IISS 研究团队通过对特定主题进行评估产生调查报告，帮助用户更深入地了解国际战略。调查报告主要针对亚太地区、欧洲、美洲乃至全球的政治形势、防御体系、恐怖主义、领土纠纷、地缘经济学以及战略技术中的核与军备控制等开展研究。

（3）网络平台。IISS 通过推特（Twitter）、脸书（Facebook）、油管（YouTube）等社交平台向社会发布研究动态，公开研究成果及其对国际热点问题的观点，积极与会员及公众进行互动。另外，IISS 还创办了"IISS 之声"系列播客。通过播客发布 IISS 专家和客座研究者对国际事务和安全的时事评论，针对影响国际安全、国防和战略的关键问题提供及时的分析。播客系列每一集都会采访来自 IISS 及其外围的领先研究人员和专家探讨时事主要趋势，还对研究人员就职业生涯以及如何参与到国际安全与国防的研究中进行访谈。

（三）会议论坛

IISS 通过举办年会、阿拉斯泰尔·巴肯纪念讲座（Alastair Buchan Memorial Lecture）及一系列讨论国际问题的学术会议，对世界各个地区、各个领域的各种问题进行多边讨论，寻求问题解决方案。

（1）常规会议。研究所会定期针对世界热点问题开展常规会议，时长一般在 30 分钟至两小时。会议时间不长但内容丰富，研究人员在会议中发生思想和观点的碰撞，有助于研究员将专题研究同全局形势结合，拓展思路。

每周举行一次研究员会议，由每个研究员报告其论文的主要观点，以此开展讨论。会议还讨论当时国际上发生的重大问题、热门问题或战略研究领域出现的新问题、新概念等。通常会邀请一名来自热点地区的学者、记者、外交官、军人或某一热门问题的权威作为本次会议的主要发言人。每月举行2—3次内部报告会、午餐会，邀请来自各国的政府首脑、高级官员、著名学者和记者等对相关主题作报告陈述。此类学术讨论会开展频繁，一年可达30多次。

（2）高端论坛。IISS 一直在为扩大国际影响力而努力，而会议和论坛是最有效的方式之一。研究所每年在世界各地以各种形式举办会员年会、学术论坛以及国际安全峰会，为组织和个人提供交流讨论的平台，进一步深化国家之间相互沟通和理解。与会者主要是来自各国政府官员、学者、商人和记者，会议紧扣时代主题，围绕重要的战略性议题展开，涉及反恐、科技、环境、经济等话题，同时也探讨中东、亚太、非洲等区域性问题。其中，亚洲安全峰会"香格里拉对话"和中东安全峰会"麦纳麦对话"是 IISS 提升国际影响力的核心会议。

香格里拉对话每年5月底或6月初在新加坡香格里拉饭店举行。香格里拉对话始于2002年，是由 IISS 和新加坡国防部共同创办的"亚洲安全峰会"，有"军事界达沃斯"之称的论坛。香格里拉对话是"9·11"后在亚太地区新生的多边安全合作对话机制，也是亚太地区安全对话机制中规模最大、规格最高的多边会议之一，已经成功召开18届。在这个全世界都时刻关注着亚太地区地缘政治和国防动态的时代，该地区主要领导人面对面地探讨辩论显得尤为重要，香格里拉对话正是为此类辩论创造平台而存在。政府长官、高级官员、安全专家以及商界领袖齐聚一堂，就亚洲不断发展的安全挑战交流观点。对话分为公开交流和分组会议两种形式，以兼顾讨论的透明度和深入性。每年有超过40个国家的代表出席会议，我国国防部部长魏凤和，新加坡总理李显龙，美国国防部前部长詹姆斯·马蒂斯（James Mattis），印度总理纳伦德拉·莫迪（Narendra Modi），泰国总理巴育·占奥差（Prayut Chan-ocha），澳大利亚第29任总理马尔科姆·特恩布尔（Malcolm Turnbull）等各国国家领导人及高级官员都曾出席过香格里拉对话。

麦纳麦对话由 IISS 主办，创办于2004年。每年11月底或12月初在巴林首都麦纳麦开幕，来自世界各国的外交、国防和安全官员聚集于此，就中东地区安全等议题进行讨论。麦纳麦对话是中东首屈一指的防务峰会，为中东、非洲、欧洲、亚洲等地的决策者和思想领袖提供讨论平台，以寻求解决该地区最紧迫的政策与安全问题的方法。加拿大国防部长哈吉特·辛格·萨詹（Harjit Singh Sajjan）、巴林外交部长阿卜杜拉蒂夫·本·拉希德·扎亚尼（Abdullatif bin Rashid Al Zayani）、德国联邦外交部国务秘书米格尔·伯杰（Miguel Berger）、伊拉克副总理福阿德·侯赛因（Fouad Hussain）、中国政府中东问题特使翟俊，还有以色列外交前部长加比·阿什肯纳齐（Gabi Ashkenazi）等各国重要人物曾出席往届会议并参与多边讨论。

此外，IISS 每年 9 月举办会员年会。每次年会以一个对未来政策和公众有影响的重大战略问题为主题，全球各地的会员齐聚讨论国际问题或行政事务。为纪念第一任所长（任职期为 1958—1969 年）阿拉斯塔尔·巴肯，IISS 每年举行一次"阿拉斯塔尔·巴肯纪念讲座"。讲座是在巴肯 1976 年逝世后，为纪念其对研究所创建及发展所作出的巨大贡献而举办的，同时也是增进国际交流的一座桥梁。IISS 还在新加坡开展富丽敦讲座（Fullerton Lectures），邀请知名人物在新加坡演讲。联合国前秘书长潘基文于 2012 年发表开幕演讲，正式开启富丽敦讲座。该活动每年举办 6 场讲座，演讲者包括新加坡教育部长陈振声、英国政府通讯总部（GCHQ）负责人杰里米·弗莱明（Jeremy Fleming）、美国海军上将哈里·哈里斯（Harry Harris）和东南亚国家联盟前任秘书长黎良明（Lê Lương Minh）。本活动仅限受邀参加。

四、智库的影响力

任何一个智库都不拥有权力，而只拥有对全球事务的影响力。IISS 非常重视影响力的提升与巩固，从而增强全社会对其的认同与信任。下文将介绍 IISS 的国际影响力，并探究 IISS 被各国信任而成为世界顶级智库的原因。

（一）国际影响力的表现

IISS 与各国政府、企业、研究所、学校等有着密切的合作关系，共同开展研究项目和重要会议，并得到来自这些合作部门的大力支持。IISS 在欧洲乃至世界都具有重要影响力，在《全球智库报告》（Go To Think Tank Index Report）中稳居前列，尤其是在国防和国家安全领域及外交政策和国际事务领域更是领先世界，是当之无愧的世界一流国防智库。表 2 为近 10 年 IISS 在《全球智库报告》中的具体排名情况。

表2　IISS 近 10 年在《全球智库报告》中的排名情况

排名类型＼年份	2011	2012	2013	2014	2015	2016	2017	2018	2019	2020
全球排名	12	10	9	9	7	13	10	10	7	12
非美国排名	7	7	4	4	4	4	4	4	2	10
西欧国家排名	7	7	5	8	8	7	6	4	3	8
国防和国家安全	8	9	3	3	2	3	2	2	1	4
外交政策和国际事务	8	9	9	10	8	12	10	10	10	15

据上表统计，IISS 近 10 年内全球排名保持在第 10 位上下，在 2015 年和 2019 年达到最高排名，即全球第 7 位。在非美国智库中有 6 年排在第 4 位，2019 年达到最高，即第 2 位。在西欧国家智库中排名稳定在第 6 位上下，2019 年达到最高排名，即第 3 位。从研究领域看，IISS 在国防和国家安全领域与外交政策和国际事务领域全球排名领先。尤其是在国防和国家安全领域，IISS 始终领先世界，近 10 年内基本保持在全球前 4 位；在外交政策和国际事务领域，保持在全球第 10 位上下。值得注意的是，在 2012 年以前未设立国防和国家安全领域、外交政策和国际事务领域全球智库排名，两者被统归于安全和国际事务领域。直到 2013 年，安全和国际事务领域才被详细划分为国防和国家安全领域、外交政策和国际事务领域。这样的特殊划分，更清晰地表现出 IISS 在国防与安全领域的优势，国际事务方面与前者相比较为薄弱，但也始终居于世界前列。

IISS 自成立以来，准确预测了许多国际重大事件，因此被誉为"世界战略智库"，也被学界评价为"世界上最具声望的军事战略研究机构"。

IISS 的出版物在全球军事、外交、战略、防务等领域发挥着重要作用，受到全球的关注与推崇。伦敦国王学院教授劳伦斯·弗里德曼评价《生存》是"优雅文笔与严谨分析"的结合体，是从业者和学者的必备读物。美国海军上将詹姆斯·斯塔夫里迪斯（James Stavridis）称《军事平衡》是其职业生涯中的重要参考书籍，也是全世界分析师和战士的首选读物。美国国防前部长罗伯特·盖茨（Dr Robert M. Gates）表示，《军事平衡》为决策者和更明智的公众辩论提供了更明智的事实和分析。德国外交关系委员会主席汤玛斯·艾德斯（Thomas Enders）及《展望》（Prospect）杂志评价其是全球军事能力评估的宝贵资源。"军事平衡+"数据库是政府、军队、学界、媒体等用户在复杂的国际环境中更快更准地做出决策的必备工具,美国国防前部长罗伯特·盖茨和大卫·彼得雷乌斯将军(General David Petraeus)分别评价其为"决策者和公众辩论的重要事实和分析来源"及"了解各国防御能力的首选平台"。中国人民解放军退役少将姚云珠称亚太地区研究专著《阿德尔菲系列》准确捕捉到了亚洲当前的危险与焦虑,斯坦福大学(Stanford University)和美国企业研究所(American Enterprise Institute for Public Policy Research,简称AEI)评价其是对亚洲地区地缘政治变化的准确评估,提出的建议优质有效。

(二)成为顶级智库的原因

(1)重视招揽人才以构建完善强大的团队。IISS引进国际组织官员、社会知名学者、商界成功人士、杂志主编以及全球领先学府的教授和博士组成研究团队,还拥有来自100多个国家和地区的各类个人会员2200余人,集体会员220余个,以及由26位国际著名人士组成的顾问团。

(2)重视内外交流研讨活动。IISS与世界各国政府机构保持着密切的联系,并通过举办研讨会、论坛、年会和讲座进行对外交流。同时,研究所重视成员的培训与交流,定期举办研究员会议、内部报告会。研究员针对某个热点议题,根据自身立场和观点,发表见解开展讨论,实现多方观念碰撞。此类活动有助于研究人员熟悉各方情况,不断开拓思路,深化研究成果。研究所还常邀请研究所内外的专家学者发表演讲,增长研究员的相关知识。

(3)经费来源渠道广泛。IISS的经费来源主要是英国、美国、加拿大等国政府、企业、基金会的捐赠,会员会费,出版物及数据库收益等,经费来源渠道广泛,为研究所的研究工作提供充足的资金保障。同时,研究所获得新加坡、美国、巴林及德国政府的资助,在亚洲、美洲、中东、欧洲开设区域办事处,扩展国际业务,巩固研究所的国际性。

(4)产品宣传和成果推广形式多样。除官方数据库、军事及战略年度报告,研究所还通过媒体采访、报纸、播客、社交平台等方式将研究成果公布于众,并定期出版刊物。让全世界对军事、战略、安全等领域感兴趣或成果卓越的个人与组织能够从多途径关注到IISS,加强智库与学术界、新闻界、实业界的联系。IISS通过在这些社会重要领域传播研究成果,扩大其社会影响。

(5)以国际影响力作为核心追求目标。IISS对自身的定位是"国际政治军事冲突的权威研究机构",其将国际化、社会影响力、公众知名度及政策参与度作为追求目标。出版《战略调查》《军事平衡》等国际性研究刊物,并与新加坡、巴林政府联合举办在世界范围颇具影响的"香格里拉对话"和"麦纳麦对话"。

（6）以专业特色巩固核心竞争力。研究领域从核时代的军事、防务、战略问题延伸至政治、经济与和平等问题,但始终保留着突出的军事战略研究特色。在选择研究领域及服务对象时注重专业优势,并在特定领域打造核心竞争力。

（7）注重青年人才的培养。研究所与伦敦国王学院建立长期联系,从本科阶段开始培养国际关系与国防安全领域的专业人才。并通过开展跨学科跨区域的实习生计划,为来自相关组织的青年人才提供项目研究、活动策划与高端论坛的实践机会,从而提升他们的研究与工作能力。积极开展"未来领导人计划",如"东南亚青年领袖"（Southeast Asian Young Leaders' Programme SEAYLP）和"北约青年专家"（NATO Young Professionals）项目,召集拥有不同职业和学术背景的青年人才参与到研究所的高端战略事务中,既达到了为国家和社会培养顶尖人才的目的,又为IISS研究队伍输送新鲜血液。

（官婧 / 文）

日本国际问题研究所

The Japan Institute of International Affairs

一、智库的形成与发展

日本国际问题研究所（The Japan Institute of International Affairs，简称 JIIA）成立于 1959 年，是一个私营无党派的政策智库，专注于外交和安全问题。除广泛的研究项目外，该研究所还有志于促进与国内外其他机构和专家的对话和联合研究，审查日本外交政策、向政府提出建议，并向公众传播国际关系信息。该研究所连同庞大的附属学者网络，试图在复杂的世界中为国际事务提供不可或缺的资源。

（一）发展历史

JIIA 是 1959 年 12 月在日本前首相吉田茂（Shigeru Yoshida）的敦促下，以英国皇家国际事务研究所（Chatham House）等机构为基础建立的综合性外交政策与安全智库。吉田先生主持了新成立的 JIIA，得到了朝野政界人士、商界领袖、学术界和媒体界知名专家广泛有力的支持。[1]

1960 年 9 月，JIIA 被批准为隶属于外交部的法人基金会，其月刊《国泰日报》首次出版。

1963 年 3 月，JIIA 获得了对公共利益作出特殊贡献的法人机构的认证，这使它有资格获得某些税收优惠。

1981 年太平洋经济合作理事会秘书处成立。

1994 年亚太安全合作理事会秘书处成立。

1996 年建立促进裁军、科学和技术中心。

2008 年 JIIA 在宾夕法尼亚大学公布的"全球智囊团排名"中排名亚洲

---

[1] 日本国际事务研究所董事长冈田博之致辞。

第 2。

2010 年，第 19 届太平洋经济合作理事会国际大会在日本举行，庆祝 JIIA 成立 50 周年。

2012 年 3 月，《普通法人协会与基金会法》修订后，JIIA 被认定为公益法人基金会，并于 2012 年 4 月正式转型为至今仍存在的公益法人基金会。

2014 年，合并一般财团法人世界经济调查会。JIIA 在"全球智囊团排名"中排名第 13 位，在亚洲范围内排名第 1。

2019 年，JIIA 庆祝成立 60 周年，发布首份战略年度报告，并举办首届东京全球对话。

2021 年 1 月 28 日，由美国宾夕法尼亚大学"智库研究项目"（TTCSP）研究编写的《全球智库报告 2020》（2020 Global Go To Think Tank IndexReport）在北京、纽约、华盛顿、伦敦、巴黎等全球近 130 个城市发布。在这次全球智库排名中，日本国际问题研究所被评为"2020 年度最佳智库"（2020 Think Tank of the Year—Top Think Tank in the World），在国际智库排名中位列第 8，成为唯一进入前 10 位的亚洲智库。

（二）研究情况

二战后，作为开放社会的外交支柱，吉田茂筹划建立了国际问题研究所。根据设立初衷，JIIA 建立之初是以皇家国际问题研究所和外交关系协会（CFR）为标杆决定创建的，当然这是对外的表现，JIIA 当时的主要研究任务在于探索共产主义世界。冷战开始后，随着东西方阵营的划分，建立无党派机构来研究共产主义世界也符合日本的国家利益。事实上，JIIA 在这种环境下，收集和分析了有关共产主义世界的资料，网罗了众多顶尖的苏联和中国问题研究人员开展了各种工作。尽管作用有限，但它确实在日本的政治决策过程中发挥了一定的作用。

然而，冷战结束后，JIIA 的定位也随之发生了变化，并寻求研究领域的转变。20 世纪 90 年代，JIIA 在保留原有专业领域的同时，将冷战后的东亚问题也扩展为其研究范围。冷战结束后，世界各地"第二轨道外交"蓬勃兴起（即"民间外交"，部分政府人士以个人身份非官方地出席主要由民间研究机构和大学研究人员参加的会议，会议中大家不拘于各自原本的政治立场，不受限制地分享自己的观念），发展迅猛，而 JIIA 也开始大力开展"第二轨道外交"。JIIA 通过"第二轨道外交"的形式活跃于外交活动中，不仅发挥了其政策研究的作用，也更好地发挥了外交智库的作用。

不过，"第二轨道的精神迷恋"并没有持续太长时间。在 20 世纪 90 年代后期，在诸多因素（尤其是亚洲经济危机）的作用下，"第二轨道疲劳"出乎意料地提前出现。日本国际问题研究所的"第二轨道外交"的主要舞台是"亚太安全合作委员会"（CSCAP），虽然人们把它作为"东盟区域论坛"（ARF）的民间版本，期望它能扮演 ARF 的智囊团角色，但是 ARF 围绕预防外交的定义偏离了正轨而停滞不前，没能有更进一步的发展，而 CSCAP 自身的动力也逐渐消失。在这样的状况下，"第二轨道外交"曾经的繁荣景象破灭。

二、智库的组织架构

为了更好地管理研究所和更好地进行研究，JIIA 设置了合理的管理组织架构。

（一）领导机构

JIIA 拥有众多优秀的研究员，他们是研究所的核心，分为三大类，分别是全职研究员、兼职研究员和访问学者，他们为研究所的研究计划和政策提供丰富的咨询意见，并协助研究所将自己的研究成果推广到日本和全世界。另外，日本国际问题研究所有一支管理严格的团队，由董事会、评议会、总法律顾问理事、研究中心等组成。

具体研究由所长领导下的研究部进行，而评议会、理事会等则为研究所的运营提供社会方面的支持和帮助。JIIA 在运营过程中，受到了来自社会各界的广泛支持，包括人力和财力上等各方面，这正是基于 JIIA 组织架构中担任主要职务的人员的特殊地位。比如评议会评议员及理事会理事主要由大公司会长、商社、银行等的特别顾问、大学教授、研究机构理事长等组成。历任会长除了首任会长吉田茂出身政界以外，其余均由日本经济团体联合会（日本最大的经济团体之一）的名誉会长或各银行会长等经济界知名人士担任。

1. 评议员会

评议员会系 JIIA 的最高决策机关。根据研究所章程规定，评议员会由 5 至 25 名评议员组成，评议员会的职能包括决定评议员和董事、监事的选拔任用，批准资产负债表和利润表，修改研究所章程，处分财产等，对研究所的整体运行情况起全局把控作用。

2. 总法律顾问

该研究所共有 7 位总法律顾问，总法律顾问是拥有律师资格并拥有丰富的公司业务经验的研究所高层主管，由其直接向研究所的法人负责。总法律顾问主要负责公司的重大业务决策，并按法定程序提供咨询意见，保障公司的正常运营，保障全体职工的合法权利。

3. 理事会

日本国际问题研究所理事会由主席、副主席、总裁、秘书长、审核员和理事组成。理事会需对研究所的业务执行进行相关的决议，其中主席负责总体管理研究所的各项事务，由于研究所是日本外务省的外围组织，因此在主席人选的确定上有一定的安排，一般来说主席人选可反映出其在日本政治或经济等领域的影响力。[1]

4. 研究中心

研究活动是日本国际事务研究所所有活动的核心。JIIA 设有 5 个专门研究中心：亚太安全合作理事会日本委员会、太平洋经济合作理事会日本委员会、裁军、科学和技术中心、日本信息中心、领土和历史中心。JIIA 的日常运作由评议员会、监事会、理事会、总裁和其他管理人员维持。这些智库管理者主要是前外交官员、大学名誉教授、大型跨国公司高管和著名智库高级管理人员。

（1）亚太安全与合作会议。亚太安全与合作会议（亚太安全合作委员会）是一个私营国际组织，其宗旨是为审议该区域安全合作的理想方式提供一个常设框架。该中心的主要目的是通过研究与安全有关的问题，为建立该区域的安全社区作出贡献，并为东盟区域论坛和其他政府一级的活动提出政策建议。

（2）太平洋经济合作理事会日本委员会。1980 年 9 月，为促进经济合作和市场一体化，由太平洋地区议会、政府、企业、学术界、媒体和民间组织组成了非正式国际组织太平洋经济合作会议（PECC），地点设在澳大利亚的堪培拉。该组织成立的目的在于加强太平洋地区的经济合作，促进地区稳定和发展。

（3）裁军、科学和技术中心（CDAST）。裁军、科学和技术中心，简称裁军中心，侧重于与裁军和核不扩散有关的知识普及活动和相关业务发展。冷战结束后，在当时种族歧视的环境下，日本外相河野洋平主张日本应该更加重视裁军和核不扩散。基于此，1996 年 7 月，日本国际问题研究所成立了裁

---

[1] 李睿，唐晗：《日本智库的管理机制与运行模式——以日本国际问题研究所为例》，载《智库理论与实践》2019 年第 2 期。

军、科学和技术中心。

（4）日本信息中心。日本信息中心旨在就日本面临的地缘战略和历史问题发表见解，并用英语介绍日本在适应新的地缘政治现实时所发展的外交政策。

（5）领土、主权和历史中心。日本国际问题研究所于 2017 年设立了"领土、主权和历史中心"，调查相关地区的状况和历史问题。其工作主要有：一是在国内外系统地收集与日本领土主权相关的历史资料。二是在国内外举办相关公开研讨会。三是进行领土与历史领域的研究，包括日本与其邻国之间存在的领土海洋争端以及历史认识等重大问题。

（二）科研团队

JIIA 的知识输出，在很大程度上依赖于所内外政策专家的协作，他们所能获取的情报关乎其决策建议的正确性和及时性。在智囊团中，研究人员之间紧密的联系使得他们能够高效地获取并分析信息，实现信息共享，最终达到促进研究的目的。

JIIA 围绕不同的课题中心形成了发散性的局域网，这些局域网形成的"项目研究会"维系着智库的知识生产活动。在研究团队中，兵头慎治、高木诚一郎、仓田秀也、中山俊宏、菊池努和松本明日香 6 位专家之间的联系最为紧密，其研究活动也最为活跃，占据着 JIIA 研究活动的中心地位。

JIIA 在议题关注领域上具有相当程度的稳定性，参与研究活动的其他大部分外部政策专家间存在"弱连带"关系，所以笔者推论该智库网络内部信息流通渠道顺畅丰富，研究机制具有较高的开放度与专业度，并认为在日本"全员参与型"外交战略背景下，在未来一段时间内，JIIA 可望获得更多的日本国家财政支持，在维持现有研究体制的基础上，会进一步大量吸纳所外政策专家参与项目研究，进一步拓展政策专家社会网络。[1] 表 1 为 JIIA 科研人员统计表。

表 1 JIIA 科研人员统计表

（单位：人）

职位	干部	部长	顾问	特别研究员	主任研究员	研究员	高级客座研究员	客座研究员
人数	4	1	1	1	17	22	6	32

---

[1] 胡令远，王梦雪：《智库中的政策专家社会网络分析——以日本国际问题研究所为例》，载《日本学刊》2019 年第 1 期。

（三）资金来源

日本国际问题研究所是经认证的公益财团法人组织。为了保证研究所研究的客观性与可靠性，其经费来源并不单一，主要来源有会费、捐助、科研所得（包括委托研究计划及其他科研经费）、出版及其他（如银行利息所得等）。表 2 为 JIIA 2016—2020 年度收入。

表 2　2016—2020 年度 JIIA 收入情况

（单位：千日元）

类别	2016 年	2017 年	2018 年	2019 年	2020 年
会费	59492	57536	58206	57936	67110
捐助	414900	423226	823898	809650	780301
受托研究收入	253082	250388	259264	256658	256873
补贴研究收入	22352	1376	1444	3322	1405
出版	1504	1428	6915	903	619
其他	1707	2506	2296	3962	1643
共计	753037	736460	1152023	1132395	1107951

三、智库的主要活动

JIIA 有 4 项主要目标：（1）对国际事务进行研究并科学地审查日本的外交政策，为制定这种政策提供一个建设性的框架；（2）传播有关国际事务的知识和信息，鼓励日本各地的大学和研究团体对国际事务进行研究；（3）协助塑造有利于日本的国际舆论，并确保日本外交事务的妥善管理；（4）为世界和平与繁荣作出贡献。

根据其章程，JIIA 的主要活动有：（1）有关国际事务之研究及政策建议；（2）与日本及外国大学、研究机构、研究团体等就国际事务进行对话和交流；（3）就《全面禁止核试验条约》做出相关努力；（4）通过电子媒体、杂志、书籍和其他出版物，以及研讨会、讲座、讨论会议和类似的集会，在日本国内外传播研究所的研究工作和其他国际问题的知识和信息。[1]

---

[1] The Japan Institute of International Affairs（jiia.or.jp）.

（一）研讨会议

研讨会是 JIIA 非常重要的一类研究活动，其中比较常见的是各种小型网络研讨会，在 2019 年，在日本国际问题研究所成立 60 周年之际，JIIA 发表了首份"战略年度报告"，并举办了第一届"东京全球对话"大型国际研讨会，邀请了来自日本国内外的众多专家和学者参加。JIIA 计划继续发布战略年度报告，并继续举办东京全球对话。表 3 为日本国际问题研究所研讨会内容概览。

表 3　2021 年 JIIA 部分研讨会概览

研讨会	主　题
东京全球对话	是否可能建立一个以自由、公平和透明的规则为基础的国际秩序（第一届） 印太地区的今天和明天：战略环境的变化和国际社会的反应（第二届）
网络研讨会	纪念国际减灾日：防灾的现状与未来——可持续发展目标和气候变化视角与日本领导力
"国际问题"网络研讨会	1. 经济差距与摇摇欲坠的世界 2. 美国政府的过渡与中东国际关系 3. 拜登政府面临的挑战
公开网络研讨会	欧洲在印太地区的军事存在的政治意义
关于竹岛问题的网络研讨会	竹岛（韩国称为独岛）问题的本质与韩国方面的主张

（二）研究项目

为了响应时代的要求，日本国际问题研究所通过各种研究项目，制定了有助于规划和制定外交和安全政策的分析和政策建议。JIIA 每年制定相应的工作计划书，推动研究工作的发展。除了常规研究项目之外，JIIA 还针对不同专题开展研究课题。表 4 是 JIIA 在 2020—2022 年间的主要项目。

表 4　2020—2022 年 JIIA 研究项目概览

项目主题	主要内容
国际秩序转型时期日本的规则制定战略——中国崛起与日美欧重新合作	1. 新时代的中国和国际秩序变革 2. 动摇的国际秩序与美国全球领导地位的未来 3. 中美竞争背景下的日欧合作

续表

项目主题	主要内容
大国竞争时代日本的安全问题	1. 大国竞争时代的日美联盟 2. 朝鲜半岛与"大国竞争时代"：半岛秩序的未来 3. 处在"大国竞争时代"的俄罗斯
国际秩序变革中的竞争与合作：对日本外交政策重建全球治理的建议	1. 经济安全问题 2. 全球问题
超越中美关系：日本作为构建自由开放地区秩序的"基石国家"的印太战略	1. 印太地区 2. 中东和非洲

（三）出版刊物

JIIA 发行刊物种类丰富，包括《国际事务》（月刊）、《日本评论》（季刊）、《战略年度报告》（年刊）以及各种出版物、数据库等。其中《国际事务》于 1960 年作为月刊出版，创刊于 1960 年，于 2006 年正式发行电子版，每年发行 10 期，其中 1 月与 2 月、7 月与 8 月分别合并为一期，其他月份每月发行 1 期。期刊的主题涵盖外交问题、安保问题、国际政治与经济局势、国际法等国际问题。作为日本唯一的国际问题专业期刊，在各个领域享有很高的声誉。

（四）研究领域

日本国际问题研究所的研究重点是国际社会的安全与经济问题，它的研究内容按区域划分为 7 个部分，并进行了一些研究，这些研究项目并不是完全按照区域划分的。这些大量、综合的研究，反映出日本对国际事务的关注，而对国际事务的适时、必要的发言，也在某种程度上证明了它的研究能力。表 5 为 JIIA 研究领域概览。

表 5 JIIA 研究领域概览

研究领域	研究内容	研究项目
"印太地区"	在两大洋的结合部——南海，中美之间的紧张关系使得对于依赖海上交通线进口资源的日本来说，维护国际法和法治原则成为一个重要问题。此外，该地区基础设施建设的需求仍未得到充分满足，除中国的"一带一路"政策外，日本和美国的"自由开放的印度洋—太平洋"政策不仅在争夺基础设施市场的控制权，也在争夺有关发展的规范和秩序。对此 JIIA 与国内外专家共同探讨了印太地区国际秩序的大国竞争及其未来，以及日本的发展道路	1. 自下而上的评论（安全政策） 2. 印度太平洋地区的法治——日本加强全球公共产品的外交政策 3. 经济和技术安全网络研讨会系列

续表

研究领域	研究内容	研究项目
中国与朝鲜半岛	日本的安全与繁荣与亚洲大陆及朝鲜半岛的情况密切相关，JIIA 开展了关于中国和朝鲜半岛的各种项目，以期达到合作共赢。JIIA 从多角度研究中国的国内形势、对外政策及其对国际秩序的影响。JIIA 还开展了各种活动，从区域内在背景和区域/全球问题的微观宏观角度分析朝鲜半岛局势，并提出有助于政策和研究的建议	1. 中国的外交政策和其他国家的对华政策 2. 处于"不确定时代"的朝鲜半岛和日本的外交
美洲	美国是日本唯一的盟友，其政策直接影响到日本的安全和经济的稳定发展。日本同美国签订了《日美共同合作与安全条约》并将其作为日本在二战后对外政策中的一个重要组成部分。日本国际问题研究所就美国的内部和对外政策、日美关系等问题进行了调查，为决策者和有关人士提出建设性意见，并从不同角度开展研究，以利用这些问题促进日美关系的健康发展	1. 特朗普政府的外交政策和日美关系 2. 中东现状和能源问题 3. 民粹主义和人口转移（移民和难民）问题分析
欧洲	在 21 世纪的欧洲，一方面，各种事件继续导致混乱。欧洲许多问题都相互关联，呈现出复杂的面貌。另一方面，对日本来说，欧洲是坚持自由民主和多边主义的重要伙伴。JIIA 与日本国内外专家一起审查并提出建议，加深对欧洲局势的内在理解，以此推动日欧关系的未来发展	1. 欧洲经济 2. 中东现状和能源问题 3. 民粹主义和人口转移（移民和难民）问题分析
俄罗斯和独联体	由于 2014 年乌克兰危机引发其与西方关系的恶化，俄罗斯对亚洲的重视程度越来越高，特别是与中国的关系日益密切。俄罗斯的这种"东移"将对亚太地区国际秩序产生重大影响，并影响日本与俄罗斯缔结和平条约和解决领土问题的方式，而与俄罗斯的领土争端一直是日本长期悬而未决的问题。JIIA 从不同的角度审查了俄罗斯的外交政策及其对国际秩序的影响	后普京时代的俄罗斯
中东和非洲	中东和非洲作为能源和材料的主要来源地促进了全球繁荣，同时这些地区面临的问题也严重影响了日本和世界其他地区。JIIA 正在分析以沙特阿拉伯、埃及、以色列、伊朗和土耳其为核心的区域大国之间的权力平衡，以及美国、俄罗斯、欧盟和中国等区域外大国和地区的中东政策，并开展研究，以制定新的中东区域秩序	1. 中东现状和能源问题 2. 民粹主义和人口转移（移民和难民）问题分析

四、智库的影响力

（一）各界对 JIIA 影响力的评价

（1）政界。日本前首相麻生太郎曾这样评价 JIIA，"JIIA 作为日本外交政策智库的开创者，在踏实的研究和传播基础上，与国内外智库网络进行交流。"

（2）公众。在美国宾夕法尼亚大学 2021 年 1 月 28 日发布的世界权威智库评价报告中，日本国际问题研究所被选为"2020 年度智库"（世界顶级智库奖）。该奖项是通过向世界各国约 7500 家智库和媒体进行问卷调查而选出的。日本国际问题研究所在世界智库排名中也达到了历史最高的第 8 位，在亚洲排名第一。[1]

（3）国际合作方面。JIIA 致力于向全球传播有关日本外交和安全的信息，它不仅是日本外交和安全问题方面的主要智库，也是国际上受到高度认可的亚洲智库。它和查塔姆研究所、布鲁金斯学会等数十个国际智库及相关研究所进行了国际合作，参与了大量世界各地主要智库的政策研讨会，是国际智库中一股重要力量。

日本国际问题研究所的研究领域囊括了世界全区域的安全保障、经济、领土与历史、裁军、科技等领域，进行研究项目、政策建议、研究报告、社论、战略建议等全方位的智库研究与建言献策。其研究人员中不乏来自国外智库和机构的专家教授，因此 JIIA 的研究成果中有许多国际声音。同时在举办研讨会时，JIIA 邀请国际外交等领域专家就国际事务发表看法，畅所欲言。第三届东京全球对话中就有澳大利亚外交部前部长朱利·比夏普（Julie Bishop）、哈德森研究所特邀研究员肯尼斯·韦恩斯坦（Kenneth R. Weinstein）、新加坡国立大学中东研究所所长安娜·基列娃（Anna Kireeva）、全球公共政策研究所研究员比拉哈里·考斯坎（Bilahari Kausikan）、时任中国外交学院院长徐坚等人担任了演讲人。

（二）成为顶级智库的原因

（1）研究所的研究力量与政界、商界、学界的著名人士相结合，组成了规模庞大而高水平的研究团队。该研究所的研究人员及团队由政府官员、学

---

[1] https://news.yahoo.co.jp/articles/46bbfaeeacb33dfb301e20f2362c397e96ab85e3.

界、商界等各领域的著名人士所组成，比如JIIA现任理事长佐佐江贤一郎，曾任日本驻美大使，而现任所长市川富子也是外交官出身。

（2）JIIA活动开展范围广泛，并产出了不俗的研究成果。JIIA与日本国内外各机构、团体开展了广泛而多样的学术交流，积极向国内外传递信息和相关主张，提高国际知名度及影响力；并且通过跨界跨领域的积极交流与互动，项目的共同研究等灵活多样的研究形式，推动其在国际问题研究领域产出丰硕的研究成果，并通过研究报告、学术会议及视频等多种渠道公开和宣传相关研究成果。此外，该研究所网站上可以随时检索到研究所成果的下载率和阅览率，从而鼓励和支持产出高质量成果。

（3）JIIA产出丰富，每年不仅为政府决策者提供建议，也公开出版了大量的报告、论文等，其中包括《国际事务》与《日本评论》等专业期刊，在日本国际关系学界拥有较高的影响力。同时积极推动"二轨外交"，这是一种非官方的外交手段，是学者、退休官员、企业家、非政府组织等非正式人士之间的沟通，从而增进双方之间的友谊，促进"单轨外交"的成功。JIIA积极组织或参与国际研讨会，进行"二轨对话"，以拓展日本的影响力，同时，二轨对话还能帮助日本政府搜集有关的国际信息。

（4）JIIA将智库的研究与大众意见的广泛传播相结合。运用多种媒介对日本国际问题研究所的研究成果进行宣传和推广，已经成为一种新的舆论宣传方式。社交媒体也成为国际问题研究所与外界沟通的平台，这样的公开交流使社会大众能够及时地掌握本机构的最新发展。日本国际问题研究所不但将其最新的研究结果发布在其官网，还通过Facebook和YouTube等媒介进行了推广。研究者们通常会以自己的账号发布他们的研究结果，并表达他们的意见。

（吕璨／文）

新加坡国际事务研究所

The Singapore Institute of International Affairs

一、成立与发展

新加坡国际事务研究所（The Singapore Institute of International Affairs，简称 SIIA）于 1961 年创立，彼时的 SIIA 主席是曾任苏格兰政治研究中心主任的殖民官员汤姆森（G.G. Thomson）。许通美（Tommy Koh）教授是创始成员之一，而作为研究所的名誉秘书，他与英国皇家国际事务研究所（Chatham House）通信，以寻求他们的指导和建议来建立新加坡自己的智库研究机构。

SIIA 是新加坡历史最悠久的智库，致力于通过公共教育和国际事务外展，帮助新加坡成为一个更加国际化和全球化的国家。SIIA 是一个独立的智库，通过研究分析和讨论地区与国际问题，加强政府间的对话，在新加坡双轨外交中发挥着重要作用。与此同时，SIIA 还是区域智库联盟——东盟战略与国际研究所（ASEAN-ISIS）的创始成员。自 2013 年以来，SIIA 在美国宾夕法尼亚大学发布的全球智库指数报告中被评为东南亚和太平洋地区的顶级智库之一。在该系列报告中，SIIA 一直位列全球智库一百强。目前 SIIA 在全球智库指数排名中上升 16 位，成为位列全球前 50，亚洲前 10 和东盟国家之首的国际知名智库。在 2020 年，它被公认为是对 COVID-19 大流行作出最佳政策和制度反应的智库之一。

二、SIIA 的组织架构

对 SIIA 的组织架构，可以从领导机构和资金来源两方面进行阐述。

（一）领导机构

新加坡国际事务研究所所长，由新加坡国立大学法学院国际法专业终身副教授戴尚志（Simon Tay）担任，他的评论定期出现在新加坡报纸上；他曾多次获故事书籍和诗歌书籍奖项，出版政治类书籍《亚洲独处：危机后与美国的危险分歧》和小说《小祝福之城》，后者获得了新加坡文学奖。从1992年到2008年，他多次出任新加坡公职，其中包括新加坡国家环境署主席以及独立的提名议员（1997—2001年），于2006年获得了新加坡国庆奖章。

自2010年以来，曾任国会议员提名议员的尼古拉斯·方加入SIIA，担任安全和全球事务主任。2005年，时任新加坡总统塞拉潘·纳丹（S.R.Nathan）接受了SIIA的第一个荣誉会员资格，随后SIIA分别在2011年和2014年授予戴尚志教授和比莱先生（JY Pillay）荣誉会员资格。

（二）资金来源

SIIA的经费主要来自各大基金会的资助、会员制收取的会费以及企业或个人的捐助，没有来自政府的拨款。表1为2019—2020年的SIIA财政报表。

表1 新加坡国际事务研究所2019—2020年财政报表（截至2020年12月31日）

（单位：美元）

收入来源	2020年			2019年		
	投资基金	一般基金	共计资金	投资基金	一般基金	共计资金
赞助和会议补偿金	—	1017320	1017320	—	1352284	1352284
捐赠	554000	—	554000	132100	—	132100
会员订阅费	—	171175	171175	—	185429	185429
研究/顾问收入	—	850	850	—	2473	2473
咨询收入	—	106500	106500	—	48585	48585
利息收入	46	7424	7470	59	1700	1759
其他收入	45687	180806	226493	10140	5342	15482
	599733	1484075	2083808	142299	1595813	1739112

数据来源：SIIA官网，2021年11月20日。

1.会员会费

若想取得个人会员资格，需要每年缴纳150美元，高级个人会员资格每年则需要500美元，二者主要区别在于高级资格可以免费参加SIIA年度旗舰活动（东盟和亚洲论坛）。公司会员资格每年需缴纳2500美元，圆桌会议会员则为每年5000美元。

2. 基金会和各大公司赞助

以 2020 年为例，日本国际协力银行、李基金会、新加坡博彩管理局均为 SIIA 捐赠超过 50 万美元，日本驻新大使馆、三菱公司、永泰基金会等也向 SIIA 捐赠数万美元。表 2 为 SIIA 部分捐助者名单。

表 2　SIIA 的部分捐助者名单

捐款 50 万美元及以上	捐款 1 万—2.4 万美元
日本国际协力银行 李基金会 新加坡博彩管理局	LGT 银行（新加坡）有限公司 美年私人有限公司 穆迪
捐款 2.5 万—4999 万美元	摩根士丹利 Musim Mas Holdings Pte Ltd
亚洲资源公司私人有限公司 东盟和东方经济研究所 日本驻新大使馆 三菱公司 永泰基金会	诺维娜点私人有限公司 PrimePartners Corporate Finance Pte Ltd PSA 有限公司 河汇私人有限公司 SC 环球
捐款 1 万—24999 万美元	胜科发展有限公司 新加坡交易所有限公司
四月国际企业 英国高级专员公署 花旗银行 城市发展有限公司 星展银行有限公司 Expedia 新加坡私人有限公司 汇丰银行 吉宝关怀基金会 毕马威会计师事务所 康拉德·阿登纳基金会	渣打银行（新加坡）有限公司 淡马锡 普华永道新加坡基金会 太华银行有限公司 WongPartnership LLP
	低于 1 万美元的捐款
	虎豹管理服务有限公司

三、SIIA 的主要活动

在 SIIA 的官方网站上可以查询到的活动方面分为三个部分，分别是：旗舰、过去、将来。"旗舰活动"部分包括东盟和亚洲论坛以及新加坡可持续世界资源对话，这两者也是该智库的重点研究方向，侧重于东盟的共同团结发展和新加坡本国的自然资源可持续发展方面。"过去活动"多以会议的形式进行，基本围绕的重点还是东盟的发展与进程。将来板块则主要是有关环境保护等需要持续进行的活动内容。SIIA 的主要活动形式为观察、分析、公开宣传和提供建议。SIIA 的主要活动内容集中于与资源、环境和政治领域，重点关注对象为东盟和亚洲。

（1）观察。SIIA 在全球性背景下观察亚洲的主要趋势，将信息和数据与从政策制定者、CEO 和专家那里所了解到的内容以及研究所所长个人对政治参与的见解和经验相结合，批判性分析亚洲地区的崛起。

（2）分析。SIIA 从更深层次分析政治事件和政策，所长凭着过去 20 年中积累的经验和敏锐的直觉，以及从学术知识和理论中汲取的灵感，将这些提炼成对风险和机遇以及成功条件的简练而坦率的见解。

（3）宣传。公开宣传是 SIIA 最擅长的工作，SIIA 通过观察和分析，提出了政府、公民和企业应该考虑的政策和行动，然后利用不同的宣传渠道，在主要报纸和新闻频道上发表评论，并与主要决策者、专家和活跃的公民交流想法。

（4）提供建议。SIIA 私下就挑战、风险和机遇提供建议，无论是政府领导人还是个人或公司，都需要有知识和实用的建议以及闭门对话，以帮助促进理解和制定战略，并制定正确的政策和行动。

（一）会议论坛

SIIA 组织举办两大世界性论坛即东盟和亚洲论坛（Asean and Asia Forum，简称 AAF）以及世界资源可持续性对话（Singapore Dialogue on Sustainable World Resources，简称 SDSWR）。主要就东盟发展以及世界资源、气候等问题进行探讨。这两个论坛是 SIIA 的旗舰活动。

1.东盟和亚洲论坛（AAF）

AAF 工作的核心部分是提高东南亚地区人民对东南亚国家联盟（东盟）及其活动的认知水平，并推动区域合作进程。SIIA 工作重点是在东盟建立推动互联互通的集体组织，例如 2015 年成立的东盟经济共同体。

SIIA 的研究和活动探讨了东盟的关键优先事项，特别是东盟集团在 2015 年后的发展。SIIA 还举办了关于东盟和东盟集团国家的研讨会、讲习班、简报会等会议。

东盟和亚洲论坛由 SIIA 组织创立，自 2007 年以来已举办 13 届。第 12 届东盟和亚洲论坛的主题是"中美冲突和东盟：生存、转型、成功"，第 13 届东盟和亚洲论坛的主题是"在 COVID-19 中寻求复苏：区域战略和数字未来"。可见，SIIA 组织下的东盟和亚洲论坛紧跟时事，讨论近期全球发生的重大事件，并在重大事件中探寻新加坡、东盟和亚洲的发展机会与风险应对方案。尤其在第 13 届 AAF 中，私营企业可以更好地了解本地区政治、经济和战略挑战及其对企业的影响等相关信息。年度论坛每年吸引 200 多名高级企业领导人和决策者，并鼓励区域利益相关者之间的公开对话和网络建设。

此前的 AAF 参与者包括新加坡前总理、名誉高级部长吴作栋（Goh Chok Tong）、马来西亚前副总理穆希丁（Tan Sri Dato' Muhyiddin bin Yassin）和缅甸联邦共和国联邦经济发展协调部长吴索泰（U Soe Thane）。AAF 吸引了大量的媒体报道，获得当地和东南亚媒体的广泛报道。关于 AAF 的新闻报道经常出现在《今日》《亚洲新闻频道》（CNA）和彭博社等媒体上，以及社交媒体平台 Twitter 和 Facebook。这些主流媒体的报道有助于提高人们对东盟和国际事务的认识。

2. 世界资源可持续性对话（SDSWR）

SIIA 的可持续性计划侧重于新加坡和东盟面临的环境和资源问题。SIIA 与政府、公司、非政府组织、金融机构和其他机构密切合作，就一系列环境问题进行研究，倡议同资源部门进行包括雾霾、气候变化、能源等问题对话并鼓励一些优秀企业家分享自己对于环保问题的建议和看法，力求实现东盟地区的零排放和绿色发展。

SIIA 发布关于可持续性问题的定期报告和政策简报，并组织会议、圆桌会议、工作组和其他活动。

SIIA 的新加坡世界资源可持续性对话（SDSWR）汇集了政企决策者、行业代表、非政府组织代表、学者和媒体成员，讨论在亚洲实现公平和可持续增长的最新机遇和挑战。自 2014 年第一次举办以来，SDSWR 一直是提供跨部门合作的多利益相关方平台。到 2021 年，SDSWR 已举办八届，第八届 SDSWR 的主题是"为未来定位农业综合企业和林业：将风险转化为机遇"，主要探讨在新冠病毒大流行的背景下，如何去发展未来的低碳市场。

第八届 SDSWR 重点探讨了以下问题：

（1）在新冠病毒大流行后的环境中，政府如何为其低碳发展计划提供资金？

（2）怎么加强市场对可持续生产商品的需求？

（3）东盟国家如何合作扩大保护和恢复项目，为区域碳市场作出贡献？

除了讨论外，第八届 SDSWR 还发布了 SIIA 第 3 份年度雾霾展望报告，该报告对 2021 年严重火灾和跨界雾霾返回该地区的可能性进行了风险评估。SIIA

还邀请私营公司在第八届 SDSWR 上强调可持续性承诺和框架。SDSWR 吸引了大量的媒体以此为主题开展的报道，如 BBC、《海峡时报》和《曼谷邮报》等。

（二）出版物

SIIA 的出版物可分为四种：评论、见解、报告和简报和主席说明，其中主席说明只对 SIIA 内部成员和高级会员公开，其余三类出版物主要对全球实时热点及重点涉及东南亚的事件进行分析和评判。

四、SIIA 的影响力

SIIA 作为新加坡历史最悠久的智库研究所，在国内经济政策、国际发展、科学与技术以及透明度和善治等研究领域都有着很大的影响力。以下将从政府、公众和国际三个层面分析 SIIA 的影响力，并探讨其成为顶极智库的原因。

（一）影响力分析

1.政府层面

SIIA 是在政府的支持下成立和运作的，代表新加坡智库参与东盟战略与国际问题研究院（ASEAN-ISIS）的活动。东盟战略与国际问题研究院是非政府性质的智库，该智库提供有关东盟成员国政策方面的智力支持，同时也尽量充当东盟政府间利益沟通和协调的管道，以避免成员国之间产生直接矛盾。因此，SIIA 可以看作是除国家官方外交机构之外重要的外交组成部分。[1]

SIIA 主要关注当前新加坡的经济治理、环境治理等方面，通过对政府的相关政策及颁布的法律进行评价和建议，向社会公众展示新加坡政府的相关决策。在经济治理方面，SIIA 主动支持新加坡政府的强大新兴市场的工作组（EST）。作为 EST 的知识合作伙伴，SIIA 向工作组提出了自己的观点，并且还发起了 SIIA 自己的"新视野"对话，以探讨东盟主要市场和在可持续性方面存在的问题。SIIA 鼓励开展有关新加坡经济的未来的讨论，在商界领袖之间举行了一系列闭门圆桌会议以及公共网络研讨会。2020 年 12 月，SIIA 向 EST 提交了一份机密报告。在雾霾治理方面，SIIA 在 SDSWR 中发表评论《政府必须做什么——政府做不到什么》，而新加坡政府在后续的解决方案中采纳了这一建议。为此新加坡环境和水资源部计划引入一项法律，准备对造成跨境雾霾污染的本地和外国公司采取法律行动，旨在向不重视环境保护的公司发出"强有力的威慑信号"。根据《跨境雾霾污染法案（草案）》，如果某些公

---

[1] 韩锋：《新加坡智库的现状、特点与经验》，载《东南亚研究》2015 年第 6 期。

司在新加坡境外的活动会导致新加坡遭受跨境雾霾的损害，则可处以高达30万新元的罚款。

2020年11月3日至4日，在第七届新加坡可持续世界资源年度对话上，SIIA举行了年度旗舰会议。该届SDSWR首次以线上方式举行，其主题是"农林业促进可持续性：东盟的气候、保护和社区"。主题发言人是新加坡经济可持续发展与环境部部长傅海燕（Grace Fu）女士，以及印度尼西亚海事事务与投资统筹部长卢胡特·宾萨·潘杰坦（Luhut Binsar Pandjaitan）先生，并且印度尼西亚廖内省省长塞姆索尔（Syamsuar）先生也担任小组主题发言人。此次对话吸引了380多名环境和资源高级别代表，他们来自私营部门、政府、非政府组织、学术界和媒体等机构。

2. 公众层面

SIIA对一些政府或国际政策进行分析与探讨，补充政府间的官方对话。让公众（包括企业和民间组织）更深入地了解政策。表3为SIIA在主流社交媒体上的公众知名度情况。

表3 SIIA在Twitter和Facebook上的公众知名度

Facebook	Twitter
点赞数（2021）	粉丝数（2021）
SIIA 3771	SIIA 1289
新加坡平均值 154513	新加坡平均值 5548
全球平均值 31384	全球平均值 18429
点赞数（2019）	粉丝数（2019）
SIIA 3271	SIIA 1098

数据来源：Twitter官网，2021.11.20[1]

SIIA连续5年支持人民制止雾霾运动（PM Haze），努力加强公众对跨境雾霾形成的根本原因和影响的认识。为了确保在疫情下可以继续制止雾霾扩散，SIIA在2020年举办了30多次线上讲座和研讨会。特别是2020年6月举

---

[1] https://onthinktanks.org/think-tank/singapore-institute-of-international-affairs/.

办的 PM Haze 以"净化空气"（Clear the Air）为主题的网络研讨会，它补充了 SIIA 的"Haze 展望"报告。

此外，PM Haz 多年来一直组织泥炭地探险以及以社区为基础的泥炭地廖内双溪托霍尔地区的修复计划。这些举措使 SIIA 能够增进与马来西亚和印度尼西亚的同行及当地社区的关系，同时提供机会让新加坡人更多地了解跨境雾霾成因。2020 年，PM Haze 着重进行两个方面的活动：基于社区管理的泥炭地生态修复工作和通过教育来加深民众对泥炭地重要性的认识。

3. 国际组织层面

新加坡国际事务研究所涉及国际合作方面主要有两种体现形式，其一，SIIA 通常以论坛、研讨会的形式同国际组织、他国组织进行直接合作；其二，SIIA 通常以发表文章的形式提出对于国际组织或国际合作的事项、他国时事热点问题进行评析。

SIIA 于 2020 年主持了东盟-ISIS（东盟战略与国际研究所）会议。东盟-ISIS 是东盟认可的智库组织，鼓励该区域分析者之间的合作。该平台促进有关影响东南亚和平与稳定问题的信息安全交流，同时补充官方政府之间"一轨"外交的"二轨"外交平台。

2020 年 3 月至 4 月，在新冠疫情暴发的早期阶段，SIIA 带领东盟-ISIS 提交了一份题为"东盟在区域和跨区域抗击 COVID-19 大流行的合作"的政策备忘录。

SIIA 还在日本大使馆的支持下举办了一场关于"为日本的优质基础设施融资"的网络研讨会。研讨会的著名与会者包括缅甸常任投资与对外经济关系部秘书长和东盟秘书处互联互通司的代表。

2020 年，SIIA 被美国国家青年委员会（National Youth Council，NYC）评定为其知识合作伙伴，负责策划其"亚洲就绪青年计划"（Asia-Ready Exposure Programme，AEP）的一系列网络研讨会和准备材料。

（二）成为顶级智库的原因

SIIA 作为顶级智库，不仅是因为其在新加坡和整个亚太地区拥有广泛的专家网络，还得益于自身长时间的发展和与政府的亲密关系。

1. 成立时间较早

SIIA 成立于 1961 年，而新加坡 1965 年才成为一个独立主权国家。1963 年，新加坡作为自治邦与周围的几个邦联共同成立马来西亚联邦。但因新加坡与其他邦在多方面无法达成一致，最终，马来西亚国会于 1965 年解除了新加坡与马来西亚的关系，新加坡被迫成为独立的主权国家。而在此过程中，新加坡新成立的外交部尚未站稳脚跟，因此当时许多国际事务都被委托于 SIIA。SIIA 由此承担了许多新加坡的外交任务，获得了面向国际的发展机会并树立了良好的形象。

2. 人才支持

人才是智库发展的关键。SIIA 在数十年的发展之中，吸收汇聚了众多具有良好知识素养的教授专家，并将其发展培育为自己的研究员，这使得 SIIA 拥有着东南亚地区最好的智囊团。除了依靠本土人才建设智库之外，SIIA 在东南亚地区乃至全世界招聘所需专门人才，且不以学校、学历和职称要求作为人才选拔的唯一标准。保留一定数目的外国研究人员除了有助于满足科研之需外，还能促进学术交流、文化交流和人员交流。SIIA 在人才方面的另一个巨大优势是大量使用硕士毕业生从事专题和初级研究，虽然人员流动较大，但成本低、效率高。

3. SIIA 自身优势

SIIA 作为一个独立的智库，无论是在对待国内问题还是国际问题上，其态度都较为客观理性。即使是在一些比较敏感的领域，SIIA 的评论及研究内容也可以让人清晰地感受到该智库的活动出发点在于维护新加坡及东南亚地区的整体利益，并没有带着浓厚的党派政治色彩，也没有过激的言论呈现在其官方网站上。SIIA 的这种做法与新加坡处理外交与国际关系的做法基本一致，一切活动立足于自身的利益需求，这也是其具有较大影响力的重要原因之一。此外，SIIA 不仅是一个智库研究团体，同时也为政府乃至个人提供咨询建议服务。SIIA 不刻意追求精深的理论研究和过于专业的研究，而是以社会政治经济需求为研究导向，这使得 SIIA 对于一些问题的研究及看法更贴合新加坡的实际情况，从而可以更快地引导公众，更易引起政府、社会和公众的关注。

4. 重视传播

SIIA 领导人与组织成员十分重视社交媒体对其宣传所起的作用。戴尚志教授在 2020 年度报告中明确指出 SIIA 会通过媒体来积极主动地与公众接触，及时对地区选举、政策变动等热门问题进行回应和评议，以增加 SIIA 的吸引力和影响力。通过媒体的宣传，SIIA 也在新加坡乃至整个东南亚地区有着众多的支持者，这对提高 SIIA 在当今社会的影响力起着重要的作用。

（徐陈卓霖／文）

美国战略与国际研究中心

Center for Strategic and International Studies

一、智库的形成与发展

美国战略与国际研究中心（Center for Strategic and International Studies，简称 CSIS），也称战略与国际问题研究中心，于 1962 年由海军上将阿利·伯克和大卫·阿希尔创立，是一家具有保守主义色彩、跨党派性质的外交政策智库，总部设于美国华盛顿特区。该智库原本是乔治城大学的一个研究机构，在 1987 年 7 月 1 日正式脱离乔治城大学成为独立的研究中心。战略与国际问题研究中心自成立以来素有"强硬路线者之家"和"冷战智库"之称，其资金来源主要依靠各大基金会的捐赠以及企业的支持，与美国石油财团保持紧密联系。

（一）成立背景

1961 年 6 月，刚刚上任 4 个多月的美国总统约翰·肯尼迪与苏联首脑赫鲁晓夫在维也纳进行会晤。由于肯尼迪经验不足，在会谈中表现欠缺，让美国在对苏政策中陷入一定程度的被动。特别是 1962 年的古巴导弹危机，差点就将两个拥有毁灭世界能力的超级核大国推向战争的边缘。在严峻的冷战形势下，具有浓厚的意识形态色彩和鲜明的政策、党派倾向的政治宣传型智库在美国纷纷成立。战略与国际问题研究中心也应运而生。

（二）历史沿革

CSIS 是在 1962 年冷战最激烈的时候创建的。当时创建的目的是美国能够拥有可以和伦敦国际战略研究所匹敌的战略研究机构，以便更好地为美国对外政策出谋划策。

第一阶段，1960 年代。战略与国际问题研究中心组织成立，最初的办公室位于乔治城大学校园的一个校区。1963年1月在乔治城国际大会堂举行的一次会议上，该中心制定了其学术议程的蓝图。会议上编制的《国家安全：未来十年的政治、军事和经济战略》一书确立了研究中心讨论国家安全的框架，并确定了冷战期间美国政府在制定外交政策时两党存在分歧的领域。该书主张对全球事务采取战略性思考，并在该时期的国际关系研究中定义了一种新的思想流派。这种思想流派的实践者随后进入了美国政府决策层，尤其是在尼克松、福特和里根执政时期。

第二阶段，1970—1989年。在1977年，亨利·基辛格卸任美国国务卿后决定在乔治城大学的埃德蒙·沃尔什对外服务学院兼职教学，并加入了CSIS。基辛格的加入，迅速吸引了公众对该机构的关注。自此之后很多高级官员也逐渐加入CSIS。在这些高级官员的安排下，CSIS的成员逐渐成为高层决策者们的智囊团。但随之而来的是，乔治城大学的一些教授批评CSIS的工作人员在公开采访中对外交政策发表毫无学术根据的评论，并且指责因为CSIS的原因导致乔治城大学收到的捐赠有所减少。后来一个专门委员会研究了这种摩擦，并在其研究报告指出，CSIS的重点更多地放在舆论传播上而不是学术研究上，并建议将CSIS与乔治城大学分开。1986年10月17日，乔治城大学董事会投票决定中断与CSIS的所有联系。1987年CSIS正式成为一个独立的研究机构。1990年代初苏联解体后，由于CSIS领导人当时的职位，使得CSIS在美国智库中处于一个极高的地位。

第三阶段，1989年至今。自1987年7月1日起，CSIS脱离乔治城大学而独立。2007年，CSIS买下了华盛顿特区西北罗德岛大道1616号，作为该机构的研究基地。如今CSIS的运营规模仍在不断扩大，研究范围也在不断扩宽，CSIS逐渐成为美国的顶级智库。2021年，CSIS被宾夕法尼亚大学的"Go To Think Tank Index"评选为美国第二大智库，在全球智库中排名第5位。如今，CSIS已经成为世界上在外交政策和国家安全问题上最具影响力的机构之一。

二、智库的组织架构

（一）领导团体

据CSIS官网介绍，该机构的人员由三部分组成，即常驻人员、非常驻人员和外围人员。其中，常驻人员包括总裁兼首席行政执行官、常驻顾问、行政官员、项目官员、专家学者、访问学者和实习生；非常驻人员包括董事会成员、顾问委员会成员、咨询会议成员、国际顾问团成员；外围人员包括高级顾问、高级合作伙伴、名誉高层顾问、附属成员和名誉学者。

1. 董事会

董事会由托马斯·普里兹克（Thomas Pritzker）担任主席。普利兹克出生于芝加哥。他拥有克莱蒙特麦肯纳学院的学士学位以及芝加哥大学的工商管理硕士学位和法学博士学位。普利兹克是历史悠久的家族商业银行 The Pritzker Organization 的董事长兼首席执行官，他同时还是凯悦酒店集团的执行主席，并在皇家加勒比游轮有限公司的董事会任职。他还是芝加哥大学董事会成员和阿斯彭战略小组成员、美国艺术与科学院院士、中国四川大学历史学名誉教授。

目前，CSIS 董事会的名誉主席是美国前参议员山姆·纳恩（Sam Num）。董事会的成员大多都是前政府高级官员或者主要的美国公司业务负责人以及金融、石油、天然气、股市、房地产、学术界和媒体界等领域的杰出人士。董事会为 CSIS 提供总体指导和领导。

2. 总裁兼首席执行官

美国国防部前副部长约翰·哈姆雷（John J. Hamre）担任总裁兼首席执行官。哈姆雷是美国国家导弹防御以及网络安全专家，曾在国会参众两院军事和预算委员会工作多年，1993—1997 年任国防部副部长，1997—1999 年任国防部常务副部长。

该组织的中心行政和研究事务由约翰·哈姆雷和托马斯·普里兹克全权负责。CSIS 的常驻学者有 92 位，非常驻高级顾问 126 位，非常驻的高级合作伙伴 253 位，目前一共有 240 多名全职员工。

（二）资金来源

1987 年之前，CSIS 属于乔治城大学，研究中心的资金主要来源于学校拨款以及校友捐赠；1987 年之后，战略与国际问题研究中心脱离乔治城大学成为一个独立的研究机构，资金方面没有了学校的赞助，因此其资金来源只能依靠企业赠款和捐赠、基金会拨款、个人捐赠以及与政府签署的合同。与其他传统智库不同的是，个人捐赠在 CSIS 资金来源中占的比例很小，战略与国际问题研究中心的预算经费主要来源还是集团捐助资金，以洛克菲勒为首的 40 多个石油财团是它较为固定的支持者和资金来源。

CSIS 在成立时就定下一条规则：不接受中央情报局和国防部的资助，拒绝从事任何涉密研究，但却接受环保局、军备控制和裁军署等政府机构的研究合同，并且为捐款者保密。

为了拓宽收入渠道，吸引更多的捐赠，CSIS 近年来在不影响自身独立性的前提下推出了许多回馈捐赠者的活动，例如研究中国的弗里曼项目（Freeman Chair）就是以捐赠者的名字命名的。随着 CSIS 在全球智库的地位越来越高，权威性越来越强，其所收到的社会捐赠也越来越多，到 2019 年，研究中心预算经费已经从成立初期的 12 万美元增长到 4290 万美元。

CSIS 的资金虽然没有其他全球顶尖智库那么多，不过其资金的来源广，因此其在做研究的时候能够避免受到"金主"思想过多的影响，使得 CSIS 的研究更加具有自主性，研究成果也更加具有客观性。表 1、表 2、表 3 分别为 CSIS 2019—2012 年资金来源比例。

表1　2019 财年 CSIS 资金来源比例表

资金来源	占比情况
企业赠款和捐赠	30%
基金会拨款	29%
政府合同	24%
个人捐赠	11%
其他捐赠	3%
其他收入	3%

表2　2013 财年 CSIS 资金来源比例表

资金来源	占比情况
企业赠款和捐赠	32%
基金会拨款	29%
政府合同	19%
个人捐赠	9%
其他捐赠	5%
其他收入	6%

表3 2012财年CSIS资金来源比例表

资金来源	占比情况
企业赠款和捐赠	27%
基金会拨款	27%
政府合同	21%
个人捐赠	11%
其他捐赠	4%
其他收入	10%

CSIS最稳定的资助者是石油财团,以2001年为例,该组织60%的经费来自福特、洛克菲勒等基金会,30%来自埃克森、西方石油等数家石油公司,仅仅只有10%来自个人捐赠和政府合同。美国石油学会前会长弗兰克·伊卡德等人都在CSIS担任理事。

三、智库的主要活动

CSIS的专家专注于世界各个地区以及对国际关系重要的主题,其中按研究领域分类主要包括气候变化、网络安全和技术、国防与安全、经济学、能源与可持续、全球健康、人权和国际发展,而按地区分类主要包括非洲、美洲、亚洲、欧洲、中东、俄罗斯和欧亚大陆以及北极。

(一)按研究领域划分

1. 气候变化

气候变化项目的宗旨在于研究如何应对全球气候变化的复杂挑战,以及如何建设一个更安全、繁荣、公平和可持续的未来。CSIS专注于研究如何应对全球气候变化趋势,与参与应对气候变化的利益相关者和机构进行合作研究。气候变化项目包括气候解决方案系列、能源转型、低碳增长和可持续性途径、气候智能型外交政策、可再生能源项目。

2. 网络安全和技术

网络安全与技术项目的宗旨在于研究分析技术变革将如何改变各国在国内外相互联系、发展和追求安全的方式,以及技术变革对国家安全的影响。

CSIS从21世纪快速变化的技术和网络安全将如何影响世界的角度进行研究。涵盖的范围包括情报、监视、加密、隐私、军事技术、空间等。主导这一主题研究的项目是战略技术项目和国际安全项目。

（1）战略技术项目研究系对颠覆性技术带来的社会、经济和安全挑战进行研究，为美国政府制定有效的应对政策提供信息。CSIS 战略技术项目为全球受众提供有关网络安全、隐私、监视、技术和创新以及互联网治理的务实、数据驱动的分析和建议。战略技术项目重点研究数字技术的挑战以及这些技术将会如何重塑全球的经济和社会。

（2）国际安全项目研究，其重点研究美国国内外安全环境所面临的威胁和机遇。

3. 国防与安全

国防与安全项目旨在分析国防和安全的各个方面，包括采购、资源、国土安全、战略、战后重建、核问题和恐怖主义等。CSIS 是研究、分析和识别全球防御和安全威胁的先驱者。这项研究由国际安全计划牵头，该计划包括国防预算分析、国防工业倡议组织、导弹防御项目、核问题项目、军民关系、航空航天安全项目、风险与预见项目、七次革命项目、跨国威胁项目、灰色地带项目、合作防御项目和 360 度全方位防御项目。

4. 经济学

经济学项目旨在在国际关系日益被经济和商业力量所定义的时代里，探索经济与国家安全之间的关系。CSIS 拥有经济政策、金融、商业、贸易、经济发展、能源和技术方面的专家，可以提供全方位视角，了解当前互联网世界的经济趋势。CSIS 研究和项目考察的对象是经济学对外交政策的影响以及使用外交作为改善经济成果手段的作用。

5. 能源与可持续发展

能源与可持续项目旨在分析全球和美国国内能源局势，重点关注能源可持续性、能源技术、能源市场和能源政策等 4 个方面。在能源安全和气候变化计划的大框架下，CSIS 探索发现更好的政策、法规、商业框架和技术解决方案。能源安全和气候变化计划与行业、政府、学术界和非营利性质的机构展开合作，创立各种项目、活动和出版物，以帮助决策者们了解这些相关动态信息。

6. 全球健康

在 21 世纪，健康与安全之间的关系逐渐成为研究的重要领域。CSIS 自冷战结束后一直重视健康问题的研究，早期主要关注艾滋病问题，在新冠疫情暴发后，CSIS 进一步加强了对传染病问题的关注度。CSIS 的全球卫生政策中心（GHPC）在研究健康与安全之间的关系领域中是领先全球的研究机构，GHPC专注于为美国卫生安全相关领域提出建议。研究课题包括计划生育、母婴健康、免疫接种、传染病等。

7. 人权

人权项目旨在研究如何在人类安全和自由受到不断变化的威胁的全球环境中加强人权建设。CSIS人权研究由人权倡议（HRI）领导。HRI于2014年启动，旨在推动积极主动的全球人权议程，将输出美国民主价值观作为美国综合外交政策的核心组成部分。HRI寻求为政府、民间社会和私营部门提供人权问题的创新解决方案，并致力于将人权优先事项整合到美国的外交政策利益中。

8. 国际发展

国际发展项目旨在审查美国在推动全球发展和对外国援助计划方面的领导作用。繁荣和发展项目研究了政府私营部门和新兴经济体在受冲突影响地区的发展中的核心作用。全球粮食安全项目在全球粮食安全方向为美国政府提供指导，制定政策，以确保美国的对外援助和农业发展计划是可持续的、有效的、高效的。

（二）基于地区划分

1. 非洲地区

非洲地区计划研究的重点是撒哈拉沙漠以南非洲地区和非洲西北部地区。北非方面主要以分析摩洛哥、阿尔及利亚、突尼斯和利比亚的战略趋势及其在中东和其他地区造成的影响。撒哈拉沙漠以南非洲地区方面主要分析撒哈拉以南非洲地区的政治、经济和安全动态，重点突出该地区在美国参与度上升之后的发展趋势。

2. 美洲地区

美洲地区计划重点分析了美洲地区的外交政策和国家安全问题对美国与其合作伙伴的影响。CSIS美洲计划主要研究分析有罪不罚和滥用权力等现象对国防和安全部门优先事项的影响，民主实践和制度的侵蚀对弱势群体的影响等。

3. 北极地区

北极地区计划就北极日益严重的地缘政治和战略挑战提供分析和政策建议。CSIS北极项目凭借其领先世界的北极研究中心而闻名。北极研究中心与加拿大、挪威、丹麦、芬兰和美国等国官员就北极的政治、经济和社会发展趋势及其对美国、欧洲和跨大西洋关系的影响展开积极主动的讨论。努力提高决策者和研究界对北极问题的认识，并为美国政府和国际社会应如何应对这个充满活力的地区的变化提出了及时、有效的建议。CSIS 对北极的研究主要由欧洲、俄罗斯和欧亚计划以及能源和国家安全计划进行。

4. 亚洲地区

亚洲是世界上人口最多的洲，亚洲地区计划覆盖了多方面、多领域，建立了众多的研究项目。CSIS 的亚洲研究包括许多论坛和项目——研究美国及以美国为首的联盟体系在亚洲领导力的项目、研究中国的弗里曼项目、日本项目、韩国项目、经济学项目、研究美印政策的瓦德瓦尼项目（Wadhwani Chair）、东南亚项目、中国力量项目以及中国商业和经济项目。

5. 欧洲地区

欧洲地区分析欧洲作为美国重要战略伙伴和全球社会基石的状况，如欧洲的经济动荡、恐怖袭击、移民危机、俄罗斯问题、英国脱欧，以及欧洲机构和领导人面临的政治信心危机等。在欧洲，俄罗斯和欧亚项目工作重点就是研究和分析美国和欧洲对这些危机的应对措施。

6. 中东地区

在该地区的工作是分析与中东和北非相关的政治、安全和社会经济问题，特别关注中东和北非地区不断变化的动态和发生变化后所产生的超出区域的影响问题以及美国战略政策对该地区的影响问题。

7. 俄罗斯和欧亚大陆

俄罗斯和欧亚大陆计划主要分析俄罗斯和欧洲、中亚与高加索地区的其他曾经的苏联加盟共和国。关注领域包括区域安全、国内政治、经济发展、贸易和边境、国防技术和能源等。CSIS 还分析原苏联国家与其他重要地缘政治参与者之间的政治和经济关系。

（三）其他重点研究项目

（1）布热津斯基地缘战略研究所。该所以地缘战略研究为重点项目，目标是研究历史、地理和战略之间独特的相互作用，以制定与地缘战略政策相关的分析和建议。

（2）阿布什尔－稻盛领导力学院（AILA）。该学院为全球各政府、企业领导者提高领导力、道德性和制定外交政策等方面提供培训机会。AILA 旨在让 CSIS 的年轻专业人士和外部受众能够为他们的研究机构和整个世界作出积极贡献。AILA 的多学科计划帮助有抱负的实习生和年轻的专业人士将他们的领导能力和外交政策知识提升到一个新的水平。AILA 的目标是促进 CSIS 中心的成长和协作，并帮助员工对未来职业生涯中遇到的挑战和机遇提前做好准备。

（3）美国领导力朗格尼研究所。该研究所从广角镜头审视美国面临的主要问题。美国正在进入全球竞争时期，其既不是良性的观察者，也不是世界发展的决定者。为了推进美国和全球的利益，美国需要重新思考本世纪的领导力是什么样的。CSIS 设立美国领导力朗格尼研究所是为了确定当今美国面临的复杂问题，并制定务实的解决方案，以提高美国在世界上的领导地位。

（4）斯蒂芬森海洋安全项目。斯蒂芬森海洋安全项目（SOS）专注于海洋健康与全球安全之间的联系。该项目主要研究海洋资源争端是如何导致全球关键地区的不稳定，以及制定相关解决方案，以应对开放性区域开发导致的挑战，如生态系统的加剧退化和气候变化。

（5）阿利·伯克战略项目。阿利·伯克战略项目是为了纪念 CSIS 的第一任董事和联合创始人，海军上将阿利·伯克（Arleigh A. Burke）而设立的。该项目对美国及其盟国面临的 21 世纪紧迫的国家安全挑战进行研究。阿利·伯克战略项目主要研究长期战略竞争、先进技术和战争特征的变化，以及自由民主和国家安全的关系问题。

（6）创意实验室。创意实验室研究最新的数字媒体，并设计创新性多媒体手段增强 CSIS 的影响力。创新实验室使用创造性的数字工具来制定外交政策和应对国家安全挑战的解决方案。创新实验室对 CSIS 的推广起到了至关重要的作用，他们的工作使得 CSIS 的报道覆盖到了全球政府、媒体、行业等各领域数百万的受众。

（四）科研成果

CSIS 成立 40 年以来，始终以发挥政策影响力为宗旨，以战略问题为研究重点，致力于为世界各国领袖提供战略观察、制定应对各国及全球问题的政策方案，并极力宣扬自身的研究特色，如全球范围、战略展望、政策产出、两党观点等。

作为美国最早出现的一批智库，战略与国际问题研究中心很多研究成果都得到了公众和美国政府的认可。在政策方面，CSIS 倡导的多项改革提议，均被美国政府采纳，并付诸实施，如 1986 年，CSIS 推动美国国防部重组法案

（Goldwaters-Nichols Act），又如 2007 年，CSIS 呼吁美国建立一套更加全面的战略体系，既要注重硬实力，也要重视软实力等建议。

在社会层面，CSIS 会通过刊物的出版来向民众宣传自己的思想，《华盛顿季刊》和《外交政策新视角》是该研究中心旗下最重要的两个知名学术期刊，其中《华盛顿季刊》主要针对一些世界热点问题，而《外交政策新视角》主要内容为年轻的专业人士对外交政策的看法和观点。另外，中心还不定期发表各种课题组报告、研讨会报告和研究报告。在众多研究报告中，最具有影响力的是两年出版一本的《世界各国实力评估》。

四、智库的影响力

（一）影响力

CSIS 自从成立那天起，一直致力于寻找方法来维持美国的突出地位和繁荣，并取得令人瞩目的研究成果。

（1）对政府的影响力。在冷战期间，CSIS 出版的《国家安全：未来十年的政治、军事和经济战略》一书中提出的观点被当时的美国政府所接受，此时的 CSIS 刚刚踏进与政府打交道的大门。

随着 CSIS 脱离乔治城大学独立之后，其与美国政府的关系就越来越密切，主要原因有两个：第一，CSIS 是一个跨党派的研究机构，不具有明确的政治立场，因此两党的事务都可以接触得到；第二，CSIS 招聘了很多退休的高级官员作为顾问，并且研究中心里有很多研究人员都曾在政府任职，这就使得研究中心会有更大的概率接触到政府事务。经过这么多年的发展壮大，CSIS 为美国提供了大量的政策方案，其中很多政策都被美国当局采纳，例如"9·11"事件后，CSIS 迅速向布什政府提出了"以阿富汗为中心，发动反恐战争"的建议，并提出了具体的战略方案，相关建议获得了布什政府的认可和采纳。[1] 随着政策方案不断地被采纳，CSIS 在美国政府中的影响力越来越大，目前 CSIS 对美国政府的影响力主要表现在 CSIS 的国会事务上。作为一个两党智囊团，CSIS 致力于为国会领导人提供一个平台，让他们在影响美国国家安全和外交事务的问题上与更广泛的政策研究界接触。CSIS 是现在美国国会的专门智囊团，50 多年来，CSIS 一直优先向国会议员及其工作人员提供

---

[1] 王辉耀、苗绿：《美国国际战略研究中心——强硬路线者之家》，载王辉耀、苗绿：《大国智库2.0》，人民出版社 2014 年版。

智力服务，以提供来自国防和安全领域、全球挑战领域和区域研究领域的世界领先专家的深入战略分析和指导。2020年，16名CSIS专家参加了国会中12个不同委员会的18场听证会。

（2）对公众的影响力。CSIS对公众影响最直接的就是刊物的发行以及视频媒体的报道。《华盛顿季刊》曾是CSIS最主要的刊物，《外交政策新视角》《弗里昂报告通讯》这些都是CSIS旗下的刊物。不仅如此，CSIS的学者还经常向《华尔街日报》《纽约日报》《金融日报》等顶级刊物投稿，仅2020年一年的时间，CSIS的学者就发表成果850多篇，其文章和观点被主要新闻媒体引用350多次。CSIS还在Facebook、YouTube等主流社交软件和视频社交软件中创立了自己的博客和播客，每天都会及时更新当日的研究成果。CSIS还创立了一个专门的访谈类电视节目 Small Screen Sessions，每次国际或者国家发生了重大事件，该节目就会邀请一些专家和嘉宾来针对发生的事情进行深度的分析与评价。CSIS的数字媒体渠道每天都能接触到数十万观众，它们的信息已经成为美国公民了解国际形势的重要途径。CSIS每年都会举行超过400场大型活动，接待超过18000位客人。CSIS还开展了大量的实习活动，每年会接待350多名学生和专业人士参加各种研讨会和编程，吸引了众多的年轻学者投身其中，不断为研究中心注入新鲜血液，提升其在公众面前的普及度。

（3）对国际的影响力。CSIS自成立以来就立足于关心全球战略问题的角度，开设了多个国外研究的项目和计划。由于CSIS领导者们独特的眼光，使得CSIS很多研究项目都走在世界的最前列，许多研究成果都具有开创性的意义。由此CSIS在美国国内和国际社会的知名度不断上升，慢慢地被更多人关注。CSIS在研究海外项目的同时还为各行业知名人士和政府官员提供平台，让他们就国际关系问题发表重要声明，曾在CSIS发言的有日本前首相安倍晋三、世界银行行长吉姆·金、美国国防部前部长莱昂·帕内塔、雪佛龙董事长兼首席执行官约翰·沃森、荷兰皇家壳牌公司首席执行官彼得·沃瑟，还有美国国家安全前顾问汤姆·多尼尔等。根据美国宾夕法尼亚大学的2020年全球智库报告，CSIS在所有领域均名列美国智库首位，在全球"顶级国防和国家安全智囊团"中排名第1位，在全球智库综合排名中位列第4。

（二）成为顶级智库的原因

CSIS自从建立之日起就立志要成为世界顶级智库，到现在过去了60余年，已实现了当初的目标。CSIS 是如何在数量众多的智库中脱颖而出的呢？有以下四点原因可以参考：

（1）注重学术传承。在专注研究项目的同时，专门设立了一个学院——阿布什尔-稻盛领导力学院，该学院专门为政商精英提供政府治理、企业管理、外交政策等方面的培训，让政商人员通过培训加强沟通与相互理解的能力，以及让商业精英理解政府运作过程，提升与政府打交道的能力。[1] 阿布什尔-稻盛领导力学院还设立了众多的实习项目，这样就吸引了更多的年轻学者参与该学院的建设中，使得 CSIS 源源不断的有新鲜血液输入，并且通过这样的实习机会可以来选拔研究中心需要的人才。阿布什尔-稻盛领导力学院教学计划十分多样，并且拥有一套全面的方法来培养 CSIS 年轻专业人士，这样的教育可以使得这群精英人士更加向往在 CSIS 工作，进而为研究中心构建学术传承，保证研究中心的人才储备。

（2）聘请了大量已退休的政界高官、外交官和退役将领，建立了强大的顾问团队，提高自身在政界的影响力，从而能够进一步增加获取信息的途径，及时准确地获得第一手的国际情况。同时 CSIS 还能利用其在政府的人脉关系把相关思想传入政府内部，促使相关研究成果转化成安全或外交政策，进而提高研究中心在国内和国际上的知名度。CSIS 完美利用了美国政治中的"旋转门"机制，通过在选举期间为候选人提供智力支持，进而参与政治，实现研究思想与现实政治的碰撞，为以后提供国家决策奠定基础。

（3）与社会各界人士都保持了良好的关系。CSIS 经常就某一个国际或者国内问题举行座谈会，在社会中邀请各行业的精英人士参与座谈会，在与他们的交谈中收集社会中各行业领导层人士对问题的看法，进而运用到自己的研究成果中，使得研究成果更加具有全面性和针对性。CSIS 还开设专门的电视节目，通过邀请各个领域的专家进行访谈，从而获取更加全面的信息。与社会各界人士保持良好关系，同样还能够扩大自身的社交圈子，并且可以利用广泛的社交圈来输送自己的思想，让社会各界更多的人可以了解到 CSIS，提高自身的知名度。

（4）利用自己的出版物和媒体推广自己。美国的智库一般都有自己的出版物，CSIS 将自己的研究成果通过刊物、媒体文章的形式传播给公众，得以在各个层次的公众面前始终保持较高的知名度，进而对公共舆论产生影响，

---

[1] 王伟伟、崔建树：《美国战略与国际问题研究中心的运作机制与影响力拓展模式研究》，载《浙江外国语学院学报》2021 年第 1 期，第 23—30 页。

为其研究成果向政策转化奠定基础。同时，CSIS 的学者还经常与各大顶级报刊媒体有文书往来，通过在他们的刊物中设置专栏、投放稿件来提高研究中心的权威性。CSIS 还会邀请许多顶级媒体的主编们参加座谈会，借助他们的社会影响力来提升自己的知名度。

（5）建立了具有针对性的管理制度，CSIS 将招聘来的专家按照研究内容和学科进行分组，又按照具体的研究课题成立专门的研究小组，当课题需要的时候，抽调专门的人才加入研究小组，形成一个个的课题组，提高了研究成果的完成效率和针对性。

（6）优良的运行机制。在组织结构上，CSIS 的组织结构和其他的顶级智库是一样的，都是由行政部分和科研部分组成。和其他顶级智库不同的是，CSIS 的行政部门不仅运行规模小，工作也全都是以服务科研部门为首要目的；而科研部门运行规模大，优先享受所有的福利，这突出了科研是 CSIS 的核心所在。在中层管理方面，CSIS 沿用的欧美高校的"教授治校"政策，各部门的负责人均是由学术地位高或者有过重要高级岗位工作经验的人才来担任，这样的管理模式便于激发普通工作人员的工作热情，突出了 CSIS 内部人才优先的思想。

（罗子强 / 文）

康拉德·阿登纳基金会

Konrad-Adenauer-Stiftung

一、智库的形成与发展

康拉德·阿登纳基金会（Konrad-Adenauer-Stiftung，简称 KAS）是德国特有的与政党关系最亲密的政治基金会之一。KAS 总部分别位于波恩附近的圣奥古斯丁和柏林，并在德国全域共设立了 16 个地方办事处，常年举办各种各样的公民教育会议和活动。KAS 以曾出任联邦德国总理的康拉德·阿登纳（Konrad Adenauer）的名字命名，其前身为德国基督教民主联盟（以下称基民盟）在 1956 年创建的"基督教民主教育工作学会"，是基民盟的思想库。在国内外，基金会的公民教育计划旨在促进自由、和平与正义。KAS 专注于巩固民主、统一欧洲、加强跨大西洋关系以及发展合作。

依据其发展历程中的重大事件可以大致将 KAS 的发展历程分为 4 个阶段，依次是准备阶段、成立阶段、完善阶段和持续发展阶段。

（一）准备阶段（1952—1956 年）

这一阶段是机构成立之前的探索阶段。1952 年，一群基民盟政治家考虑建立一个亲基督教民主价值观的系统性公民教育组织。1953—1955 年，联邦总理阿登纳和基民盟联邦执行委员会就创建培训和教育中心以提拔年轻政治家的问题展开讨论，并于 1955 年 12 月在波恩建立了康拉德·阿登纳基金会的前身——基督教民主教育工作协会。随后该组织收购了韦瑟林（Wesseling）附近的艾希霍尔茨庄园（Eichholz Manor），并于 1956 年将其改建为了教育机构。自此，阿登纳基金会的雏形产生。

（二）成立阶段（1957—1964 年）

这一阶段是从其实体前身逐渐发展到正式更名为康拉德·阿登纳基金

会的阶段。1957年4月12日，阿登纳在艾希霍兹庄园举行了机构的揭幕典礼。1958年4月26日基督教民主教育工作协会更名为艾希霍兹政治学院，由阿诺德·伯格斯特拉瑟（Arnold Bergstraesser）和康拉德·克拉斯克（Konrad Kraske）担任第一任和第二任主席。1958年6月1日，记者、社会科学家吕迪格·阿尔特曼（Rüdiger Altmann）担任艾希霍尔茨庄园政治学院院长和行政长官两个职务。1960年4月1日，阿尔特曼离开学院，彼得·莫尔特（Peter Molt）成为院长。该学院与基民盟合作密切，但并非隶属关系。1961年政治研讨会在艾希霍兹庄园成立，为期7周，这成为学院教育活动的基础，并经修改后延续至今。1962年7月1日，KAS国际团结研究所（the Institute for International Solidarity，IIS）成立。1962年夏，一系列国际大学研讨会在艾希霍尔茨庄园举行。1963年10月4日，艾希霍尔茨政治学院进行扩建，增设现代化的会议室和供客人住宿的房间等。1964年10月13日学院内部的部分组织更名为康拉德·阿登纳政治教育和学生促进基金会。同年12月通过其国际团结研究所，康拉德·阿登纳基金会在南美洲和中美洲以及非洲的8个国家：委内瑞拉、智利、巴西、哥伦比亚、多米尼加共和国、危地马拉、坦桑尼亚和喀麦隆开设代表处。之后几年，KAS与许多国家的基督教民主党、教育机构、工会和合作社建立了伙伴关系。由此，KAS正式成立。

（三）完善阶段（1965—2010年）

KAS在机构设置方面，先后设立了学生培养计划，建立了社会科学研究所、地方性政治教育与研究机构、基督教民主政策档案馆、教育学院、国际合作部和政治咨询部等机构和部门；在地域布局方面，基金会在南美洲、中美洲、非洲、西欧、中欧、东欧和亚洲等全球多个国家和地区陆续建立了办事处，且每个办事处关注和研究的重点各有差异，研究地域从德国蔓延到全球。[1] 1966年7月19日联邦宪法法院禁止政党使用公共资金资助政治教育，促使KAS增强其独立性。1976年12月，KAS搬迁至位于圣奥古斯丁的新总部，所有研究所均位于同一办公地点。1984年9月20日，会员大会投票修改了章程以此扩大执行委员会规模。1998年7月25日，联邦总理赫尔穆特·科尔（Helmut Kohl）批准了KAS在柏林蒂尔加滕区的办公场所，旨在用作首都的论坛。政治学院从圣奥古斯丁迁至柏林。1999年11月4日，KAS之友成

---

[1] 段美珍：《康拉德·阿登纳基金会的运行机制与发展态势》，载《智库理论与实践》2018年第2期。

立，以促进 KAS 的活动并加强民众对德国基督教民主教育的兴趣。2005年3月18日，KAS 在柏林的行政大楼奠基。自此，KAS 组织机构日渐成熟。

（四）持续发展阶段（2010年至今）

为促使社会民众兼顾工作与家庭，KAS 采取了一系列措施，为表彰其在这方面所做的努力，KAS 被授予极具权威性的"berufundfamilie"（"工作与家庭"）证书，成为德国第一个获得该证书的政治基金会。2013年，汉斯-格特·波特林（Dr. Hans-Gert Pöttering）连任 KAS 主席。KAS 在经历了半个多世纪的发展后，已经成为德国、欧洲乃至全球的知名智库，并在全球化的今天持续蓬勃发展。

二、智库的组织构架

KAS 有 2 个教育中心和 16 个培训中心运营，约 560 名员工在基金会的 10 个主要部门工作。在全球范围内，KAS 拥有 80 个办事处，在 120 多个国家支持和运行 200 多个项目。以下从领导机构、对外部门、资金来源三个方面进行分析。

（一）领导机构

作为一所政治基金会，KAS 由会员大会、理事会、董事会和各专业职能部门组成。其中，会员大会、理事会、董事会分层级对基金会进行管理。

1. 会员大会

阿登纳基金会的最高权力机构。会员大会的主要职责是：(1) 选举理事会和董事会成员。(2) 建议和决定基金会的工作方针和工作重点。(3) 审议并通过基金会年度报告和财务报告。(4) 审议会员的各种提案。会员大会一般每年召开一次，如遇理事会、董事会二分之一以上成员要求，可以召开特别会员大会，解决重要事宜。协会会员总数限制为 55 人。

2. 理事会

理事会是基金会的最高领导机构，由会员大会选举，任期为两年。一般由理事会主席、副主席、财务主管、秘书长和若干理事会成员组成。其主要职责是全面领导基金会的工作和管理基金会的资金及其使用，理事会还有任命下属部门负责人的权力。目前基金会的理事会一共有 22 位成员，6 位常驻嘉宾。

3. 董事会

该机构以顾问的身份支持和协助 KAS 的工作，它的任务是就基金会的重大事宜向理事会提供相关咨询和建议，尤其是对与整个社会相关发展的分析。在这个不断变化和全球化的时代，方向比以往任何时候都更加重要。科学、技术、媒体和文化的革命性发展，要求 KAS 及时以有远见和引领潮流的方式应对自身面对的新挑战。在成员的组成方面，KAS 非常重视将社会各个领域纳入其中，董事会成员包括来自政治、社会、科学和文化等各界的代表。董事会成员不能同时为理事会成员，目前基金会的董事会成员一共有 29 人。

除上述权力和管理机构外，KAS 还设有很多专业职能部门，负责对内和对外事务，包括国内政治教育、科学研究、人才培养、国际合作等部门。对外开展国际合作是阿登纳基金会的一个工作重点，为此投入了大量人力、物力和财力，还专门设立了两个负责国际事务的部门，即"国际合作一处"和"国际合作二处"。可见该基金会对开展对外交往、发展对外关系的重视。

（二）对外部门

在董事会和执行人员的主持之下，KAS 的外部工作分为五个部门，即欧洲与国际合作司、分析与咨询部、公民教育司、奖学金和文化部、基督教民主政治档案馆。

1. 欧洲与国际合作司

开展对外合作是 KAS 的工作重点。欧洲与国际合作司致力于促进世界范围内民主结构和法律秩序的建立，所有与社会发展及安全政策相关的问题都是其业务的组成部分，其国际项目聚焦于促进欧洲团结和跨大西洋伙伴关系的建立，促进民主政治党派的发展，强调社会市场经济的原则、保护创造和促进发展合作。

2. 分析与咨询部

分析与咨询部是 KAS 的智囊团，包含了国内政策研究团队、社会政策研究团队、经济政策研究团队、教育与科学政策研究团队、宗教融合和家庭政策研究团队、经验社会研究团队和数字化研究团队 6 个研究团队，其目标是对政治进行重新反思。作为 KAS 的"思想家"和"实干家"，该部门致力于事实调查、知识转移的管理及政治咨询，为 KAS 的工作制定基本理念，为政治和社会问题的解决提供具体的对策，为政治决策过程的合理化提供分析和背景信息。因此，该部门主要的关注点集中在以下三个方面：第一，制定有利于公民教育和政治实践的政策；第二，检测政策趋势、探索社会的长期发展；第三，向政治公众传达基金会制定的策略和政策等。

3. 公民教育部

公民教育是 KAS 的核心任务，公民教育部向地区办事处和教育论坛传授基本的政治知识，其主要目标是提高公民在民主政治中的参与度。除线下课程和论坛等形式外，KAS 还通过在线公民教育门户开展其教育活动。目前，线上教育已经成为 KAS 开展公民教育的重要方式，吸引了大量的关注。

4. 奖学金和文化部

KAS 奖学金用来奖励具有杰出学术成就、卓越政治成绩和社会责任的学生和毕业生。这些奖学金既提供给德国本土的学生，也为在德国学习的外国学生提供支持，他们获得奖学金的基础条件是认可基督教民主社会和政治价值。

5. 基督教民主政治档案馆

基督教民主政治档案馆由历史档案馆、新闻档案馆、媒体档案馆、图书馆和当代历史档案馆 5 个部门组成，其核心使命和任务是收集、编目和保存与基督教民主政治有关的档案材料，并提供给用户使用，从而促进学术研究和成果发表。

（三）资金来源

KAS 的资金来源和使用在德国政党基金会中是具有代表性的。德国联邦有关法律认为：德国政治基金会是德国政治文化的一部分，它们的工作有益于公共事业，符合公众利益，符合联邦宪法精神的基本原则，所以德国的政治基金会主要由联邦和州政府基金资助。以下我们将从资金的来源与使用、联邦预算占比和对资金使用的审查三个方面进行介绍。

1. 资金来源和使用

以 2017 年为例，KAS 的资金 99% 来自公共汇款，而 0.8% 来自入场费和杂项收入。此外，私人收入（来自基金和捐赠的收入）占另外 0.2%。

根据资金来源的具体款项又可以按以下三种来分类：

（1）大多数公共汇款是与项目相关的资金。因此，与项目相关的汇款占 KAS 全部收入的 78%。项目资金的提供者主要是联邦经济合作与发展部，外交部，联邦教育、科学、研究与技术部和议会。

具体而言，以下活动的资金来源与项目相关：促进国际合作的措施（联邦经济合作与发展部的资金）；德国本科生和研究生奖学金项目（联邦教育、科学、研究与技术部的资金）；外国学生奖学金计划（外交部的资金）；编辑KAS所亲近的政党议会党团的重要档案材料（议会的资金）。

（2）除了与项目相关的资金，政治基金会还获得机构补贴，占KAS预算的21.7%。机构补贴是政治基金会融资的基础，用来保证人力资源和财务需求。

此类资金的主要用途：关于政治教育的代表大会和研讨会；与基督教民主运动和政治活动的基本规则有关的研究、咨询和文件；出版刊物和举办展览；人员日常工资成本、商品和服务支出以及投资。

（3）在公共财政紧缩的时代，民间补充资金的重要性也相应增加。基金会拥有3个最初由遗赠资助的基金。埃尔斯·海丁基金（Else Heiliger Fund）资助她遗嘱中规定的文化活动和艺术家。西奥多和伊莉莎·魏玛基金（the Theodor and Elisa Weimar Fund）的收益用于资助有资格进入该奖学金计划框架的学生。维尔纳·欣茨勒基金（Werner Hintzler Fund）用于地区政治教育。

2. 联邦预算占比

联邦各部每年向政治基金会支付的款项由德国联邦议会预算委员会确定。议会通过的联邦预算的法案包括全球补贴和与项目相关的资金，并且总金额将按照一定标准在基金会之间分配。目前，弗里德里希·艾伯特基金会（Friedrich-Ebert-Stiftung）获得30.29%，KAS获得29.57%，弗里德里希·瑙曼基金会（Friedrich Naumann Foundation）和海因里希·伯尔基金会（Heinrich Böll Foundation）各获得10.51%，汉斯·赛德尔基金会（Hanns Seidel Stiftung）和罗莎·卢森堡基金会（Rosa Luxemburg Stiftung）各获得9.71%。

3. 对资金的审查

由于主要资金来自联邦和州政府预算，因此KAS的资金使用受德国议会和联邦审计署的监控。几乎没有其他组织像政治基金会一样受到如此严格的外部审计机构审查。审查由汇款人、联邦审计法院、土地审计法院、国税局和特许会计师进行。汇款机构以及联邦和州审计法院会直接并持续监控有关汇款的法律法规的遵守情况以及资金的使用情况。此外，这些机构还进行效率检查。近年来一些汇款机构，特别是联邦内政部和联邦行政办公室以及联邦审计院，一直在加强对基金会的审查。最后，国税局进行审计，以调查政治基金会是否按照《财政法典》规定的非营利要求来使用公共和私人资金，在这种情况下使用的标准是基金会在多大程度上使用其资金来履行上述联邦宪法法院于 1986 年 7 月 14 日的基金会裁决中概述的法定职责。公益组织这一性质使政治基金会被禁止使用其资金资助未被承认为非营利组织的其他组织（例如政党或政党团体）。任何侵权行为都将导致基金会慈善特权的丧失，这反过来又会对税收产生深远的影响。

三、智库的主要活动

KAS 主要在政治与文化，地方政策与艺术、文学，文献档案与政治教育等领域开展活动。其主要任务是进行政治教育、提供奖学金资助、促进学术研究、加强档案建设和开展国际合作。以下将从负责开展活动的部门对 KAS 的各项活动展开介绍。

（一）公民政治教育活动

为了促进民主秩序，联盟伙伴德国基督教民主联盟、巴伐利亚基督教社会联盟和德国社会民主党，2013 年达成的协议指出将加强公民教育。政治教育的目的是激发公民的政治兴趣、促进公民的政治参与、强化公民的政治意识。政治教育的形式多种多样，有各种形式的研讨班、大型国际会议、中小型学术会议、主题报告会、专题讨论、出版书籍、杂志等。KAS 通过这些活动向公民普及政治知识、提高公民参政、议政水平。此外 KAS 是德国提供公民政治教育的重要组成部分。KAS 与许多其他公民教育提供者一样支持民主。然而，重要的区别在于其工作的"基督教民主基础"——KAS 致力的是基于基督教民主核心价值观的政治行动。在德国，19 个公民教育办公室提供范围广泛的会议、研讨会和讲习班，每年有超过 120000 名公民参加。

（二）奖学金资助活动

KAS 将培养有才华和积极进取的学生视为对未来的投资。KAS 通过奖学金支持特别有才华和忠诚的年轻人，目标是让他们成为政治、商业、科学、媒体、文化和社会领域的未来领导者和积极公民。KAS 不仅向德国，还为中欧、东欧和发展中国家的有才华的年轻人提供物质上的支持，还与 10000 多名校友保持密切联系。由此 KAS 是德国最大的促进人才的组织之一，与 6000 名奖学金生保持密切联系。KAS 希望这些学生完成学业后返回祖国，成为政治领导力量，或在经济界、行政管理、教学和研究等领域担任要职，以此提高德国的对外影响力。

（三）学术研究活动

分析咨询部（Analysis and Consulting）是 KAS 的智囊团。在这里，KAS 从国家、欧洲和国际层面给予政策建议。该部门与各个学科领域的专家一起，将创新战略引入基金会的政策咨询中。分析咨询部的研究主要涉及民主、法律和政党；国家和国际安全；社会凝聚力；经济与创新；可持续发展；实证社会研究。在基金会的日常咨询工作中，KAS 注重与议员和决策者、学者、协会、记者、感兴趣的公众和全球领导人进行对话，目的是提出政策建议和巩固政治网络。

（四）加强档案建设活动

基督教民主政策档案馆（Archive for Christian-Democratic Policy，ACDP）负责收集、编目和保存与基督教民主有关的档案材料。它的重点在为用户提供便利的访问渠道。档案馆的任务还包括学术研究以及出版相关成果。为了实现这一目标，ACDP 组织了许多展览和会议。ACDP 由 5 个部门组成：笔录档案馆、新闻档案馆、媒体档案馆、出版物/图书馆和当代历史，它们共同构成了 KAS 深化和促进历史与政治意识的专门能力中心。

（五）开展国际合作

KAS 在世界范围内积极促进民主和法治，支持社会市场经济的结构。它支持政党、民间社会团体和自由独立媒体的发展，为刚开始职业生涯的年轻人提供培训和继续教育机会。由于各种咨询和对话计划，它促进了市政和区域管理分散结构的创建和扩展。广泛开展国际交流合作是 KAS 一项重要任务，KAS 的国际合作在世界不同地区有着不同的目标和侧重点。KAS 在发展中国家主要通过援助项目促进这些地区的民主、自由和法治建设。

四、智库的影响力

KAS 与弗里德里希·艾伯特基金会是德国并驾齐驱的两大政治基金会，在美国宾夕法尼亚大学推出的全球智库排名中居第 15 位，被称为德国基督教民主联盟的思想库。

（一）对智库影响力的评价

本部分从政府、公众、国际合作三个方面来介绍 KAS 的智库影响力。

（1）政府。KAS 是直接参与德国重要政治党派基民盟决策的非营利性组织，同时学术研究的功能又优化了政治行为，促进政界、学术界、经济界之间的对话交流和知识传递。KAS 占用了德联邦对智库投入预算的近 30%，其在政府的声望可见一斑。

（2）公众。由中国社会科学评价中心完成的全球智库百强排行榜在本次论坛期间发布，KAS 排名第 7 位。在美国宾夕法尼亚大学"智库研究项目"（TTCSP，被誉为"智库中的智库"）研究编写的《全球智库报告 2020》中排名第 15 位。

KAS 研究员纳塞希（Nassehi）表示："我看到一个基金会比政治部门更直接想要确定未来的社会问题并展望各个方向。"

（3）国际合作。KAS 致力于通过政治教育实现和平、自由和正义。他们促进和维护自由民主、社会市场经济以及价值共识的发展和巩固。同时，KAS 十分关注中国经济在加入世贸组织后的适应过程，并提供了相关咨询和帮助。在教育和文化领域，KAS 表现得积极踊跃，长期为留德和中国本地大学生提供奖学金，同时与院校联谊开展各种各样的文化活动。KAS 的足迹遍布全球，与所到国家的政治、经济、文化、教育、科技领域的人士建立广泛的联系和沟通渠道，编织紧密的国际联系网络。

（二）成为顶级智库的原因

（1）坚定发展目标与明确定位。在全球化的时代，定位比以往任何时候都更加重要。KAS 虽与政党和政治密切相关，但它并没有将政治活动作为其唯一的目标任务，而是立足于长远的政治理念，在坚持公民教育这一基本和基础性活动的同时，不断拓展新的活动内容、活动方式、活动范围和研究领域等。

（2）拓展思路，与时俱进，思变创新。在社会环境不断变化的情况下，KAS 还借助网络新媒体技术和全球化的智库网络进行更加灵活的对外交流。为了更有效地将自身的国内和国际工作结合起来，KAS 还在 2020 年进行了现代化改造，将"欧洲与国际合作"与"政治与咨询"的分析单元合并为新单元"分析与建议"（AuB），营销和出版工作领域被整合到之前的工作单元

"战略与规划"中，连同"媒体中心"（新闻办公室和在线交流）和"执行办公室"，合并组成了新管理团队。为了改变工作方式，KAS大规模升级了其数字基础设施。凭借丰富的创造力，"政治教育"部门（PB）不仅成功地将现有工作方式实现数字化，还在创新设计方面取得了成功。KAS的2020年度报告表示：

> 去年有德国和基民盟的许多重要历史纪念日——从民主德国第一次"自由"选举30周年和二战结束75周年、从德国统一30周年和第二次世界大战结束75周年，基民盟成立75周年。我们对"正常"的2020年原本有很多计划，但大流行迫使我们改变计划。为了支持限制新冠病毒传播的努力，我们于2020年3月中旬改用移动设备工作。许多重大事件要么不能执行，要么被推迟，要么被替代格式取代，虽然我们不得不在很短的时间内改变我们所有活动中的常规程序，但是我们仍取得了令人瞩目的成功。我们现在更清楚地知道，除了熟悉的面对面形式之外，还有数字化的可能性来接触以前的目标群体，尤其是新的目标群体。我们对KAS的核心功能从未受到严重损害感到满意。

（3）放眼全球，实施国际化发展战略。KAS在全球120多个国家部署了100多个办事处和200多个项目，这种全球化的发展路径有力地促进了政策咨询工作的开展。在KAS自己的研讨会上，来自青年联盟（JU）和基民盟的精选直播部分同时被翻译成多达6种语言，由主持人和评论员进行阐释，向国际观众呈现。

（4）开展多样化多层次的交流，做"接地气"的思想库。通过组织不同形式的讨论，加强政策制定者、商界、学术界和社会之间的对话是保证KAS相关工作能更好地服务社会发展的重要原因。在2020年9月10日，"KAS日"活动在其网站、Facebook和YouTube上以直播形式进行，德国总理安格拉·默克尔（Angela Merkel）和欧洲人民党主席唐纳德·图斯克（Donald Tusk）一起讨论了德国统一30年以来的重大事项。在此之前，该基金会在线展示了其工作，并在虚拟的"KAS德国统一工作室"中回答了数字观众的问题。主要部门"分析与咨询"（AuB）已于2020年进行数字化升级，促进了

KAS 研究成果的传播。

（5）领导者的带头作用。康拉德·阿登纳是联邦德国首任总理，他经历了德意志帝国、魏玛共和国、第三帝国和联邦德国四个重大历史时期。在他的领导之下，德国在政治上从一个二战战败国到重新获得主权，进而成为西方世界中的一个平等伙伴；在经济上医治了战争的创伤，并通过实施社会市场经济，创造了德国的"经济奇迹"。作为德国公认最杰出的总理，阿登纳在德国现代史上已深深地打上了自己的印记，其影响至今仍到处可见。KAS 以阿登纳为名，并将其个人的原则作为基金会的指导方针和使命，吸引了一大批阿登纳的追随者。

（蒲佳琪/文）

斯德哥尔摩国际和平研究所

Stockholm International Peace Research Institute

一、智库的形成与发展

斯德哥尔摩国际和平研究所（Stockholm International Peace Research Institute，简称 SIPRI）是一家致力于研究和平与冲突、军备、军备控制和裁军问题的研究机构。

SIPRI 总部位于瑞典首都斯德哥尔摩北部的索尔纳，是一家具有重大国际影响力的研究所，并被称为全球最受尊敬的智囊团之一。SIPRI 旨在研究世界上的不安全因素并对冲突进行预防，从而达到维护世界和平的目的。除此之外，其在全球健康和安全、资源与冲突、女性与和平等方面的也具有巨大的国际影响力。

（一）成立背景

1945 年 7 月 16 日，美国进行了人类历史上首次核试验。苏联和英国也分别于 1949 年 8 月 29 日和 1952 年 10 月 3 日先后进行了核爆炸试验。在 1961 年前后，核武器试验带来的核爆炸微粒（放射性尘埃）沉降进入人们的视野，公众舆论的发酵逐渐转变为政治压力。这也直接导致了《禁止在大气层、外层空间和水下进行核武器试验条约》（Partial Test Ban Treaty，PTBT）[1]的签订，该条约禁止除在地下以外的区域进行核武器试验，其目的在于降低冷战期间的军备竞赛热度，并防止核武器试验造成地球大气中聚集过量的放射性尘埃。1963 年 8 月 5 日，苏联、英国和美国在莫斯科签署该条约，同年 10 月 10 日生效。

---

[1]《禁止在大气层、外层空间和水下进行核武器试验条约》是一个限制核武器试验的国际条约，英文 "Partial Test Ban Treaty"，简称《部分禁止核武器试验条约》（PTBT）。

但是，地下核试验仍在继续，核武器的发展并没有因此停止。1962年3月15日，十八国裁军委员会[1]（1962—1968年）恢复谈判，试图达成全面禁止所有核试验的协议，但未成功。

所有的裁军条约谈判都面临一个关键的问题：如何核查遵守这一条约的情况。许多参与和关心裁军措施的人意识到需要一个可靠的、公正的数据分析机构来推动谈判。在这样的背景下，瑞典作为一个没有核武器的中立国家，其有意愿也有能力对地球运动进行监测，以区分地球自然振动和核爆炸引起的震动，这为SIPRI的问世提供了基本条件。

（二）发展历史

1964年，瑞典前首相塔格·艾兰德尔[2]（Tage Erlander，1901—1985年）为纪念瑞典从1814以来连续享有的150年和平，提议创建该研究所。1966年，由阿尔娃·米尔达[3]（Alva Myrdal）夫人为首的瑞典皇家委员会在其年度报告中正式提议成立SIPRI，其任务是开展"国际和平与安全关系重大的冲突与合作问题的研究，从而加深世人对以和平方式解决国际冲突，并获得稳定和平的先决条件的了解"。1966年7月1日，根据瑞典议会的决定，SIPRI作为一个法律上独立的基金会正式成立。

---

[1] 十八国裁军委员会的由来：1959年，由美国、苏联、法国、英国的外长决定，设立一个讨论和谈判两大军事集团军备问题的"十国裁军委员会"，参加国均为北约和华约的成员国。该决议要求："各国政府尽一切努力使全面彻底的裁军问题取得积极的解决，并表示希望在尽可能短的时间内详细制订导向在有效国际监督下实现全面彻底裁军目标的各项措施。"为此目的，决定在原有的"十国裁军委员会"的基础上，增加不结盟国家代表而成立了"十八国裁军委员会"。该委员会成员国有：巴西、保加利亚、缅甸、加拿大、捷克斯洛伐克、埃塞俄比亚、印度、墨西哥、尼日利亚、瑞典、波兰、意大利、罗马尼亚、苏联、美国、英国、法国、阿拉伯联合共和国。1969年6月以后，为在地理、政治上取得平衡，并使该机构的工作更富有成效，委员会大多数国家在美苏两主席的游说下，同意有限度地增加成员国。于是，1969年7月"十八国裁军委员会"扩大到26个国家，并更名为"裁军委员会会议（Conferenceon Disarmament，简称CD）"。1975年3月又扩大到31国。1978年6月30日，第一届裁军特别联大将该机构改称为裁军谈判委员会，其成员国增至40个。1984年2月起又易名为裁军谈判会议（简称裁谈会）。截至2022年3月，现有成员国65个。

[2] 塔格·埃兰德（Tage Erlander，1901—1985年），瑞典政治家，曾担任瑞典社会民主工人党领导人和瑞典首相。

[3] 阿尔瓦·米达尔（1902—1986年）瑞典女政治家，1902年1月31日生于瑞典乌普萨拉，曾任联合国社会事务部负责人和教科文组织社会科学部主任，1961年在瑞典外交部工作，后当选为议员。1962年至1973年担任参加日内瓦裁军会议的瑞典代表团团长，1970年同丈夫贡纳尔·米达尔一起获联邦德国和平奖，1980年获爱因斯坦和平奖。

（三）研究领域

SIPRI 在过去的几十年间，集中精力进行军备和裁军等领域的研究，具体如技术军备竞赛、武器在世界上的扩散，以及如何通过裁军或军备控制谈判来制止或扭转上述现象，其成果已经成为相关领域研究人员所使用的权威资料来源之一。

（四）机构使命

SIPRI 的使命主要体现在以下 5 个方面：对关于安全、冲突与和平的事件进行研究并开展相应活动；为需求者提供基于数据的分析与建议；促进各方建立对话与协调机制；促进各领域的透明度和建立相应的问责机制；通过对各领域的研究向全球受众提供权威的、准确的信息。

二、智库的组织架构

自 1966 年研究所正式设立以来，为达到精简与高效的目的，不断进行了组织架构改革，当前的情况如下：

（一）领导机构

SIPRI 作为一家独立机构，理事会是其最高的领导机构，负责研究议程、活动、组织与财务管理等重要事项。目前（根据 2022 年 1 月的最新资料），理事会的成员共由 8 人组成，且该理事会成员大都有在政府、联合国、大学或者智库等机构任职的经历，人脉资源丰富，为研究所提供了强大的号召力。表 1 为 SIPRI 理事会成员及其简介。

表 1　SIPRI 理事会成员及其简介

姓　名	职　务
斯范特·洛文 （Stefan Löfven）	自 2022 年 6 月起担任 SIPRI 理事会主席。
让·马里·盖亨诺 （Jean-Marie Guéhenno）	联合国秘书长调节问题高级别咨询委员会成员和危机小组前总裁兼首席执行官
费奥多尔·沃伊托洛夫斯基 （Fyodor Voitorowski）	普里马科夫世界经济和国际关系研究所所长、俄罗斯科学院院长
陈恒哲	新加坡外交部特级大使
拉达·库尔玛 （Radha Kumar）	联合国大会理事会主席

续表

姓 名	职 务
帕特里夏·刘易斯 （Patricia Lewis）	查塔姆研究所国际安全研究主任、曾担任蒙特雷研究所不扩散研究中心副主任兼驻地科学家、联合国裁军研究所所长和核查研究、培训和信息中心主任
杰西卡·塔奇曼·马修斯 （Essica Tuchman Mathews）	1977—1979 年，美国国家安全委员会全球问题办公室主任、1997—2005 年，卡内基国际和平研究所主席、1994—1997 年，美国外交关系委员会华盛顿项目主任和高级研究员。
穆罕默德·伊本·昌巴斯	加纳政治家、律师、外交官和学者。他目前是非洲联盟"平息枪支"问题高级代表。

（二）科研团队

SIPRI 的科研团队包括：项目总监、项目助理、研究主任、高级研究员、研究员、研究员助理。他们来自政治经济制度相异的国家和民族，其政治信念和宗教信仰也不同。他们可能是国际律师，某一领域的专家、政治家或者经济学家。

SIPRI 的研究人员来自不同的地区，代表着不同的学科和文化，但多为客座研究人员，仅就某一具体课题签订短期合同进行研究工作。SIPRI 通常会根据研究项目划分不同的研究小组，每个小组内配有一名负责人。

（三）其他部门

后勤部门包括图书馆、编辑和出版部门、信息技术部门等。

（四）资金来源

SIPRI 的大部分经费来自政府和独立基金会，少数来自私营部门、个人和出版物收入。并且每年会从瑞典政府获得一笔赠款，约占研究所年度预算的 45%，其余资金来自其他国家的外交部门以及一些基金会。目前而言，SIPRI 的任何资金来源都需要在不得影响 SIPRI 的独立性和权威性的前提条件下扩展。在接受资金捐助时，SIPRI 都会召开临时会议讨论是否接受该资金捐助，并会将会议记录报告给理事会和研究人员。以 2020 年资金来源为例，政府部门出资占比达到 67%。值得注意的是，研究所能够获得大笔的个人资金来源，这也证明该研究所的影响力所在。图 1 为 SIPRI 2020 年资金来源占比，表 2 为 SIPRI 2020 年资金来源。

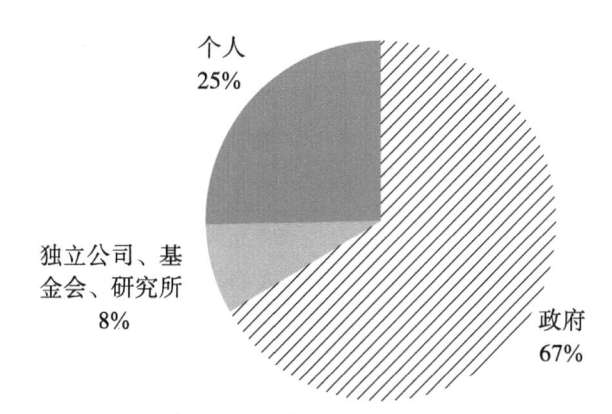

图1 斯德哥尔摩国际和平研究所2020年资金来源（占比）

表2 斯德哥尔摩国际和平研究所资金来源[1]**（2020年）**

组织	货币	数量
联邦国防部、民防和体育部	瑞士法郎	150 000 0
瑞士联邦外交部	欧元	210 006
德国联邦外交部	欧元	565 623
广岛县政府	日元	352 680 0
瑞典外交部	瑞典克朗	31 999 127
芬兰外交部	欧元	28279
日本外务省	美元	7280
挪威外交部	挪威克朗	4390611
荷兰外交部	欧元	127804
瑞典驻马里大使馆	瑞典克朗	183975
美国国务院	美元	73465
弗拉姆斯议会	欧元	427
中华人民共和国大使馆	瑞典克朗	1372222
欧盟	欧元	1757972
法国发展署	欧元	40635
农业咨询欧洲公司	欧元	400
艺术与人文研究理事会	英镑	139453
巴特尔纪念学院部	美元	38775

[1] 表源 https://sipri.org/about/funding-2020。

续表

组织	货币	数量
国防高级研究中心	欧元	134
比安克马基金会	欧元	241
格尔巴管理 AB	瑞典克朗	2400000
信息英国有限公司	英镑	39
对讲会议服务	美元	400
米斯特拉	瑞典克朗	1412526
Refinitiv US LLC	瑞典克朗	10000
联合国环境规划署	美元	50000
维也纳国际问题学院	欧元	200
世界银行	美元	25705
世界粮食计划署	美元	226226
CPDPN 日本国际事务研究所	瑞典克朗	9896
援助研究专家组	瑞典克朗	278503
韩国国防扩散与控制研究所	欧元	37114
瑞典国际事务研究所	瑞典克朗	9250
瑞典研究理事会	瑞典克朗	166000
三石国际	美元	100
美国国际开发署	美元	86339
埃斯格加	瑞典克朗	15000
卡姆马尔克莱吉特	瑞典克朗	28402000
米斯特拉	瑞典克朗	1412526
斯蒂辛·科达德	欧元	93424
斯蒂奇廷·内德	欧元	5992
其他	瑞典克朗	34465

三、智库的主要活动

SIPRI 的研究领域非常广，几乎涵盖所有和平与安全问题，但重点的研究领域热点一直集中在军备和裁军、冲突与和平以及和平与发展这几个方面。研究者们期望通过这些方面的研究，发现导致不安全的因素并尝试去控制它们，让和平走上可持续的道路。为此，SIPRI 专门制定具体的研究主题和研究计划。

世界局势是不断变化的，研究所的项目大部分也是在稳定中发展变化的，使得研究一直延续。一些"过时"的研究项目被归档，集中分类存放，而新的项目有序进行，始终保持及时性和高需求性。

（一）研究内容

SIPRI 着眼于分析不安全的重要症状以及讨论如何控制这些问题，并研究新技术的设计和开发、军火工业中的武器生产、国际武器转让和国家一级的军事开支等问题。此外，SIPRI 还在军备控制和裁军方面开展工作，同时研究如何减少常规武器和所谓的大规模毁灭性武器（包括核武器、化学武器和生物武器）。本着这种精神，SIPRI 监测有关条约执行情况、出口管制和禁运。

1. 传统安全

SIPRI 在军备和裁军工作的一个重要贡献是其数据库。SIPIR 的数据库成立于 1968 年，这些数据可以公开地被收集和自由访问，有助于循证政策和扩大公众知识。SIPRI 每年发布 4 项主要数据，包括世界前 100 强武器生产公司、国际武器转让、各国的军费开支和国家核力量。

SIPRI 在军备与裁军方面主要的研究领域集中在武器与军事开支、化学与生物武器、军民两用和军备贸易管制、新兴的军事和安全技术、欧盟不扩散与裁军联合会以及核裁军、军备控制与防扩散等方面，并通过在相关研究中建立数据库等措施来评估全球安全趋势和相关领域的变动对全球安全的潜在影响。

2. 非传统安全

为了解人类如何走向可持续和平的发展道路，SIPRI 分析经济、社会、政治和环境等因素，研究是什么助长了冲突，以及什么是促进积极变化的因素。

在气候变化和环境方面，研究者们认为气候变化的影响正越来越突出，认为人们需要通过合作与对话来解决此类问题。虽然研究者们为不同的政策组织提供了关于不同的社会、政治和经济进程相互联系和相互作用的见解，并且就冲突敏感的话题提供咨询意见，但目前来看，成果依旧没有达到研究者们的预期。

在粮食对和平与安全的影响方面，冲突和不安全是饥饿和粮食危机的主要驱动因素。饥饿也助长了对土地、牲畜和其他资产的长期不满和争端，从而加剧了冲突。因此在世界追求和平的未来之际，粮食问题依旧对安全有深远的影响。

研究者们认为，在当前国际背景下，全球治理需要国家、非国家行为者等诸多组织之间的合作，通过建立具有包容性的和合法有效的机构，恢复核心的治理机能，以达到共同应对跨境挑战的作用。与此同时，研究者们也认为这一措施与体制的改革还需要很多年才能够实现。

（二）研究地区

SIPRI 主要研究的地区集中在非洲、亚洲、欧洲和中东地区，这些地区被认为是存在着潜在的安全风险，研究者们希望通过此类研究了解这些风险可能导致的后果，并且希望通过建立相应的协调机制去尽量减轻这些后果。

对于亚洲的研究，研究者们认为中国在自身发展的同时为全球治理、经济发展以及安全与稳定等方面带来了一系列独特的挑战与机遇，这些挑战和机遇正在深刻地影响着国际社会。

SIPRI 通过将传统与非传统安全问题结合起来，发布了一系列关于中国与亚洲地区安全的研究，内容主要集中在中国对地区和国际规范的影响、中国的军控与防扩散承诺、中欧在传统与非传统安全领域的合作、中国的军事现代化和不断发展的核威慑态势、中国在网络空间和新兴技术方面的进步和政策、中国与东北亚以及东南亚，南亚和中亚邻国的关系方面。这些研究为中国崛起与亚洲安全问题提供了一个独特的研究视角。

对中东和北非的研究方面，研究者们普遍认为中东与北非地区的政治、社会、经济和环境都是驱动该地区发生冲突的原因，并且研究人员认为为了保证该地区的和平，需要由域外国家采取一定量的干预措施。

（三）研究成果

研究所自 1969 年出版第一本书以来，已经陆续出版了数百本书籍、报告、概况介绍、背景文件和政策简报等出版物，但其主要的研究成果依旧集中在年鉴和数据库方面。

1. 斯德哥尔摩国际和平研究所年鉴

1969 年，SIPRI 首次发布"SIPRI 年鉴"，目的在于"对一个争议作出立足事实和平衡的描述"。自 1986 年以来，牛津大学出版社开始出版 SIPRI 年鉴。随着时间的变革，SIPRI 年鉴的版本的数据集也不断更新。

SIPRI 年鉴将世界军费开支、国际武器转让、武器生产、核力量、武装冲突以及多边和平行动等相关领域的原始数据，与军备控制、和平和国际安全等方面的内容进行收录与整理，为政治家、外交官、记者、学者、学生和大众提供关于军备、裁军和国际安全方面权威的、不受任何干预的信息。以《SIPRI 2020年年鉴》为例，其将世界军费开支、国际武器转让、武器生产、核力量、武装冲突和多边和平行动等领域的原始数据与对军备控制、和平与国际安全重要方面的最先进分析相结合，做出了一系列较为精准的分析。

2.数据库

多年来，随着研究所对世界军费开支、军火贸易和核力量等重要专题的重要数据的不断掌握，SIPRI为此建立4个专有的数据库。且这些数据集已经逐步完善并不断地在更新，提高了关键原材料的准确性。此外，加上SIPRI严格的编辑标准，这种对数据的不断改进使SIPRI年鉴成为一部独特而不可或缺的参考书。

这4个数据库分别为武器转移数据库、多边和平行动数据库、军火工业数据库、军费开支数据库，并且相应的数据库记录了自从1950年以来的所有的常规武器转让资料和世界各地开展的所有多边和平行动（包括联合国和非联合国）的全面、可靠和权威的数据，以及1949年以来世界各国的军费开支数据。数据库的资料会在每年的春季进行更新，并且每个数据库都公开了其数据来源以及研究方法，详细说明了怎么适用、适用范围以及更新的内容时间等信息，为研究者们研究世界军事情况的变化提供了坚定的数据支持。

SIPRI的研究人员为了不断地提高数据库的准确度和相应的匹配机制，不仅对多边行动数据库进行扩大，还对其进行升级。这些数据库的主要资料来源于各"公司"的年度报告以及世界各国的期刊甚至于报纸上的文章，但值得注意的是，军火工业数据库在2002—2008年的100强数据库的存档当中不包括中国公司。2015—2019年度前25名的数据包括中国公司。当前版本包含2015年的数据，涉及俄罗斯公司和中国4家公司[1]的数据。

除了上述四个SIPRI自建的数据库以外，SIPRI还拥有其他的数据资源，

---

[1] 包括的4家公司分别为：中国航空工业集团公司、中国电子科技集团公司、中国兵器工业集团公司（北方工业集团公司）和中国南方工业集团公司（CSGC）。以下中国军火生产集团的数据不可用：中国航天科工集团有限公司（CASIC）、中国航天科技集团有限公司（CASC）、中国核工业集团有限公司（CNNC）和中国船舶工业集团有限公司（CSSC）。

例如 SIPRI 绘制《武器贸易条例》相关合作和援助活动数据库等，以及武器禁运、关于武器出口的国家报告等资源。

四、智库的影响力

智库一定程度上是一个国家软实力和国际话语权的重要标志。随着智库建设在各国经济社会发展和国际事务的处理中发挥越来越重要的作用，其发展程度正在逐渐成为一个国家或地区治理能力的重要体现。一个智库的影响力是多方面的，它可以是专家学者研究相关问题的资料来源，也可以是各领域专家学者运用其智慧和才能，为经济社会等领域的发展提供方案的渠道。

作为一个权威且具有国际影响力的和平研究机构，数十年来，SIPRI 凭借其坚持对全球安全问题的独立性评估而享誉世界，独特的研究领域使它在军控领域的研究影响力遍布全球。根据美国宾夕法利亚大学《全球智库排名2020》，瑞典 SIPRI 在世界顶级智库当中排名第 32，这充分展示出其在世界智库舞台上的影响力和研究水平得到广泛的认可。

（一）广泛的传播能力

1. 研究人员

SIPRI 的主要研究内容为军事、和平与发展以及安全等。此外，智库活动的目的是为来自不同国家和地区的决策者、研究人员、媒体和感兴趣的公众提供可靠的信息、分析和建议。因此，SIPRI 的影响力既存在于国际层面，也存在于国内政府层面上。其次，由于 SIPRI 的理事会成员均有相当丰富的任职履历，具有强大的人脉关系，能够为研究所带来丰富的资源，因此在一定程度上也提高了研究所的影响力。

2. 媒体传播

SIPRI 以多种方式增强其传播能力，不仅在部分知名社交软件上拥有自己的社交账号，其内部专家也接受各国媒体采访。

（1）积极参与社交平台。SIPRI 通过 Facebook、Twitter、YouTube 等社交软件向普通公众传播自己的研究成果，从而扩大其影响力。该方式不仅可以扩大受众范围，还可以吸引更多的研究人员或者专家学者。

（2）积极接受媒体采访。SIPRI 的内部专家接受各国媒体采访的，并就时事热点问题发表自己的认识与看法。

3.研究成果

自 1969 年研究所成立以来，其已出版和发布了超过 300 种书籍，报告、情况说明书、背景资料和政策简介，包括 SIPRI 军备裁军与国际安全年鉴系列、SIPRI 专著系列、SIPRI 研究报告系列、SIPRI 生化战争研究系列等。这些出版物会送往各国政府和联合国代表团，以及许多非官方组织、决策者、专家及相应的新闻机构，并免费赠送给全世界所有国家的图书馆。

4.独特资源

SIPRI 建有自己的数据库、图书馆，具有丰富独有的内部资源。因此，SIPRI 能够较为全面地对态势进行分析和预测，保证了研究所内部的情报能力，从而保持研究项目的敏锐度与前瞻性。

（二）高效的运作模式

研究与分析是 SIPRI 的核心业务。具体包括可能对世界安全局势造成影响的问题的研究和世界武器转让的研究。在整体运作上，SIPRI 与相应的研究人员签订研究的协议，使其自主地对相应问题开展项目研究，但与此同时，SIPRI 会为研究人员提供其所需要的帮助。在研究结束后，SIPRI 会组织专家对该研究项目进行审核，以确保研究成果的高质量与专业性，这通常会花费几个月时间，但确有成效。

另外，SIPRI 会接受一些部门或机构的委托对某些涉及特殊主体的问题进行研究。此外研究所还会对自己认为较为重要的具有较新视野的内容进行研究，但这些研究并不会用直接销售的方式来盈利，而是选择通过订阅等方式获得相应的回报。最后，研究所会对自己的研究成果进行包装，推广与宣传，从而形成完整的产学研链条，并为此建立相应的机制保证自己研究的效率与质量。

（三）中立的立场

SIPRI 与世界多家研究机构和研究人员保持着密切的联系，并同西欧、俄罗斯、中东欧的多家研究机构开展合作研究。

SIPRI 始终秉持中立立场，关注国际热点事务，并通过对热点事件所得出的研究进行媒体化的运营，博得了公众的关注，扩大了自己的影响力。SIPRI 以专题研究项目为工作中心，以搜集客观数据为研究基础，摆脱任何国家和机构的影响，坚持独立的学术观点。以年鉴为例，其充分采取英国"经验主义"式的研究方法，写作语言"平实、冷静"，不加评论，不带感情色彩。在数据和事实的收集方面上，尽量采用研究项目相关国家和地区的公开出版物所提供的资料，加以科学的分析模式和数据统计方法，用大量可靠和有说服力的论据与数字支撑观点。SIPRI 是站在超国家利益的立场上，以维护世界和平、军备控制和裁军为目的的独一无二的研究机构。

（王小虎　万宇迪／文）

马诺哈尔·帕里卡尔国防研究与分析所

Manohar Parrikar Institute for Defence Studies and Analyses

一、智库的形成与发展

国防研究与分析所（Institute for Defence Studies and Analyses，简称 IDSA）是印度官办的战略研究机构，隶属于印度国防部，在印度国内外享有盛名，被称为印度"军方第一战略智库""军方鹰派思想摇篮"等。

在经历了 1962 年中印边境冲突和 1965 年第二次印巴战争后，印度政府认识到了战略与安全研究的必要性，遂于 1965 年 11 月 11 日由国防部提供经费，在新德里成立了 IDSA。该机构的官方定位是一家军方智库，同时也是一个无党派的自治机构。IDSA 的任务是在印度武装部队、国防部和外交部的高级文武官员的支持和参与下，独立自主地就国家安全问题以及国防措施对国家经济、安全和社会生活等领域所产生的影响等进行研究。IDSA 致力于"国防和安全领域的客观分析和政策研究。其使命是通过国防和安全问题领域知识的生产和传播，促进国家和国际安全"。

IDSA 初期与政府关系极为密切，受政府影响较大，对政府依赖程度高，独立自主性不强，其研究成果官方色彩较为浓厚。20 世纪 90 年代以来，IDSA 开启了新的发展阶段，逐渐减少了对政府的依赖，更加自主地从事相关问题与领域的研究，在国家安全、国防政策、社会发展、政治斗争、地缘政治等方面为政府积极建言献策，不仅在专业层面取得了较大进展，也在国际化层面取得了不错的成绩。

2020 年 2 月 18 日，印度联合政府在《印度教徒报》发布声明，正式将"国防研究与分析所"更名为"马诺哈尔·帕里卡尔国防研究与分析所"（Manohar Parrikar Institute for Defence Studies and Analyses，简称 MP-IDSA，下文该机构仍简称 IDSA），以纪念国防部前部长马诺哈尔·帕里卡尔。

二、智库的组织架构

（一）智库的领导机构

IDSA 的最高领导机构和管理机构是执行理事会（Executive Council）。执行理事会下设 3 个委员会：人力资源与学术委员会（Human Resources and Academic Committee），成员委员会（Membership Committee）以及财政与行政委员会（Finance and Administration Committee），其职能范围涵盖研究所工作的各个领域。理事会主席按照惯例由印度现任国防部长担任，现任理事会主席便是印度现任国防部长拉吉纳特·辛格（Raj Nath Singh）。国防秘书（相当于国防部副部长）和外交秘书（相当于外交部副部长）是理事会的既定成员。其他成员多是来自印度各行各业的精英人士，由研究所年度全体会议（Annual General Body meeting）选举产生，任期 2 年。目前执行理事会除主席外共有 12 名成员。

IDSA 的所长（Director General）和副所长（Deputy Director General）亦是执行理事会的既定成员，负责机构日常事务。所长还兼任理事会的秘书长一职。所长之下设所长助理一名，负责住宿、餐饮、绿化等后勤服务。现任所长苏扬·奇诺伊（Sujan R. Chinoy）是一名职业外交官，曾先后任印度驻墨西哥大使，印度驻日本和马绍尔群岛共和国大使等，精通包括英语、中文、法语、德语、日语在内的 10 种语言。现任副所长是巴克希（Bipin Bakshi）少将，拥有信息战博士学位。

（二）智库的科研团队

1. 科研团队的研究人员组成

IDSA 的科研队伍比较精干，除了所长和副所长，还有为数不多的研究员和副研究员。目前该所共有研究人员 70 余人，规模不大但结构合理、素质较高。他们主要是来自军队的研究人员、国防部和外交部借调的公务员以及编制外的文职人员。这些文职人员大多是名校毕业的博士，或是对特定问题具有丰富研究经验的专业人士。此外，研究所还招收一些访问学者和实习生。

2. 科研团队的人员流动

IDSA 研究人员流动性大，研究员一般完成研究项目就会离开研究所，这主要是由官员的进修制（指武装部队和文官部门的人员可以进所短期进修，时间一般是2年）、实习生制度和非政府研究员聘任制造成的。人员的频繁流动主要有以下三方面的优势：一是大大增加了研究所用人的灵活度。该所可以根据项目的需要，招聘相关方面的研究员。项目完成后，研究人员的离开可以为其他研究人员的进入提供机会。二是有利于形成新的观点、思路。新进的研究人员可以带来新的研究思路和观点，而且不容易受之前的研究思维的影响，这样不仅有利于学术创新，还可以很大程度上避免论资排辈的现象，有利于调动研究人员的积极性。三是有利于为社会培养优秀的研究人才。新进的研究人员进入该所工作，可以得到很好的培养，学到许多研究方面的知识。他们离开后，有的回到原来的军政部门，有的进入院校或其他智库，这等于是为其他机构培养了大批优秀人才。当然，人员的频繁流动也有两个明显的弊端：一是不利于研究经验的传承。研究人员离开了，之前积累的研究经验也就带走了，很难传承给新进的研究员。二是所里因招聘工作需要处理大量的琐事，影响研究队伍的工作精力。

3. 科研团队的运转方式

IDSA努力组建以领军人物为核心的"金字塔"型研究团队，将"问题导向型研究"作为主要研究方式，围绕核心科研人员组建项目小组，开展专题性研究。研究所把高级研究人员作为智库的主体。这些高级研究人员均在某一专业领域深耕多年，具有较高造诣，对相关领域的国内外研究进展有清醒的认识和把握，对相关问题的发展趋势有较为准确的预测，并且能够对某一问题进行长期跟踪研究，以便为领导决策或者社会实践提供超前的思路。为了保证研究工作的效率，该智库非常重视高级研究人员与研究助理的合理配置，即围绕某一专业研究课题或者研究领域组成一个专业化研究团队，由1—2位资深专业人士作为团队核心，由数名科研骨干构成团队的支撑力量，并由多位科研助理或者科研辅助人员提供必要的科研或者技术支持。

4. 科研团队的研究中心

IDSA的研究范围比较广，为了研究的需要设立13个专题研究中心和3个跨中心的研究项目，专题研究中心可分为7个地区类研究中心和6个主题类研究中心。地区类研究中心涵盖全球6大洲，可以分为亚洲类和美洲类研究中心。主题类研究中心涉及军事、经济、安全等方面，可以分为军事类和安全类研究中心。各中心和跨中心研究项目简介如下：

亚洲类研究中心。东亚中心现有研究员7人，主要研究东亚各国的内外政策，以及印度与东亚的关系。该中心协调员是潘达博士（Jagnath Panda），负责学术活动和行政事务。南亚中心现有研究员11人，协调员是贝胡里亚博士（Ashok K.Behuria），研究印度周边地区及南亚局势的发展，重点研究巴基斯坦问题。西亚中心有研究员7人，协调员是罗易博士（Meena Singh Roy），目前从事的研究项目有：南亚、西亚的交通与能源合作、阿拉伯世界的政治转型及其对印影响、海湾阿拉伯国家合作委员会、伊朗内外政策、印阿关系、印度伊朗关系等。东南亚和大洋洲中心有研究员2人，协调员是辛格博士（Udai Bhanu Singh），研究东盟十国、东帝汶和大洋洲，侧重研究印度与这些国家的多边和双边关系，助力推动印度的"东向"政策。欧洲与欧亚研究中心有研究员3人，负责人是斯托布丹博士（Phumchok Stobdan），研究范围包括欧洲、俄罗斯和中亚高加索国家等。

美洲类研究中心。北美中心有研究员巴拉钱德拉博士（G. Balachandran）1人，主要研究美国的内外政策和亚洲外交、印美伙伴关系和双边经贸关系。非洲、拉美、加勒比与联合国研究中心有研究员5人，协调员是贝里博士（Ruchita Beri），主要研究非洲地区以及印度洋地区，也关注印度和非洲的双边和多边互动，特别是印度-巴西-南非机制和金砖国家合作机制的互动。

军事类研究中心。军事中心现有研究员10人，重点研究影响印度国家安全和军队能力建设的问题。战略技术中心有研究员4人，主要研究生物与化学武器方面的战略技术、大规模杀伤性武器扩散问题、恐怖主义、对国家安全有潜在影响的战略技术、空间安全与网络安全的发展等。核与军控中心有研究员2人，协调员是纳杨博士（Rajiv Nayan），主要研究涉及全球核裁军、核不扩散、核能、全球核治理、地区核动态、武器贸易条约、化学与生物武器公约等问题。防务经济与工业中心有研究员4人，协调员是柯西什博士（Amit Cowshish），研究防务采购、国防工业、防务和国防预算等，任务是促进印度国防经济领域的研究。

安全类研究中心。国内安全中心现有研究员4人，协调员是达斯博士（Pushpita Das），主要研究印度的国内安全问题，包括东北部和克什米尔的分离主义运动、左翼极端武装、恐怖袭击、渗透活动、非法移民、武器走私和毒品走私等，还关注恐怖主义在全球和印度的发展趋势、印度边境和海岸问题等。非传统安全中心有研究员3人，协调员是达瓦尔博士（Shebonti Ray Dadwal），主要研究能源、水、环境和气候安全，也关注世界贸易、气候变化等问题。

IDSA 还设立了 3 个跨中心的研究项目，分别是"本土历史知识"研究项目、"巴基斯坦"项目与"核历史研究"项目。"本土历史知识"研究项目主要研究《政事论》(*Arthashastra*) 的外交与战略思想，举办的活动有讲座、小型研讨会、全国性会议、国际会议等。"巴基斯坦"项目是在 2009 年设立的，曾举办过多次研讨活动，比如在 2010 年 10 月围绕印巴外长会谈组织的专题研讨会等。"核历史研究"项目是鉴于核问题的严重性而设立的，收集汇编了一些关于核问题的文献。

（三）智库的资金来源与使用

表 1 为 IDSA 资金来源与用途。

表 1　马诺哈尔·帕里卡尔国防研究与分析所资金来源与用途

资金的来源	官方来源	由印度国防部资助，每年约 1.4 亿卢比，约合 1200 万元人民币。
	社会来源	（1）通过向社会出租会议设施获得资金。 （2）通过用户支付一定金额购买相关书籍、期刊获得资金。 （3）通过开放会员制获得资金。该所的会员制是针对从事或对国防和安全感兴趣的印度人开放的，会费根据人员情况每年象征性地收取 300—750 卢比。会员有权使用该所的图书馆，并获得该所的一本期刊，大多可参加研讨会。
资金的使用		（1）向研究所的研究人员、工作人员和其他雇员或前雇员，或者他们的妻子、子女、亲属或受抚养人提供养老金、酬金和慈善援助。 （2）为了保障研究所的雇员和其妻子、子女或其他亲属和受抚养人的利益，组建和缴纳公积金和福利基金。 （3）向研究所的学生提供贷款、奖学金、奖品和金钱援助以帮助他们的学习。 （4）鼓励安全与战略方面的研究。该所为此专门设立"苏布拉马尼亚姆奖"（K.Subrahmanyam Award），奖金是 10 万卢比，奖励为战略与安全作出重大贡献的印度学者。

三、智库的主要活动

（一）学术研究

思想产品的输出是智库的立身之本，没有了思想的智库犹如无源之水，只能走向衰亡。智库研究人员通过学术研究这个基本功，筑牢智库思想建设的篱笆。研究所还尽可能地将思想产品转化为实践成果。具体来说，IDSA 通过学术研究来影响印度政府的内外政策，并使之发挥解读国家政策、启迪民众的作用。

该智库的研究人员都有自己专注的研究领域，并在各自领域内发表学术研究成果。智库紧跟时事政治热点，发表学术研究著作，这对于智库来说是增加自身话语权的一种重要方式。例如，在中印洞朗对峙事件中，印度智库围绕此次事件进行的学术研究工作就明显地影响了政府外交政策的选择。关乎国家利益、民族前途的学术研究是一项长期系统工程，需要智库研究人员长时间的付出、耕耘。只有通过扎实、有效的跟踪调查才能拿出最好的学术研究成果。这样的学术成果的发布，会影响一代乃至几代从事外交事务的人员。IDSA 的现任执行理事会主席即印度国防部长拉杰纳特·辛格就曾编写过多部论述印度对外政策的著作，对印度的外交政策产生了重要影响。

IDSA 为了传播防务与安全知识、增进印度国家和国际安全，十分重视学术出版。主要的出版物有期刊、简报和图书。该所主办的期刊主要有：刊登印度国内与国际安全事务及政策的季刊《战略分析》（*Strategic Analysis*）、月刊《战略摘编》（*Strategic Digest*），关注防务研究的《防务研究》（*Journal of Defence Studies*），主要刊登生化武器内容的《化学与生物武器杂志》（*CBW Magazine*），还有刊登非洲问题、评论和时事分析的《非洲趋势》（*Africa Trends*）等。在每年"亚洲安全会议"后出版的《亚洲战略评论》（*Asian Strategic Review*）。此外，研究所还出版《德里报告》（*Delhi Paper*）和不定期报告。近期出版的著作主要有《中印对决：不再非对称——中国进化的印度观之评价》（*India-China Rivalry: Asymmetric No Longer An Assessment of China's Evolving Perceptions of India*，2021），《量子科技与军事策略》（*Quantum Technologies and Military Strategy*，2021），《印度边境管控的方式：从屏障到桥梁》（*India's Approach to Border Managerment: From Barriers to Bridges*，2021）等。该所编辑的信息简报主要有：关注巴基斯坦局势的《巴基斯坦项目电子周报》（*Pakistan Project: Weekly E-bulletin*），编撰关于巴控克什米尔新闻的《巴控克什米尔新闻摘编》（*PoK News Digest*），关注巴基斯坦战略问题的《巴基斯坦新闻摘编》（*Pakistan News Digest*），主要关注中国、日本和朝鲜半岛的《东亚观察》（*East Asia Monitor*）、内容涉及东南亚 11 国和大洋洲的《东南亚洞见》（*Insight Southeast Asia*）等。

需要特别指出的是，对中国的研究始终是 IDSA 最主要的学术活动之一。

就对华态度而言，智库内部可分为反华派与中间派，近年来反华派逐渐占据了上风，使得研究所的许多学术成果充斥着对中国国情认知层面上的偏见和误解，对中国崛起的过度警惕，对中国处理与周边国家和地区关系的方式的敌视、仇恨甚至是恶意攻击与抹黑。例如，在该所一篇名为"中国的新疆问题"（"China's Xinjiang Problem"）的文章中，作者斯托不丹将2009年广东韶关旭日玩具厂群殴事件上升到民族问题，避免陈述对方涉疆错误观点。另一名研究员贾格纳特·潘达在其文章《北京不断扩大的数字丝绸之路对印度意味着什么？》中指责中国2015年推出的数字丝绸之路是监管工具，认为这将对包括印度在内的新兴经济体产生巨大影响，而且可以赋予中国成为"全球技术霸主"的权力。研究所的现任所长苏扬·奇诺伊的文章《莫迪坚定的对华政策》将中国描述成一个咄咄逼人的形象。他认为近几十年来随着经济的迅猛崛起，中国一直在寻求改变其周边的现状，所以单方面试图在南海重新划定边界。此外，该所有不少研究员认为中国在领土纠纷方面的做法并不是维护国家利益，而是在展示自身实力与"全球野心"，通过强势的手段成功夺走他国领土来逐步"称霸亚洲"。但事实上，中国对于领土有争端地区主张在声明主权属我的前提下，倡导与争议各方搁置争议，维持现状，并实现共同开发。这一政策并未得到这些研究员们的正确解读。他们的观点显然背离事实，恶意曲解，也是需要我们警惕的。

（二）举行会议

召开会议是智库之间、智库与其他精英阶层实现互动与交流，传播扩散自身观点的一种重要形式。随着全球化的发展，国与国之间联系的加强，国与国之间的智库交流开始变得频繁，举办或参加国际会议成为智库之间交流互动的一种较常见的方式。这些会议能够影响智库研究人员的认知，甚至能够间接影响政府外交政策的制定。

IDSA常举办或参加一些具有交流性质的会议，就一些地区热点问题与其他智库交流意见。交流会的成员有退休的外交官员、智库专家、军事官员、克什米尔活动家等。2010年12月14日，IDSA所长纳兰德拉·西苏迪亚（Narendra Sisodia）为首的智库研究人员对中国国际问题研究院进行访问，双方举行了座谈会，并就中印关系、中美关系、美印关系、阿富汗局势等问题进行了交流。这种交流看似简单，却有助于增进双方互信。2016年7月29日，时任中国驻印使馆临的代办刘劲松应邀赴IDSA座谈。座谈会由普拉萨德所长（Jayant Prasad）主持，该所30多位专家学者参加。刘劲松共用了一个多小时的时间集中回答了印方专家有关南海仲裁案的问题，指出所谓的南海仲裁庭与联合国和国际法院没有关系，它既不是什么权威性的国际机构，更不是超越国家主权且有强制性的国际法庭。2021年6月18日，上海国际问题研究院与IDSA联合举办了主题为"中印关系的未来"视频对话会。双方专家分别就中印互信的构建、中印经贸关系、地区安全环境与全球安全架构四大议题交流了各自的观点。在会议交流中，印度和中国学者就一些困扰两国关系发展的边界问题进行互动。中国智库人员认为，持续了一年半的新冠疫情对中印关系产生了消极影响。一方面，印度国内部分人士刻意歪曲，将疫情与政治体制和意识形态挂钩，严重伤害了中国人民的感情；另一方面，新冠疫情阻碍了双方面对面交流，造成了信息的不对称，导致双方产生误解。而关于加勒万河谷冲突，这一方面是因为双方对实控线存在不同的理解，印度不仅未放弃"前进政策"，而且莫迪上台后，加速在边境地区建设基础设施和对华奉行"进攻性防御"政策；另一方面也是因为印度单方面取消了印控克区自治地位，并将中方领土阿克赛钦划入了拉达克联邦属地，严重损害了中国的领土主权与完整。而如何构建中印互信，印度更值得反思。印度智库人员认为当前中印之间存在深度的信任赤字，双方对彼此的信心也几乎消失殆尽。

尽管两国领导人都承诺要继续保持中印关系发展的良好势头，但自2014年以来，两国在边境地区的摩擦与冲突时有发生。虽然印方也认为避免让分歧恶化为对抗对中印关系至关重要，然而从加勒万河谷冲突来看这一原则并未得到保证。要避免分歧恶化为对抗，避免对抗恶化为冲突，需要重建双方的战略互信。双方智库交流，对增进彼此的研究认知具有不可忽视的意义。

（三）人员交流

智库研究人员进入政府和政府官员进入智库是智库与政府之间实现互动的主要方式，这种方式也被称为"旋转门"机制。一方面，智库机构的管理人员和研究人员到政府部门任职或到战略部门担任参事，能够将自己的研究运用到实际的政策制定和执行当中；另一方面，政府部门和职能部门人员在退休后到智库机构中从事具体研究工作，也能够将自己在实际工作中的经验和认知转化为政策研究的具体内容，实现由实践到理论的升华。这样的双向流动机制使人才资源得到了充分利用。印度政府官员在退休后进入智库的人数较多，而从智库进入政府的人少之又少。印度的外交决策机制具有很强的封闭性，政府系统的流动性较弱，不存在美国"一朝天子一朝臣"般频繁的政治轮换现象。因此，国防研究与分析所的"旋转门"具有特殊性，只能单向旋转，而不能实现顺逆的双向旋转。即政府和军界退休人员可以加入到国防研究与分析所的研究和管理中，但没有该研究所人员进入到政界和军界任职的先例。大量官员进入国防研究与分析所虽然增强了该机构政策研究的实用性，但也不利于该机构思想多元化的发展。

四、智库的影响力

（一）影响力表现

国防研究与分析所对印度政府、公众和国际社会的影响不容小觑。从政府层面而言，它是政府外交政策的提出者、建言者和评估者；从公众层面而言，研究所有着引导舆论、启迪民智的作用；从国际层面来讲，研究所积极开展第二轨道外交，有利于增进国家间的战略互信，促进地区的和平与稳定。在美国宾夕法尼亚大学发布的《2020年全球智库报告》中，IDSA位于全球智库综合排名的第42位，在中、印、日、韩智库排名中居第6位，在防卫与国家安全类智库排行榜中居第33位。[1]

1. 政府层面

作为印度外交政策方案的建言者，IDSA很好地弥补了政府决策的不足与短视。例如，在第三次印巴战争期间，研究所的学者们在媒体上发表了近150篇文章，并出现在50多个视听节目中。他们敦促印度政府尝试所有的选择，最终影响了第三次印巴战争的走向。国防研究与分析所还是外交政策实施效果的评估者。这有利于印度政府在制定政策时了解客观情况，实事求是，摆脱主观臆断式的不切实际的想象，使政策本身更具务实性与针对性，从而有益于国家外交政策的不断优化。

2. 公众层面

国防研究与分析所通过出版书籍、召开学术沙龙和研讨会、举办学术会议、在媒体发表文章等方式传达智库的主张，让更多的人了解该智库的观点。同时，智库研究人员会在网络媒体上针对热点问题发表观点、参加新闻评论

---

[1] McGann, James G., *2020 Global Go To Think Tank Index Report*, Philadelphia: University of Pennsylvania Press, 2021, pp.62-138.

类节目、利用自媒体传播自身观点等方式启迪民智，唤醒民意，引导舆论，进行知识的普及教育。参加媒体节目已逐渐成为智库影响舆论，进而影响政府对外决策的重要形式。该智库在一些大事上发声露面，一方面，不仅可以增加广大人民群众的知识积累，获得更多的知情权；另一方面，也可以影响民众的认知，进而形成对政府外交决策的舆论压力。

3.国际层面

IDSA 利用各种形式的国际交流活动积极开展第二轨道外交，促进各国民间的交流与合作。自 1999 年始，IDSA 每年都会举办亚洲安全会议，国防部长每次都会参会。该会成为讨论亚洲安全问题的重要平台。研究所还经常与国际重要机构举行对话。IDSA 与兰德公司（RAND）、中国现代国际关系研究院（CICIR）、英国皇家三军研究所（RUSI）等国际知名智库建立了良好的对话机制。此外，IDSA 还设立访问学者项目，为国外学者来印访学提供诸如住宿、办公场地、信息服务等方面的便利。

（二）成为顶级智库的原因

1.广开渠道纳人才

IDSA 非常注重吸引和培养一流人才队伍。智库人才的选用突破了年龄、学历等诸多限制，以专业研究能力作为第一标准，吸纳了那些博中有专、专博相济的"T 型"人才。IDSA 隶属于军方，其研究人员的主体是军人，来自陆海空三军，包括退役军人和挂职锻炼的现役军人。这些人都是各自部队的"笔杆子"，且拥有一定的军旅经历，是从事军事、安全等问题研究的主力。这些熟悉决策过程的卸任官员到智库从事政策研究，不仅在资料的获取上拥有得天独厚的条件，而且他们了解政治现实，提出的分析思路和解决方案更符合实际。IDSA 还注重人才队伍建设的多样性，逐步建立一支专兼结合、内外互补、结构合理、有特色、高水平、正规化、专业化、职业化的专家队伍。为了避免研究人员在思想上的"近亲繁殖"，IDSA 还从文职研究人员和部委公务员队伍中吸纳人才。此外，研究所还非常善于"借脑"，比如接纳外国访问学者，并为他们提供必要的科研条件等。

2.研究领域有主次

作为军方智库，IDSA 的研究课题和人才配备自然与军方的关注重点密切相关。研究所划分为 11 大研究小组，从"研究问题"的角度看，研究所的核心议题是军事与安全。从研究地域的角度看，南亚和东亚是绝对的重点，而美欧研究则非常薄弱。南亚组有十几名研究人员，就连不丹、马尔代夫等"袖珍国家"也有专人研究。东亚组涵盖中国、日本和朝鲜半岛，中国问题是重中之重，共有8人研究中国问题，其中有3人精通中文。从探讨研究"中国崛起"对亚太地区的政治、经济、安全的影响，以及中国兴起和转型的内在动力，到分析中国崛起带来的机会与挑战，研究所对中国问题的研究不断扩展和深化，涉及中国的政治体制和经济发展、台湾问题、中国军事现代化、中国在亚洲的地位、中美贸易问题、温室气体排放、能源、反恐等方面。与之相对的是，研究美国问题的仅有1人。这种差异在一定程度上反映了印度国家战略的关注点和走向。

3. 多管齐下扩影响

除了给印度国防部提供政策咨询外，IDSA还推出众多公开出版物，其主办的《战略分析》是印度最权威的国际关系类学术期刊。IDSA还注重与媒体打交道，在官方网站上设有"媒体中心"。在IDSA网站注册过的媒体将收到该所的研讨会邀请信。IDSA鼓励专家学者在国际知名媒体和刊物上发表文章、接受采访等，打破智库"养在深闺人未识"的现状，增进国际社会对其立场的了解。IDSA很早就树立了国际传播理念，做到"研究"和"传播"并重。IDSA充分利用新型网络工具，在Facebook、Twitter等社交网站上注册账号，提供学者交流的平台，让外宣媒体更多地翻译和报道智库的研究成果，通过它们向国际社会发出智库的声音。IDSA还经常为军人和政府官员举办培训班，其研究人员也经常应邀为各地部队讲课。此外，IDSA还善于整合推广研究成果，通过整合军队系统内部各类智库研究成果，整合地方智库、民间智库以及半官方、半民间智库涉军研究成果等，发挥叠加效应和乘法效应，产生最大效益。

4. 保持科研独立性

独立性被认为是智库生命力的源泉。虽然大多数的国际智库在其政治立场上是有倾向性的，但就研究工作本身而言，智库并不是某种权力实体的附属物，其研究工作一般保持较高的独立性。同样，如果不能真正独立自由地思考，IDSA就不可能产生真正有价值的思想，也就不可能成为有实际意义的智库。智库的工作必须是独立自主的，研究人员的思想必须是自由的。虽然该智库的资金大部分来自政府，但在管理上实行高度分权和尊重研究人员个人创造力的体制：管理部门只负责组织专题研究，具体的研究活动实行"课题小组负责制"，这就保证了研究活动的独立性。实际上，IDSA在体制上是独立于政府和财团权力控制之外的。这样研究所就尽可能地保证了其研究成果和立场的客观公正性。研究所不再仅仅是政府政策的"解读者",不再会过度迎合外事部门的需要,从而能够充分发挥其应有的、独立的、专业的咨政作用。

(杨新华／文)

以色列国家安全研究所

The Institute for National Security Studies

以色列自 1948 年建国以来，经过 70 余年的发展，克服了频繁战争所带来的不利影响，成功跻身世界发达国家之列。成熟的教育体系为以色列智库建设提供了充足的人才储备，开放的政治体制又为智库提供了很好的发展空间，长年的冲突和战乱则使以色列的政治决策层长期处于一种危机模式，为进行政策分析的智库提供了大显身手的机会。以色列的智库形式各异，规模不一，研究领域也十分多元，涵盖了国家安全、外交政策、能源问题、反恐研究、战略研究、中东问题、社会经济、宗教问题、全球犹太人事务等，呈现出一种既多元又富有活力的态势。

以色列国家安全研究所（The Institute for National Security Studies，简称 INSS）是一家以以色列国家安全和中东事务为主要研究领域的独立学术机构，伴随着以色列从战火中走来，如今已发展成为宾夕法尼亚大学《全球智库报告》中以色列排名最高的智库。以下主要从其形成与发展，组织架构，主要活动和影响力评价等几个方面对 INSS 进行分析。

一、智库的形成与发展

1973 年 10 月，第四次中东战争，又成"赎罪日战争"（Yom Kippur）爆发，由于重大情报失误导致以色列在战争初期很被动。战后人们普遍认为，如果存在一个可以质疑错误情报评估的机构，那么战争可能不会发生。如果有相关机构能在战前对外交、军事政策以及时局变化进行准确的研判与评估，并及时发布风险预警，就会降低情报部门的失误概率，尽可能减少损失。于是，特拉维夫大学决定建立一个国家安全研究中心。

曾担任以色列军事情报局局长并短暂担任以色列议会议员的阿哈龙·亚里夫（Aharon Yariv）少将被任命为研究中心负责人。亚里夫认为，新成立的研究所应该是完全独立的，在此基础上，战略研究中心于1978年初成立。1983年，该中心更名为贾菲战略研究中心，以表彰加州奥兰治县的梅尔文·贾菲（Melvin Jaffee）先生的重要资金支持。

以色列军队和学术界对贾菲战略研究中心最开始并不是很信任。然而，在仅仅几年的时间里，该中心就对涉及以色列国家安全的关键方面进行了开创性和突破性的研究，其中主要涉及阿以冲突、巴勒斯坦问题、美以关系、军备控制和地区安全、恐怖主义和低强度冲突、军民关系和地区军事平衡等，这些研究成果获得了广泛好评。政府对中心参与安全相关审议的抵制行为逐渐减少，中心也渐渐被以色列安全机构视为中立之地。因此，该中心的工作人员能参与更多的活动，如与主要国家的智库进行的"第二轨道会谈"和战略对话。到20世纪90年代末，中心在其文章、书籍和各种会议的基础上，增加了分析和评估论坛。1998年，中心推出了《战略评估》季刊，此后又有其他出版物和研究活动加入。

2006年，该中心成为特拉维夫大学的一个外部机构，并改成现名"国家安全研究所"。有了更大的财政和行政独立性，INSS搬到了新址，迅速崛起，扩大了现有的研究项目，新的研究项目涉及中国、俄罗斯、海湾国家等。此外，INSS扩大了其对"国家安全"的理解，包括该领域的软性方面，如法律战、网络、能源等。INSS开始大量参与社交媒体活动，并通过不同的渠道、平台和论坛与新的受众接触。

同时，INSS的声誉也达到了新的高度。在阿莫斯－亚德林少将（Amons Yadlin）的领导下，INSS在宾夕法尼亚大学每年编制的《世界智库排名》中被认为是以色列和中东地区的领先智库，并在国防和国家安全领域排名世界第12位。INSS与国外领先的机构建立了新的合作关系，并且成为来访以色列的外国政要与外国代表团的固定参访对象。无论在以色列国内还是国外，INSS对时事和地区局势发表的看法几乎成为以色列与国外媒体以及国际战略思想家和决策者的重要参考。

2021年5月，曼努埃尔·特拉伊滕贝格（Manuel Trajtenberg）成为INSS的新负责人。对特拉伊滕贝格教授的任命表明，INSS将更加重视社会经济问题，并将其视作以色列国家安全的核心问题。

二、智库的组织架构

INSS以专业性、思想独立和团队协作为核心理念，致力于通过高质量的创新性研究促进公共话语体系的构建，探索以色列国家安全最紧迫的问题，为以色列国内以及国际犹太社会的决策人、公众精英、社区领袖等提供政策分析和建议。

INSS领导机构为董事会，负责研究所的战略规划和资金筹备。此外，INSS还设有国际董事会和以色列董事会，国际董事会只具有咨询功能，以色列董事会除具有咨询功能，中心的大政方针、年度规划和预算也需要经其批准。INSS的核心团队包括执行主任、研究所、信息中心等，负责机构的日常运转和相关研究。

（一）董事会

弗兰克·洛伊（Sir Frank Lowy），董事会主席，韦斯特菲尔德集团联合创始人和执行主席，洛伊国际政策研究所（澳大利亚）主席。

伊塔马尔·拉比诺维奇（Itamar Rabinovich）教授，董事会副主席。特拉维夫大学前校长，中东历史荣誉教授。前以色列驻美大使，曾在20世纪90年代中期任叙利亚的首席谈判代表。以色列研究所（华盛顿和特拉维夫）名誉会长和参赞，布鲁金学会外交政策计划杰出研究员。

哈尼娜·布兰德斯（Hanina Brandes），董事会成员。以色列律师，创立了以色列最大的律师事务所之一（Naschitz Brandes Amir）。曾任以色列律师协会高科技委员会主席。特拉维夫艺术博物馆理事会和董事会成员，特拉维夫大学理事会成员，以色列国防军信号和电子公司的退休中校。

茨皮·利夫尼（Tzipi Livni），以色列外交部前部长，副总理。曾任司法部长、区域合作部长、移民吸收部长、住房和建设部长以及农业部长。曾任反对党领袖和中间党派领袖。曾在军队中担任军官，在摩萨德服役。

董事会还包括其他6名成员，他们在学术界、外交事务、安全和商业领域有着杰出的成就。

1. 国际董事会

国际董事会成员经特拉维夫大学美国之友协会推荐，由国际上一批在各自领域享有盛誉的杰出人士组成，以色列外交部前部长阿巴·埃班（Abba Eban）曾担任国际董事会的首任主席。"他们支持INSS，作为他们对以色列国家安全承诺的一部分。"董事会成员会被邀请参加INSS的活动，包括内部简报会、电话会议和战略对话。

2. 以色列董事会

2014年9月，INSS成立了以色列董事会，旨在支持和协助研究所促进其主要目标：丰富以色列和国外关于以色列国家安全事项的公开辩论，并在深思熟虑和创新研究的基础上制定政策建议。以色列董事会成员由国际董事会推荐任命，其半数成员来自国际董事会成员，另外半数都是以色列知名人士，他们希望建设一个安全和繁荣的以色列社会，并渴望参与以色列战略议程的讨论。以色列董事会每年召集一次年会。董事会成员可以参加INSS的特别活动、主题论坛和内部讨论，如处理以色列安全问题的圆桌会议。商界人士提供了专业的金融知识和经验，为讨论带来了更多的角度。

以色列董事会的主任是INSS执行主任奥利·哈亚德尼（Orly Hayardeny）。

（二）核心团队

INSS核心团队设主任1人，执行主任若干，负责整个机构的日常运转和研究的推进。研究所主任一职由以色列董事会推荐任命。由与中心工作相关领域的专家组成跨学科的学术顾问委员会协助中心主任确定和实施研究项目，另设编辑委员会监督中心的出版工作。

曼努埃尔·特拉伊滕贝格，主任，哈佛大学博士学位，系研发、专利、创新和经济增长领域的世界领先的专家之一。他是总理办公室国家经济委员会的创始人和第一任主席，高等教育委员会预算编制和规划委员会主席及以色列议会国防预算委员会委员。他曾在国防研发局担任了多年的专家后备人员，在第二次黎巴嫩战争后发起成立国防预算委员会。在拉斐尔公司任铁穹反导弹系统研发顾问。

乌迪·德克尔（Udi Dekel），执行主任。曾任以巴谈判小组负责人，退役准将，在以色列国防军中负责情报、国际军事合作和战略规划。他在以色列国防军的最后一个职务是总参谋部战略规划处处长。在此之前，他曾担任总参谋部对外关系处处长和以色列空军情报局研究处处长。在第二次黎巴嫩战争后担任联合国以色列—黎巴嫩委员会（Israel-UN-Lebanon committee）的负责人，以及与埃及和约旦的军事委员会的负责人。此外，他还领导了一个与美国进行战略合作的工作小组。

研究所每年都设置一些研究课题，聘任专职研究人员从事相关研究，还有大量来自高校与其他社会部门的兼职研究人员参与研究。INSS的研究团队保持在50人左右，分为3个等级：高级研究员、研究员和研究助理。

研究所下设信息中心，负责收集各方面的研究资料、数据库，为研究人员提供服务和支持。研究所的信息中心和图书馆藏有中心建立以来的所有研究成果，按学科分类，有政治学、国际关系、中东研究、军事技术、地理学、法学、政治经济学、安全研究和社会学等。中心藏有20世纪70年代至今的各类报刊资料，并建有数据库。信息中心除为研究中心专家服务外，对所有学生、国内外研究者、以色列国防军官兵和国内外记者均完全开放。

（三）资金来源

INSS是一家非营利性公益公司，研究所的预算主要来自美国犹太社团向特拉维夫大学美国之友协会捐赠的一笔基金每年的利息收入。此外，个人、企业或者社会团体都可直接通过其网站进行捐赠，个人可以成为INSS的受托人，并享受特殊福利。这些来自个人、企业或者社会团体资助也占INSS预算来源的很大一部分。捐助者的馈赠使INSS能够确保其研究的多样性、独立性、无党派性，从而产生出更好的成果。[1]

三、智库的主要活动

INSS的研究重点放在与以色列国家安全相关的领域，对此，INSS发起并参与许多高质量的研究，形成关于以色列国家安全议程问题的公共讨论，并为以色列国内外的决策者、公共领导人提供政策分析和建议。INSS鼓励创新，致力于将新的思维方式与传统研究分析方式结合。INSS研究的实际应用采取"开箱即用"的思维形式，为政府、国防、战略社区和私营部门的决策者设计政策选择。研究由来自政府、军方、外交使团和其他相关领域的学者、战略家和从业者进行。

（一）出版物

INSS在建立初期主要围绕中东地区军事平衡、美国在中东的政策、国际恐怖主义、公众舆论等方面展开研究，取得了一系列关于以色列国家安全的前沿成果，如《约旦河西岸防卫线》关注了以色列安全的领土维度和核政策，《一个巴勒斯坦人的国家：对以色列的影响》分析了巴勒斯坦国的出现对以色列的生存与安全环境的影响。INSS学者近期出版的著作有《"伊斯兰国"是如

---

[1] The Institute for National Security Studies (INSS) is an independent, non-partisan think tank, whose goal is to strengthen Israel's future as a secure, democratic Jewish state. https://www.inss.org.il/donate/.

何维持的》《冲突时代的谈判》《国际人道主义法下的跨国非对称性武装冲突》《第二次黎巴嫩战争：战略评估》等。

这些著作使 INSS 的作用逐渐凸显，受到政客和公众的重视。该研究所每年发表的文章都会引起政府和媒体的密切关注，并被广泛引用，成为评估中东军事力量分配的必读材料。[1]

（二）研究报告

INSS 的成果除了大量的学术专著、期刊论文之外，还会定期发布研究报告、政策备忘录等，供政府和军情部门决策参考。由于研究所与政府及军方的密切联系，这些成果都能顺畅地呈递至决策层。

INSS 的一个拳头产品是其从 1983 年起连续发布的《中东军事平衡》年度报告，2002 年起更名为《中东战略平衡》报告，2009 年起又改名为《以色列战略评估》年度报告。该报告被认为是有关中东地区战略发展和军力变化的最具权威性的和不可替代的指南。报告列举了中东各国军事实力的最新数据并进行了分析，包括国防预算、武器采办、设施维护、军力部署、大规模杀伤性武器清单、国外援助等，每年报告发表时都会引起政府和媒体的密切关注，并被广泛引用，成为评估中东军事力量分配的必读材料。研究所还编辑出版了两本期刊，分别是《战略评估季刊》和一年出版 3 期的《军事与战略事务》，以及 2 份电子出版物，分别是对国别和区域动态及时做出回应的《INSS 洞察》和 1 份双周刊《新媒体下的中东》。

（三）学术交流

INSS 每年都会组织规模不一的研讨会，由于其在以色列学术圈的影响力，除了知名学者，每次都会有政府或军方的高层人士出席，如 2005 年 11 月，INSS 与美国的布鲁金斯学会联合举办"应对 21 世纪的挑战"论坛，时任以色列总统卡察夫和总理沙龙都亲自到会。军事情报部门的负责人更是经常出席研究所的研讨会。

2006 年起，INSS 设立了"策齐克以色列安全研究奖"，每年颁发一次，起初奖金为 1 万美元，奖励关于以色列安全事务的杰出研究成果。

---

[1] 杨阳：《形形色色的"中东智库"》，载《社会观察》2006 年第 8 期。

（四）研究项目

自成立以来，INSS 聚焦当代以色列国家安全局势分析与对策研究。具体内容涉及以色列的周边国家和地区研究，包括伊朗、约旦、埃及、叙利亚等；世界主要大国和团体，如美国、欧盟、俄罗斯、中国等的对以政策；军备控制、网络安全、能源问题、恐怖主义、社会安全等。INSS 开展了多元化的项目研究，近期关注的主要议题有军备控制和区域安全，网络和法律安全，以色列社会与公众舆论，巴以冲突与国土安全和实用谈判中心等。

巴以和平进程是以色列政府决策层最为关注的焦点，自然也是各智库研究的重点。INSS 的不少资深研究人员直接参与过与阿方的谈判，具有丰富的实践经验。该智库与决策层的互动极为频繁，并直接承接了政府的研究课题，如一个研究小组曾承担了巴以最终地位问题的研究项目，分为 7 个专题，就巴勒斯坦难民、犹太定居点和边界、安全保障、耶路撒冷问题等巴以和谈中的关键问题提出对策建议，受到决策层的高度重视。大量的政策研究备忘录也都有很强的针对性，服务于决策层的需求。

早在 21 世纪初，INSS 就开始关注中国问题，聚焦中国参与中东事务给以色列带来的机遇和挑战。近年来，伴随着中国综合国力和国际地位的提升、中东地缘政治环境的巨大变化、美国的"亚太再平衡"战略以及美以关系的"遇冷"等一系列因素的出现，以色列对中国的关注度快速上升。INSS 的"中国项目"致力于推进中东、中国和以色列专家之间的交流，共同为加强相互关系、拓宽合作领域建言献策，旨在向决策者提供与中国相关的政策建议，更好地处理中以关系。该项目主要通过以下三种方式开展研究：一是推进关于中国与中东国家关系以及中以关系的专题研究；二是举办论坛和讨论会，汇集两国专家学者和相关人员交换意见；三是与中国智库开展战略对话。近年来，INSS 发表了数 10 篇关于中国的研究文章，内容涉及中以关系及高层互访，中国的政治和经济政策，中国与伊朗、叙利亚、土耳其等国的关系等。INSS 还分别于 2013 年和 2015 年举办了"中以关系：挑战与机遇"和"中以两国经济合作关系"研讨会，探讨中以关系。

目前的 INSS 研究项目包括：军控与地区安全、网络安全、法律与国家安全、恐怖主义与低烈度冲突、以色列社会与公共舆论、经济与国家安全、技术预测和政策影响、叙利亚局势等。表 1 为 INSS 主要研究项目。

表 1　INSS 主要研究项目

主　题	主要内容
军备控制和区域安全	该项目强调武器控制和国际关系之间的联系，倡议通过区域安全对话和区域合作机制来降低国家掌握大规模杀伤性武器的潜在威胁。研究主题还包括伊朗核危机、重启中东区域安全对话、以色列在军备控制方面的立场、国际军备控制制度的展望和非常规威胁等。
法律和国家安全	该项目的目标是研究各种与国家安全相关的法律议题，包括武装冲突法规、保密措施的实施、海洋法、网络安全和国际层面的地区及和平谈判等。该项目的重点是从法律维度研究分析国家安全政策领域的时事热点。
经济和国家安全	该项目主要研究经济与国家安全问题，包括以色列战略、巴以冲突、阿拉伯邻国和伊斯兰世界、社会和安全等。当前重点关注的领域是以色列国防预算、以色列国防军框架草案、复兴加沙地带经济、以色列阿拉伯人的社会经济地位、以色列邻国的经济、国防经济学领域调查等。
以色列社会和公众舆论	该项目的议题包括国家安全民意测验、以色列国防军与社会部门的关系、2006 年黎巴嫩战争后以色列国防军的公众形象、决策领域中的军民关系、以色列少数民族对国家安全的影响等。
国土安全	该项目旨在研究和预警以色列的战略后方可能遇到的各种威胁，包括大规模战争、恐怖袭击和自然灾害、灾害管理机构组织和运作等，并组织了一系列年度会议，讨论以色列平民面对战争的准备状况。
中国	该项目主要研究中国—中东关系、中国—以色列关系等，为决策者提供政策导向以及评估建议，就中以关系相关问题展开磋商，与中国智库进行战略对话等。

四、智库的影响力

在以色列，智库是指以政策研究为基础、以为政府提供政策咨询和建议为主要目标、在资金和思想上基本独立的、非营利的组织。这一定义，比英美传统智库的定义在范围上更为宽泛、更符合以色列的具体国情。[1] 此外，以色列人拥有批评政府政策的自由，这一政治体制特征使以色列不同于其他中东国家，也为智库开展社会和政治问题的独立政策分析提供了必要的前提条件。在这样的环境下，INSS 得到了快速的发展，产生巨大的影响力，我们有必要分析研究其成为顶级智库的原因，以供我们学习和借鉴。

---

〔1〕 陈广猛：《以色列智库对外交政策的影响》，载《西亚非洲》2016 年第 4 期。

（一）影响力

2021年1月，美国宾夕法尼亚大学发布《全球智库报告2020》，INSS继续成为中东和北非地区领先的智囊团。

在中东地区，INSS排名第4位，是以色列排名最高的智库；在国防和国家安全领域，INSS排名世界第12位。

INSS保持着高度的国际化。INSS积极参与重大国际事务和全球化问题的研究，不仅与欧美国家的犹太智库长期保持密切合作，还非常重视与非犹太智库及研究机构的交流与对话。INSS注重与媒体的合作，经常接受国内外媒体专访，分析时事热点、推介政策建议。此外，INSS还积极开展同全球尤其是中东邻国的双轨外交，不断深化退休官员、学者、民间科研机构之间的互相研讨与交流，在提供社会服务、倡导政策改革、推动社区变革、监管政府职能等方面发挥着越来越重要的作用。

根据以色列议会颁布的法律、法规，包括一系列的"基本法"规定，国家统治机关为议会、政府（内阁）和司法机构。具体到外交权力上，以色列议会和以总理为首的内阁是这一权力的最核心圈，非官方机构或组织包括新闻媒体、智库、利益集团、跨国公司等是这个决策圈的外围，决策圈的内层和外层结合在一起，共同构成了颇具特色的以色列外交决策体制。智库是其中的一个重要组成部分。

一般说来，智库赖以生存和发展的动力是其研究成果能够被政策的制定者所采纳，成为实实在在的政府政策。具体到外交政策方面，决策者能否采纳智库的研究成果，一方面取决于研究成果是否符合国家利益；另一方面，智库影响外交政策的方式也起着相当大的作用。

作为一个人口仅800万左右的国家，以色列拥有数量众多的智库，这构成了以色列智库影响力的基础。但是，智库对以色列外交政策的影响具有"选择性"，即并非在所有问题上都具有影响力。一般来说，在长期的、战略性的问题上，智库更容易发挥影响力，而在短期的、战术性问题上，智库发挥影响力的机会要小得多。从影响的方式来看，在大多情况下，以色列智库发挥影响是以一种间接的方式、通过公共舆论来发挥作用，而不是直接施加影响。这种影响的过程虽然看起来较为缓慢，但我们不能因此否定它的重要性。

（二）成为顶级智库的原因

（1）独立性强。从资金上来说，INSS 很少依靠政府拨款来运作，这将有助于维持其独立性。由于犹太人素有慈善传统，乐于捐赠成立基金会，而这些基金会往往成为智库获得资金的重要来源。值得注意的是，大多数以色列智库的资金实际并非来源于国内，更多的是来自海外犹太人团体和基金会，其中尤以实力强大的美国犹太人社团与基金会为最。从思想的独立性来说，由于以色列相对完善的民主制度，作为决策机制外围重要力量的以色列智库经常对政府政策提出批评，在研究过程中体现了一定的客观性。

（2）与军方和情报系统联系密切。INSS 从一开始就与以政府及军事情报部门有着千丝万缕的联系。退休陆军少将阿哈龙·亚里夫从 1977 年至 1994 年去世，担任了 17 年的中心主任。他曾担任政府部长、议会议员和军事情报部门的负责人。2005—2008 年担任中心主任的茨维·施陶布（Zvi Shtauber），在以国防军服役 25 年，退役时为陆军准将，曾任国防军战略规划部主任，退役后任本-古里安大学（Ren-Gurion University of the Negev）副校长和前总理巴拉克的外交政策顾问，2001—2004 年任驻英国大使，并曾作为以色列代表团的成员参与了以叙谢泼兹顿会谈和以巴戴维营和谈。2011 年起担任中心主任的阿莫斯·亚德林（Amos Yadlin）也是一位退役将军，曾担任以色列军事情报部门的负责人。INSS 的 50 余位研究人员中，不少都具有军方和政府背景。

（杜鹏宇 / 文）

韩国开发研究院

Korea Development Institute

一、智库的形成与发展

（一）简介

韩国开发研究院（韩文：한국개발연구원；英文：Korea Development Institute，简称 KDI），成立于 1971 年 3 月 11 日，是韩国政府建立的以研究宏观经济政策为主的智库，类似于中国国务院发展研究中心和日本国际问题研究所。

KDI 直属于大韩民国总理办公室，坐落于韩国世宗特别自治市，由 12 名经济学家依靠美国援助资金发起，旨在以"走向繁荣的经济设计"的理念指导下提出逻辑可行的政策对策，对韩国经济社会发展起到了促进作用。

在过去的 50 年间，KDI 通过对宏观经济、金融、财政、社保、劳动、产业、贸易、竞争政策、朝鲜经济等经济社会领域的深入研究，为韩国政策的制定和制度改革作出了贡献。

（二）成立背景

在 20 世纪 60 年代初，韩国经济发展水平滞后。1960 年人均 GDP 仅 79 美元，经济增长率仅为 1.1%。在这样的环境下，韩国政府意识到必须设计一个国家开发战略，"不均衡生长模型"应运而生。基于国家发展客观需求，韩国政府最早从科学技术领域开始创建政府智库，先后设立了科学技术信息研究院（1962 年）和科学技术研究院（1966 年），其宗旨和出发点是为国家相关政策提出应对方案。1971 年，韩国施行第五个五年经济发展计划，其国务总理认为，应针对国内外经济发展建设一个专属研究机构，来帮助政府制定经济和社会发展政策，在此背景下，韩国颁布 5527 号令，成立第一个社会科学领域的智库即 KDI，旨在通过分析国家经济发展和各领域的相关关系开展经济社会现象综合研究，既促进公众对经济的了解，支持国家经济政策的制定，又促进公众对国内外经济了解，培养专业人才。

（三）历史发展阶段

1. 1970—1979年：为繁荣经济而设计

KDI成立于1971年，韩国认识到有必要建立一个智库，以系统和适用的方式研究与韩国有关的经济政策问题，并协助政府制订"五年经济发展计划"和相关政策。KDI的研究员不仅参与了五年计划的制订和支持工作，还参与了三年滚动计划和年度经济管理计划的制订和支持工作。他们开展了短期研究项目以评估当前的经济政策问题，并经常举行政策讨论和会议。KDl也对韩国的长期经济前景进行了分析，并在1977—1991年间发表了韩国社会经济长期发展的研究成果。除了对制定经济政策作出贡献，KDI也为韩国的经济研究奠定了基础。通过与哈佛国际发展研究所（Harvard Institute for Internation Development，HIID）合作，KDI研究了韩国从1946年到1970年代中期的30年社会经济发展，并以韩文和英文出版了《大韩民国的经济和社会现代化》（10卷）系列成果。这一综合性研究为经济学家、决策者以及国内外经济相关组织提供了有价值的参考。KDI在宏观经济学、公共财政、货币金融经济学、产业组织和国际贸易等领域不断开展广泛的政策导向研究，这些研究都直接关系经济的发展。此外，KDI还对在韩国引起相当关注的社会福利问题进行了分析，从发达经济体的经验中吸取了宝贵的政策教训。对健康保险、工业事故保险、养恤金和退休基金、失业保险等社会福利制度进行了基础研究，并就包括赤贫在内的收入分配专题进行了研究和实验研究。KDI还对发达国家使用的社会指标进行了修改，以确保其在韩国的适用性，确定了适当的定义和衡量方法。这有助于经济规划委员会调查和统计部门发布韩国社会指数。

2. 1980—1989年：应对变化的浪潮

20世纪80年代，随着韩国社会和经济领域的变化，KDI的研究方向发生了变化。韩国因经济实力集中于大企业集团，其相关经济问题扩展为社会政治问题。这促使KDI的研究人员查明现有的经济结构问题，并采取适当的政策措施。这些努力构成了1986年修订"公平贸易法"的基础，该法旨在建立适当的法律制度，以减少和阻止经济集中。鉴于人们对社会问题和相关政策的兴趣日益增加，KDI审查和研究了如何更新人口、就业、文化、性别问题和环境等广泛领域的基本统计数据，从而促进了社会指数体系的大幅度扩展和改进。关于国家养恤金制度，KDI通过提供适当的运作计划、相关的行政结构和分析其社会经济影响，为其实施提供了基础。在国际贸易政策方面，KDI指出，通过关税和非关税壁垒的国内保护措施阻碍了国内产业的国际竞争力，并提出以统一税率和进口自由化为核心的关税结构改革。在农业部门，KDI通过在农村地区组建工业园区，提出了非农增收计划，为"农渔户发展促进法"的立法和全国农村工业园区的形成奠定了基础。至于公营公司，KDI研究了与提高其效率和私有化有关的问题，这些问题在其管理问责制的发展和立法中发挥了重要作用。韩国的长期经济发展一直是KDI关注的主要问题。1985年，KDI与其他11个公共研究机构实施了一个题为"2000年韩国经济前景"的合作研究项目。1988年，KDI担任经济结构调整协商委员会的指导研究所。

3. 1990—1999年：应对经济全球化与克服经济危机

在新当选政府的领导下，韩国民主党于1992年实施了第七个五年计划，并于1993年开始制订新经济五年计划。然而，由于该计划仍然是一份没有后续实施框架的暂定文件计划，过去几十年的一系列五年计划已经结束。在与哈佛国际发展研究所的第二次合作研究中，KDI从20世纪70年代中期开始对韩国的经济增长经验进行了另一项研究，并出版了关于韩国社会经济发展过程的三卷报告系列。为了纪念大韩民国成立50周年，韩国发展研究所以韩语和英语发表了一份研究报告，涵盖了韩国在过去50年中的所有重大经济问题。在全球化进程中，国内金融部门正在处理诸如自由化和金融市场发展等改革措施。KDI继续研究这些专题，并在1997年1月成立的金融改革委员会的活动中发挥了重要作用，作为一项产出，委员会于1997年12月发表了关于全面金融改革的报告。根据对这些经济问题的研究和长期经济发展计划的经验，KDI于1998年4月发表了克服经济危机和结构改革的综合措施，从而为克服经济危机提供了各种政策手段。在这项研究中，提出了结构改革的关键问题和适当的行动计划。总的来说，在金融危机之后，KDI的研究主题已经扩大，开始解决国家经济体系中更广泛的问题。

4. 2000—2009年：迈向发达经济体

KDI努力推动政府引进全面的中长期政策措施，以促进可持续增长，同时加强微观经济研究、创新和改善市场结构的能力。同时，为了从经济角度处理教育和住房等社会经济问题，KDI不仅大力支持与韩国其他研究机构的合作研究，而且支持与世界银行和经合组织等国际组织的合作研究，从而使其研究工作国际化。2001年，KDI与其他16个研究机构、学术单位和民间团体开展了一项名为"2011年远景"的合作研究，分析韩国经济的未来挑战。其结果是出版了《2011年远景：开放社会，灵活经济》。2004年，KDI根据东北亚新愿景和新战略国际会议出版了《充满活力的韩国：一个正在行动的国家》，认为平衡增长和分配、社会凝聚力和自愿参与等目标是新的参与型政府的根本基础。该出版物指出了新的政策方向，使韩国走上建立国际化先进经济体系和成为东北亚经济中心的正确轨道。KDI还主张消除金融市场之间的差距，将其研究能力集中在公共支出管理系统的生产力和具有竞争力的金融服务业等项目上。

5. 2010—2019年：在后危机时代引领韩国经济

随着全球经济变得更加一体化和相互依赖，一个国家的经济风险往往以前所未有的速度迅速广泛蔓延。网络变得更加紧密，需要一种新的经济发展模式，以求共存和共同繁荣，而不是个人主义的生存。来自美国和南欧的两轮全球经济危机增加了韩国国内和国外经济的不确定性，为此KDI做出了巨大努力，寻求一条新的经济增长道路，并提出政策选择，在后危机时期的韩国经济发展进程中发挥主导作用。此外，在加强应对宏观经济危机的能力的同时，KDI还努力制定一项未来战略，以实现福利社会、均衡增长和经济民主的目标，从而建立一个强有力的经济结构。该研究所在深入分析韩国经济、政治、社会和未来状况的基础上，进行了全面的研究，以找到其新的增长引擎，并解决悬而未决的问题，如家庭债务增加、低收入阶层收入不稳定情况加剧以及人口老龄化导致的潜在风险增长放缓。

二、智库的组织架构

（一）领导机构

KDI内设立"研究咨询委员会"与院长（1人）构成机构决策层，负责确定机构研究方向及任务，研究咨询委员会由学术专家及国家相关经济部门首长组成，规模在20人左右。副院长（1人）成立"副院长室"（10人）负责"经济信息中心""公共投资管理中心""国际开发合作中心""知识合作运营团"，形成信息情报搜集体系构成机构运行中枢。KDI还设立研究部，包括部长1人，研究员及行政人员53人。这些人员形成基础科研管理层，负责"经济政策和战略部"（特别成立"朝鲜经济研究室"）、"知识经济部"、"市场和机构部"、"公共财政和社会政策部"、"宏观经济分析和预测办公室"、"朝鲜经济研究办公室"和"全球经济办公室"7个科室的工作运行。为保证KDI科研部门保密性、高效性,KDI在基础科研管理层设立"研究监管中心"对基础科研部门业务实施督促职能。[1]

(二)科研成果

KDI目前主要在7种期刊发表文章,即《经济展望》《每月经济趋势》《韩国经济展望》《韩国经济》《经济公报》《KDI经济政策杂志》等。

(三)资金来源

KDI成立的资金来源为美国援助。智库项目研究计划及预算资金则由韩国财政部管理,各智库运营经费以项目预算形式下拨,研究成果需要按照韩国智库规章进行严格评估及信息公开。

三、智库的主要活动

(一)核心活动

作为韩国第一个社会科学领域智库,KDI通过全面研究,提出切实可行的政策选择,以促进韩国经济新范式改革为宗旨。KDI一方面加强对发展中国家贸易、技术、资本合作和企业进步等基础信息情报搜集监测,来加深本国对世界竞争力强的国家的认识和了解,另一方面又调查本国国家经济发展及社会发展相关事项,研究国民经济发展,为韩国经济计划、国家经济及社会发展的政策规划制定提供方案及建议为核心活动。

(二)七大专题活动

KDI对其研究内容进行了七个专题的分类:经济政策与战略、知识经济、市场和机构、公共财政和社会政策、宏观经济分析与预测、朝鲜经济研究和全球经济。以下按照不同部门机构对其活动进行阐述。

(1)经济政策和战略部(分析经济变化与创新政策理念):该部门在深入研究韩国经济结构和管理的基础上,提供宏观经济政策指导,还通过分析国际贸易和金融领域的问题提出政策建议。

研究和活动范围:国家层面的前瞻性政策构想;宏观经济管理和实践;

---

[1]《韩国开发研究院智库建设探究》,载《北京科学技术情报学会学术年会——"科技情报创新缔造发展新动能"论坛论文集》。

宏观经济政策基础结构；就业与收入分配对实体经济的影响；货币和信贷管制政策；国际贸易和经济环境；国际金融；房地产市场分析与房地产政策效应研究。

（2）知识经济部（研究支持21世纪韩国经济转型的相关问题）：该部门主要重新思考和确定在工业、劳动力和金融领域的新政策和新方法，以有助于韩国经济在21世纪取得成功。

研究和活动范围：知识经济中的发展动力；长期经济展望；经济和工业竞争力；结构变化和生产力；国家创新系统包括研究和开发；人力资源开发；中小企业发展；金融业；创造就业战略；服务业；环境与能源。

（3）市场和机构部（致力于促进企业、金融和劳动力市场资源的公平有效分配）：该部门分析政策对各种市场和机构的经济影响，以促进更大的公平和效率，以及形成一个动态的经济。

研究和活动范围：市场结构和业绩、公司战略；公司部门的规章和政策；大公司政策；市场规则与竞争力；消费者保护；财务指引及监管；劳动力市场与劳动管理关系。

（4）公共财政和社会政策部（制定促进财政稳健和经济安全的公共政策）：该部门采取全面的方法研究市民的经济及社会需要，并就财政影响及公众福利提出政策建议。

研究和活动范围：税收和财政政策；社会保障和福利；卫生保健政策；收入分配政策；土地利用规划；区域和地方经济。

（5）宏观经济分析和预测办公室（研究如何适应变化，促进韩国宏观经济稳定）：该办公室提供及时分析经济状况和提出长期宏观经济政策建议。

研究和活动范围：经济趋势和预测；宏观经济模型的发展与应用；全面研究促进宏观经济稳定的政策；计量经济模型对政策的影响；金融和房地产市场趋势；短期风险和对策。

（6）朝鲜经济研究办公室（对朝鲜经济进行分析及政策启示）：该办公室监测朝鲜经济的趋势和状况，并就促进朝韩合作和为经济统一奠定基础的政策提出建议。

研究和活动范围：朝鲜经济现状；韩朝交流与经济合作；政治转型与经济统一；朝鲜半岛经济安全与风险因素；扩大研究朝鲜经济的全球网络。

（7）全球经济办公室（推进全球经济议程和国际合作）：该办公室追求通过解决全球治理、国际经济和结构改革等G20关键问题来推进国际关系。

研究和活动范围：G20会议的主要议程；全球治理和框架协定；关键的全球经济问题和政策议程；国内外结构变迁案例研究；与国际组织和全球研究机构的联合项目。

（三）涉外活动

从主要活动和机构设置看，KDI具有多项涉外活动并设立了多个涉外机构，这些涉外业务实质上包含着对外传播和宣传的内容，其涉外机构则将业务内容进行细化落实。KDI研究的主要活动包括：（1）对国民经济发展进行调查研究；（2）开展与中长期经济预测和规划相关的基础研究并作出政策提案；（3）同国内外研究机构开展共同研究；（4）委托国内外研究机构开展研究，接受政府的研究委托；（5）研究成果的出版和发表；（6）接受国内外相关机构公务员和其他团体职员的训练委托。其中，（3）（4）（5）（6）项活动均涉及研究及其成果出版与人员的对外交流，而这种交流的过程即是韩国政策、观念的输出过程。为开展涉外活动，KDI成立了多个专门性国际业务机构，这些机构在智库对外交流和传播中承担了主体作用，包括公共政策与管理学院、全球经济办公室、对外合作办公室和国际开发合作中心等。其中公共政策与管理学院是韩国为培养开发公共政策领域国际专业人才、系统研究经济发展过程并开展教学而成立的唯一一所研究生院大学，它致力于将来自各国的学习者培养成具备高水平应对能力的全球高端人才，并以此提高韩国的国际地位、促进世界经济均衡发展。"国际开发合作中心"旨在通过对外共享经济发展经验，为国际社会的共同繁荣和均衡发展做出贡献。其业务重点是策划并执行知识共享项目（Knowledge Sharing Program），并通过加强与合作国政府、国际组织、民间部门的伙伴关系，构建有效的开发合作体系。"对外合作办公室"的业务重点包括三个方面：一是研究成果的对外扩散，二是内外交流合作及沟通，三是提升机构形象，使其对外传播的业务指向更为明显。"全球经济办公室"则致力于通过政策研究和国际项目，为全球经济合作议题的设定和规范的确立做出贡献，而议题设定和规范确立的过程即韩国文化价值观得以对外传播并发挥影响力的过程。

四、智库的影响力

（一）政府方面

KDI主要承接国家经济领域研究任务，与总统办公室直接对接，直接向韩国总统呈递政策建议。KDI成立之后协助政府制定了一系列"五年经济发展计划"和相关政策，极大地完善了韩国经济发展政策。在经济全球化的进程中，KDI对韩国国内金融部门的改革发展进行了深入的研究，为韩国克服经济危机提供了各种政策手段。KDI迄今一直致力于解决韩国经济问题，根据时代发展，不断提出逻辑清楚、有效可行的政策建议，配合政府一起对韩国经济社会发展起到了指导的作用。另外，在经济教育，培养新一代全球领导人方面，KDI也扮演着一个重要的角色。这让KDI获得了韩国政府的普遍认可。

（二）公众方面

KDI对于市民的经济和社会需要都会采取全面的方法进行研究分析，并且会考虑公众福利来提出政策建议。此外，KDI还建设了网络论坛来开展国民经济宣传，民众可在其官网学习与提问，参与国家经济问题的讨论，为政府与学者、民众等不同群体建立沟通的桥梁和纽带。KDI还会收集和分析与经济有关的数据和信息。出版各种期刊，评估韩国经济和经济政策的影响。KDI对政策的效果进行公众调查，并制定相应的经济教育课程和方案。因此，在公众方面，KDI的影响力极大，为公众带来了福利，也对韩国国民经济发展起到了推进作用。

（三）国际方面

KDI作为韩国乃至全球经济研究领域首屈一指的智库，其研究成果不仅受到韩国政府的重视，也在国际经济研究领域占据重要地位。KDI接受诸多来自政府的研究委托，其研究成果对于韩国经济战略和政策的制定产生重要影响，而随着经济全球化的不断深入，这些经济战略和政策的关注点不可避免地指向国际经济合作。因此对外传递韩国的经济政策信息，宣传其经济合作构想并吸引相关国家的关注、盘活韩国经济整体也就成为KDI研究的题中应有之义。KDI在国际经济研究领域中的突出地位也使其所讨论的议题和观点具备引领风向的能力。正因如此，KDI的研究成果受到国外政府、媒体和经济研究者的重点关注，其成果、观点也被诸多外媒所引用。例如，KDI在其2019年4月份发布的经济动向报告中表示，韩国国内同内需相关的各项指标低迷，韩国经济正持续下滑，随后这一观点对多家国外机构产生了影响。国际信用评级机构纷纷下调2019年韩国经济增长预期，标准普尔（S&P）和野村将预测值从2.5%下调至2.4%。又如，1990年，KDI设立朝鲜经济研究中心，专注于研究朝鲜经济状况、朝韩经济合作等问题，此后该中心在朝鲜经济研究领域持续深耕，如今已发展为国内外公认的权威研究机构。在朝鲜经济领域外宣传相对薄弱的背景下，该机构一度引领外界对于朝鲜经济状况的认知。如今 KDI 更是通过主动构筑国内外朝鲜经济研究机构网络，进一步增强了自身关于朝鲜经济研究议题的设置能力。

KDI 在国际上获得许多知名学者认可。小罗伯特·E. 卢卡斯（Robert E. Lucas, Jr.，芝加哥大学教授，1995 年获瑞典央行纪念阿尔弗雷德·诺贝尔经济学奖）说："如果你想知道韩国经济发生了什么，KDI 就是你要去的地方。"约瑟夫·E. 斯蒂格利茨（Joseph E. Stiglitz，哥伦比亚大学教授，2001 年获瑞典央行纪念阿尔弗雷德·诺贝尔经济学奖）也说过："KDI 在带领韩国迈入新阶段中扮演着一个十分重要的角色。"德怀特·H. 珀金斯（Dwight H. Perkin，哈佛肯尼迪学院教授）说："KDI 不仅仅是开发，它是一个项目更广泛的公司。"安妮·O. 克鲁格（Anne O. Krueger，约翰霍普金斯大学高级国际研究学院教授）认为："KDI 在很长一段时间内一直坚持自己的优秀研究。"金正勇（Jim Yong Kim，世界银行前行长）评价说："KDI 和世界银行有 20 多个合作项目，KDI 是我们最重要的合作伙伴之一。"达龙·阿西莫格鲁（Daron Acemoglu，麻省理工学院教授）则认为："韩国的开发经验是全世界都可以学习的东西，KDI 在帮助和传播这一过程中发挥着关键作用。"

KDI 在全球与许多国际组织合作，并且都取得了不错的效果。其主要合作的组织有经合组织、世界银行集团、亚洲开发银行、布鲁斯金学会、欧洲中央银行、世界经济论坛、康纳德－阿登纳基金会和东西方中心等。

KSP 知识共享计划：该计划于 2004 年在经济财政部的支持下启动，知识共享计划与世界各国合作，通过政策协商和能力建设项目，促进可持续发展，并加强与韩国的合作。66 个国家一起完成了 1074 个项目。

非洲经济发展和规划研究所国际发展交流项目：该项目成立于 1982 年，是韩国第一个促进国际发展合作的正式项目。通过国际发展规划，KDI 与发展中国家的从业者和决策者分享韩国的发展信息和经验。来自 166 个国家的 31174 名参与者完成了 824 个项目。

（四）成为顶级智库的原因

1. 与政府的关系：一对一服务

韩国国家智库体系实行总统管理制，服务于不同领域的智库直接对接总理办公室，形成较为清晰一对一智囊服务体系，专业性、专属性极强。KDI主要承接国家经济领域研究任务，可直接向韩国总理呈递政策建议。

根据韩国《关于政府投资研究机构的建立、运营与培养的法案》，韩国官方智库在项目管理方面采取"双轨制"模式。由经济人文社会研究会（NRCS）负责官方智库项目研究计划及预算，资金支持则由财政部管理，各智库运营经费以项目预算形式下拨，研究成果需要按照韩国智库规章进行严格评估及信息公开，政府官员不能直接参与NRCS考核。但是KDI这样由NRCS负责同时又兼具国家领导人的"智囊团"角色，在接受非NRCS批准的研究计划过程中，既不需要向NRCS申请，也不接受NRCS评估，且严格遵守保密条例无须公开。

2. 与社会的关系：政府与社会的纽带

智库作为专业领域的智力型、指导型的高层次服务承载与集合机构，在服务政府的同时对社会亦负有一定职责，这一点在KDI核心主旨"促进民众对国民经济了解"中就有很好的体现，虽然这一属性与学术性学会有一定重合，但并不影响智库的社会化服务职能发挥。KDI建设网络论坛等展开国民经济宣传，民众可在其官网学习、提问，参与国家经济讨论，为政府与学者、民众等不同群体建立沟通的桥梁和纽带。

随着市场资源配置体系确立，政府与智库职能边界逐步清晰。智库社会服务体系作用在政府职能转移和市场配置资源转变中逐渐凸显。KDI在服务政府同时面向社会，不仅承接政府公务员学习培训，同时针对企业员工展开专业领域知识培养。智库依托其高层次人才的聚集效应申请研究生学院，参与国家人才教育。

KDI员工达670人左右，90%为科研人员，涵盖政府职员、学者、研究生，保证了智库的专业性、可操作性、科学性，充分体现人才集聚效应。针对人才确立"研究环境创新"战略：构建专业人员管理系统，确保优秀科研员获得发展；建立高能组织体系，最大限度地提高研究产出。

3. 科研战略方面

KDI的科研战略秉持着严谨的研究态度，以需求为导向。其承接多来自NRCS及总理办公室，其经费支持虽然由财政部下拨，但要求政府官员不能直接参与，从而给予KDI研究较大独立性，而其主要研究面向针对韩国经济情况。

4.成果传播方面

KDI重视成果传播。针对如何实现成果传播这一领域制定"高度化成果传播"战略。确立了通过多样化的沟通渠道，就政策研究达成共识；建立战略公关系统两大机制。在KDI建立早期，因为官方智库角色使其在影响力传播方面受限于"类官僚制"，因而其影响力主要针对国内政府，缺乏自主性；但随着世界智库发展，KDI通过整合国内智库资源后，积极开拓海外研究分支，与不同区域智库构建合作体系，形成庞大的跨区域研究网络。

（李正／文）

法国国际关系研究所

Institut français des relations internationales

法国国际关系研究所（英文：French Institute of International Relations；法语：Institut français des relations internationales，简称 IFRI）被誉为法国第一智库，世界顶级智库。以下将从形成与发展、组织架构、主要活动和影响力四个方面对 IFRI 进行简要的介绍。

一、智库的形成与发展

IFRI 在 1935 年 2 月 22 日诞生，其前身是外交政策研究中心（Center for Analysis and Planning, CAP）。该中心是在包括巴黎大学（université de Paris）和洛克菲勒基金会（Rockefeller Foundation）在内的多个机构的支持下发展起来的，以查塔姆研究所为蓝本，致力于国际关系研究，并在 20 世纪 30 年代到 60 年代快速发展，广泛地向大学、政党、工会、部级办公室、俱乐部、游说团体、商业企业等提供服务。尽管自 20 世纪 60 年代以来，政府决策变得越来越专业，但在国际专门知识方面仍然存在欠缺。直到 1973 年，蒙布里亚尔受外交部长米歇尔·乔伯特（Michel Jobert）的委托，创建了法国外交部内部的智库——国际问题分析和研究中心，该部门直接向外交部长汇报，并满足外交部的需求。这些需求包括：通过深入分析获得长远的思考；预先研究并制定危机的应对方案；提供由专家组成的专门研究团队。CAP 要"通过收集和处理通常不为纯粹的外交途径所注意的数据，改善部长和部门官员的信息收集"。CAP 的负责人和副手分别是蒂埃里·德·蒙布里亚尔（Thierry de Montbrial）和让路易·杰戈林（Jean-Louis Gergorin），他们对美国非常了解，为了更好地收集信息，他们经常和外国同行和智库从业人员进行多方面的接触。在接触的过程中蒙布里亚尔发现法国和外国的智库工作人员的思维存在很大的差距，法国从业人员还停留在"非常法国的思维框架"。基于自己对美国智库的了解和与外国同行的沟通，蒙布里亚尔认为有必要创立一个外部机构来讨论外交政策问题。1979年，蒙布里亚尔在当时的总理雷蒙德·巴雷（Raymond Barre）的支持下创建了一个独立的研究所即法国国际关系研究所，并接管了1935年建立的外交政策研究中心。

IFRI自成立以来就一直通过变革以保持研究所的健康发展。除了满足分析外交政策的需要，IFRI还面向公众发行刊物。在1981年出版的《全球经济体系与战略年度报告》(Le Rapport annuel mondial sur le système économique et les stratégies)，因清晰的分析和丰富的数据受到公众欢迎。IFRI在公共关系和公共传播的创新，使其异于其他智库，尤其体现在IFRI举办的辩论上。通常来说会议的筹备过程复杂，不便于经常性交流讨论，因此IFRI积极在特定地点组织的午餐和晚餐进行辩论，这也发展成为公司董事和高管的独特社交场所。在资金运转上，公司的捐赠以及蒙布里亚尔筹集的私人资金为IFRI在20世纪90年代实现独立作出了贡献，同时在福特基金会的支持下，IFRI购置了其目前的办公大楼。

IFRI充分发挥他们的专业知识对政策的影响。1981年，蒙布里亚尔和德国外交关系委员会的卡尔·凯撒（Karl Kaiser）、外交关系委员会的领导人温斯顿·洛德（Winston Lord）、皇家国际事务研究所的领导人大卫·瓦特（David Watt）其他三家智库的领导人，呼吁达成"新的跨大西洋协议"。1982年2月，面对"越来越陷入困境"的欧洲局势，各大智库的领导人再次执笔，发出"警钟般的呐喊"，并出版了《欧洲共同体：衰落还是复兴？》(La Communauté européenne: déclin ou renouveau?) 一书。他们积极提出政治建议，奔走宣传，使外交事务脱离了严格的政府范围，让民间力量通过智库在国际领域发挥作用。在短短的几年时间里，法国智库已经确立了其在法国不可或缺的地位。在1999年的拉维莱特国际会议上（La Villette international conference），法国总统雅克·希拉克（Jacques Chirac）称"IFRI已经成为世界领先的研究机构之一"。在21世纪初，IFRI加强了其研究方案和常设研究人员团队，加深了与其私人合作伙伴的联系，并且创新了其传播途径，建设了官方网站、创造了IRFI笔记集并深刻认识到社交网络的作用。自2005年6月以来，IFRI在布鲁塞尔成立了一个分支机构：IFRI布鲁塞尔分部（IFRI Brussels），以扩大其影响领域和权限领域。[1] 在2008年，IFRI创建了世界政

---

[1] François Vergniolle de Chantal, "La recherche indépendante aux États-Unis et en France: le Council on Foreign Relations et l'Ifri," Quaderni, LXX (2009), pp.49-56.

策大会（World Policy Conference，WPC），通过国际参与者之间的高层次交流寻求发展，探索全球治理的新框架。[1] 2015年，IFRI对章程进行修改，旨在确保其机构治理和发展的可持续性。IFRI从创立以来，在改革中发展，在发展中改革，成为法国最有影响力的智库之一。

二、智库的组织架构

一个智库只有拥有良好的组织和管理才能够健康发展，这又涉及各部门的管理和领导架构、筹款和资金分配、智库文化价值观建设等多方面。IFRI通过其治理、资金的多样性及其章程所确立的道德框架，对其工作质量进行了约束，保证了其独立性和对驱动它的价值观的尊重。本部分从组织形式、科研团队、资金运转以及道德章程四个方面展开对IFRI治理的介绍。

（一）组织形式

IFRI由主席和执行助理、董事会、执行委员会、咨询委员会四部分组成，主席又下设各个部门。包括秘书长办公室、基础设施保障部门、杂志编辑部、研究中心、发展部、出版署等。杂志编辑部主要分为《外交政策》(*Politique étrangère*) 和《经济与战略》(RAMSES) 两个杂志编辑部；基础设施和保障部门又包括基础服务部门和财会部门；出版署又下设数字化交流中心和图书资源服务中心；发展部门负责公司、基金会和个人成员筹款策略的制定和实施。发展部门由4人组成，旨在从不同的捐助者和对话者中筹集资金，以支持研究所的行动。并与研究所的研究单位直接接触，负责妥善管理与协会成员的关系、资金申请及其后续工作。图1为IFRI组织架构图，图2为IFRI主席及执行助理下设部门。

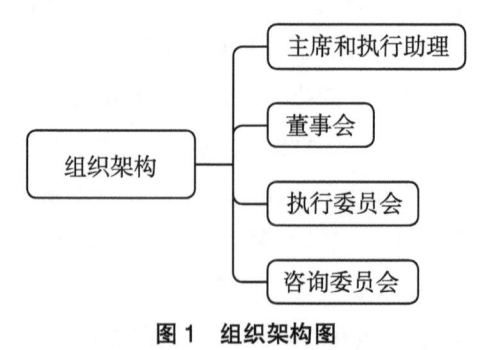

图1 组织架构图

---

[1] https://www.worldpolicyconference.com/the-world-policy-conference-mission/.

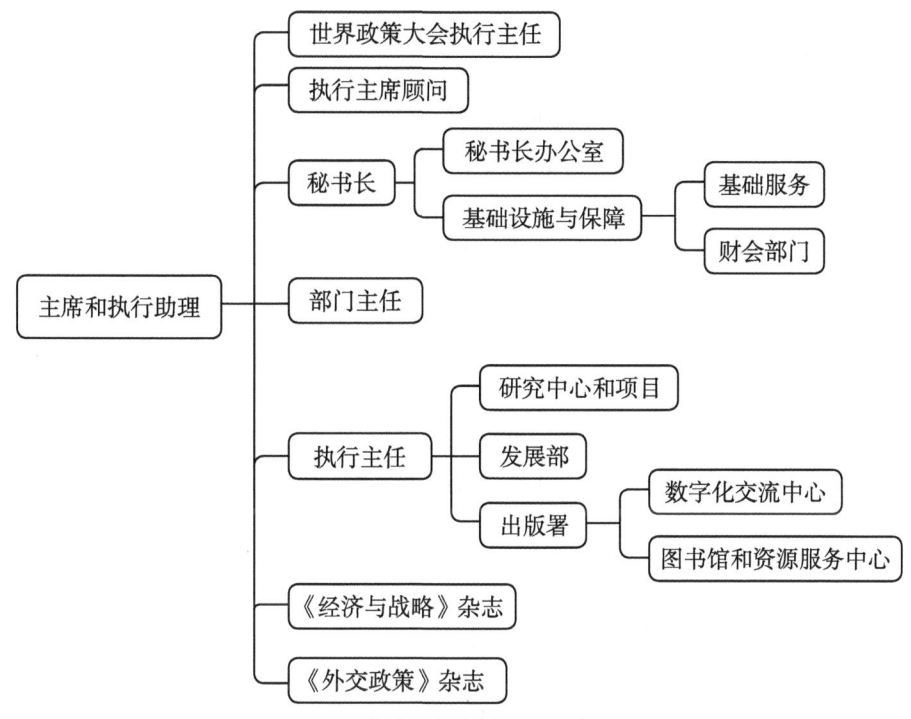

```
                          ┌─ 世界政策大会执行主任
                          ├─ 执行主席顾问
                          │                ┌─ 秘书长办公室                    ┌─ 基础服务
                          ├─ 秘书长 ───────┤
                          │                └─ 基础设施与保障 ────────────────┤
主席和执行助理 ───────────┤                                                    └─ 财会部门
                          ├─ 部门主任
                          │                ┌─ 研究中心和项目
                          │                ├─ 发展部                          ┌─ 数字化交流中心
                          ├─ 执行主任 ─────┤
                          │                └─ 出版署 ─────────────────────────┤
                          │                                                    └─ 图书馆和资源服务中心
                          ├─ 《经济与战略》杂志
                          └─ 《外交政策》杂志
```

图 2　主席及执行助理下设部门

IFRI 的董事会和咨询委员会成员大都是前政府领导人、机构负责人、学者和议员，其主席都由蒂埃里·德·蒙布里亚尔担任。除此之外，董事会成员还有雷诺的名誉总裁路易斯·施韦策（Louis Schweitzer）和埃蒂金融总裁弗朗索瓦·德鲁因（François Drouin）这样的企业领导人。这些前政府领导人、议员和学者阅历颇深、经验丰富、人脉广博、熟悉政策操作流程，能够提供更合理的决策咨询，从而可以有效影响政府政策的制定，扩大智库的影响力。与政府关系密切的法国智库战略咨询委员会为董事会提供咨询服务，他们提供的帮助主要有两方面的特点：一是战略性，确定研究的总体方向；二是科学性，保障研究的质量。

（二）科研团队

"没有研究人员就没有研究"是 IFRI 的座右铭，可见科研团队对智库来说的重要意义，本部分对 IFRI 的研究部门的基本工作职责和人员构成进行介绍，阐明其运转模式，以及分析其研究人员构成，了解其状况。

1.工作职责

IFRI 长期以来对国际政治、对外关系和战略问题展开研究，一方面展开地区研究，设立地区研究部门，包括法德关系研究中心、奥地利法国欧洲和解中心、俄罗斯及独联体研究中心、亚洲研究中心、非洲研究中心、土耳其及中东项目、北美项目，展开地区研究。另一方面，针对国际或地区性的其他热点问题设立研究部门，包括安全研究中心、科技地缘政治、国防研究实验室、移民与公民中心、能源和气候中心、公共健康。部门内部的人员包括研究中心主任、主管、研究员、副研究员和顾问。各研究部门除了完成好部门内部的研究外，还要服务于整个 IFRI，向其传递有关资料信息、协助编辑工作、组织和参与活动。

2.人员构成

研究人员的素质是智库成功的关键，根据 2016—2020 年年报对团队成员信息进行的分类整理，我们可以从表 1 中了解到 IFRI 的员工总数，研究人员数量，其他人员数量和兼任其他工作的研究人员数量。

表 1 IFRI 2016—2020 年员工数量表[1]

年 份	员工总数	研究人员数量	其他人员数量	兼任其他工作的研究人员数量
2020	60	28	30	2
2019	54	23	29	2
2018	56	25	29	2
2017	60	26	32	2
2016	60	27	31	2

由表 1 数据可知，IFRI 2016—2020 年期间员工总数比较稳定，且研究人员流动率低。但研究人员数量低于行政管理人员数量，不到员工总数的 50%。从历年数据得知，IFRI 的研究人员少于行政管理人员，以管理为中心的行政支出优先于研究活动。

可以明显地看到，相比于布鲁金斯学会拥有 400 名工作人员和 200 名不驻会的客座研究人员，以及 60—70 名访问学者，IFRI 的员工相当精简，其中的研究人员甚至仅有约 30 人。在人力资源相对贫乏的情况下，IFRI 的产出

[1] 注：本表所指员工不包含董事会、战略咨询委员会、执行委员会成员和杂志《外交政策》与《经济与战略》的工作人员。数据来源：IFRI 2016 至 2020 年年报，获取地址：https://www.ifri.org/en/annual-report。

规模和其他智库相比也相差甚远。

（三）资金运转

根据 IFRI 披露的 2015 年至 2020 年详细资金信息，IFRI 每年可支配资金约为 650 万欧元，这与布鲁金斯学会 2018 年 8700 万美元相比相差甚远。此外，笔者根据 IFRI 2019 年发布的 40 周年宣传册中对 2017 年资金来源的分类标准，将资金来源分为 4 类，分别是政府、研究收益、会员订阅及捐赠和其他，对资金来源进行分析（见图 3）。

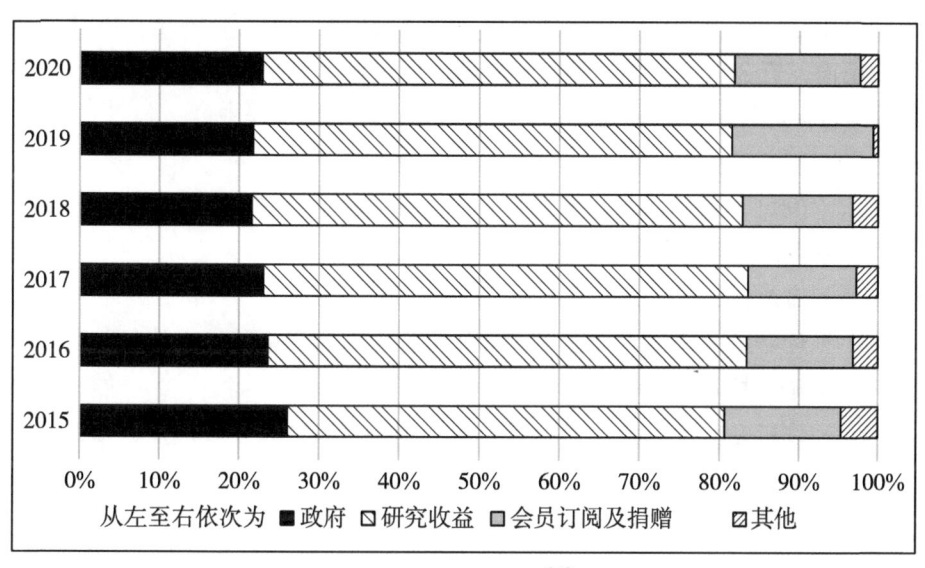

图 3　资金来源表[1]

根据"图 3"，可以看出 IFRI 资金来源的多样性，对近 3 年的资金进行统计，计算得到平均值，发现来自政府、研究收益、会员订阅及捐赠和其他的资金分别占比 22%、60%、16% 和 2%。

首先最主要的资金来源就是研究收益，占比高达 60%。研究收益包括合约研究项目收入和出版物收入，其中合约研究项目收入约占研究收入的九成，可以说是 IFRI 的重要收入来源之一。其次是来自政府的收入，占比约 22%。来自政府收入包含政府补贴和政府合作项目收入，分别约占八成和两成。政府合作项目收入是 IFRI 通过招标争取的，一直以来 IFRI 和国防部保持密切的合作，签订了许多合同。来自政府的资金总量一直保持在 150 万欧元左右，是一个稳定的资金来源。正如蒂埃里·德·蒙布里亚尔所说，"在

---

[1] 数据来源：IFRI 2015 年至 2020 年年报，https://www.ifri.org/en/annual-report。

美国，主要的区别是非营利组织来自私营部门。在法国，国家补贴是独立的保证，而不是从属的保证。但我们也知道如何募集捐款。"[1] 第三大资金来源就是会员订阅及捐赠，占比约16%。IFRI 的会员包括大使馆和企业，对于企业会员而言，每年需要缴纳2.5万欧元的会员费，除此之外一些企业还会为 IFRI 提供捐款，这些都为 IFRI 提供了可观的资金。最后就是其他收入，占比最小。

（四）道德章程

从上述的人员架构、科研团队的设置以及资金来源可以看出，IFRI 虽然结构精简，资金也不丰厚，但其一直努力通过制度和扩大资金来源实现自身的独立性。此外，其对客观中立的追求还体现在道德章程中。

> IFRI 以对独立性、客观性和完整性的关注为指导。其活动基于对公共利益的追求，并且负责任地参与其中。
>
> 因此：
>
> 该研究所既不支持也不捍卫任何特定利益，坚持不支持任何党派性质的事业或立场。
>
> 该研究所确保其研究和辩论活动符合内容与程序的严谨、无偏见和责任感的要求。
>
> 该研究所的目标是在利益相关者之间实现全面平衡，同时实现观点的多样化。
>
> 该研究所以机构名义发表的任何公开言论都必须在语言和判断上保持节制。
>
> 该研究所的工作原则上是公开的。但由于工作性质，有些可能仍然需要保密。
>
> 该研究所谨慎地确保它从公共或私人来源、法国或外国获得的资金和物质支持不会危及其遵循的原则和价值观的实施。行政委员会被要求对所有可能因其具有一定规模或来源而导致对该研究所独立性产生怀疑的融资发表评述。

---

[1] https://www.forbes.fr/politique/thierry-de-montbrial-a-fait-de-lIFRI-le-2eme-think-tank-le-plus-influent-du-monde/.

三、智库的主要活动

IFRI 一直保持活跃,其最主要的两大活动就是积极开展研究和组织辩论,除此之外 IFRI 还积极参与和组织会议、发表研究报告、出版杂志和书籍。本部分就从以上几个方面来介绍 IFRI 的活动。

(一)研究

该研究所汇集了一个由 50 名合作者组成的跨国团队,其中包括约 30 名专业研究人员,分为 11 个研究单位,并设有区域研究和领域研究。其中,区域研究包括欧洲、俄罗斯/独联体、亚洲、北美、撒哈拉以南非洲、土耳其和中东及北非七大区域,而领域研究包括安全和战略事务、能源和气候、科技地缘政治、太空、公共健康、移民和公民身份七大领域。

1. 欧洲研究

研究所负责研究所有涉及欧洲的主题,包括体制、经济、公民身份、安全等。欧洲研究中心还有两个特别的部门。法德关系研究委员会(CERFA),法国–奥地利欧洲和解中心(CFA)。

法德关系研究委员会(CERFA)是根据 1954 年德国和法国之间的政府间条约成立的。60 多年来一直致力于两国之间关系的研究。CERFA 通过会议汇集两国的专家、政策制定者、决策者和民间社会代表,以促进法德辩论和政策导向的研究。同时 CERFA 还和德国智库保持着密切的关系。CERFA 还出版两个研究系列报告——《法德关系研究所笔记》(*Notes du CERFA*)和《法德愿景》(*Visions franco-allemandes*),旨在阐明当代德国的政治、经济和社会演变,并密切关注法德关系的当前发展,给法国决策者提供参考。

奥法欧洲和解中心(CFA/ÖFZ)是一个政府间组织,在奥地利总理布鲁诺·克雷斯基(Bruno Kreisky)和雅克·希拉克的倡议下于 1978 年创立。它得到了奥地利和法国外交部的支持,现在是 IFRI 在巴黎的姐妹组织,而不是完全受 IFRI 管理。其目标是发展西欧和东欧之间的经济关系,并参与和平欧洲的建设。

2. 俄罗斯/独联体研究中心

它创建于 2004 年,研究的领域包括俄罗斯经济与社会、俄罗斯担任北极理事会主席的影响、能源政策、外交政策和安全、国内政治以及独联体国家(白俄罗斯、摩尔多瓦、乌克兰、亚美尼亚、格鲁吉亚、阿塞拜疆、哈萨克斯坦、乌兹别克斯坦、土库曼斯坦、塔吉克斯坦和吉尔吉斯斯坦)的演变及其与俄罗斯联邦的关系。

3. 亚洲研究中心

伊夫里亚洲研究中心的研究沿着三大主题组织：亚洲的区域主义和区域国际关系；亚洲主要大国（中国、日本、印度）与世界其他地区的关系；亚洲国家的内部政治、经济和社会动态。该研究中心聚焦于中国、印度和日本，但也越来越多地关注朝鲜半岛和东南亚。

4. 非洲研究中心

该中心成立于 2007 年，其研究领域包括中非和南非观察、非洲的选举治理和演变、国际舞台上的非洲、非洲安全问题、非洲经济转型、非洲能源挑战，为非洲的一些主要参与者提供分析，并提供系列报告。

5. 土耳其中东北非项目

该研究中心旨在提供关于土耳其中东和北非该地区政治、社会和经济趋势和发展的专业知识。土耳其研究主要有两方面的内容。一是法国与土耳其关系，通过评估法国和土耳其之间的政治、经济和文化关系状况，并了解其演变的原因，以确保两国之间现实和谐的互动得到发展。二是土耳其观察，来提供有关当代土耳其正在发生的转变和变化的高质量信息。

6. 北美项目

该研究中心除了在 2015 年和 2016 年对加拿大研究保持活跃，其余时间的研究主要集中在美国，以展现美国外交政策的发展，包括跨大西洋关系和贸易问题。

7. 科技与地缘政治

该研究所的目的在于应对由于人工智能（AI）、5G、网络安全、太空，特别是数字领域的技术变革产生的政治、战略、经济和社会问题，以及分析其对国际关系的影响。

8. 太空研究

太空领域的研究已经成为研究的关键主题，它主要通过三个方面开展研究：由中美竞争驱动的太空竞争；与太空管制有关的关键问题；这些发展对欧洲及其作为太空大国的地位的挑战。

9. 移民与公民中心

该中心成立于 2011 年，其研究领域包括：公民身份、本土主义和归属感；欧洲移民政策。

10.能源与气候中心

能源中心的活动集中在两个主要的研究课题上：碳氢化合物市场的地缘政治分析，以及向低碳能源转型的地缘政治和地缘经济利害关系分析。

尽管全球能源体系处于动荡之中，《巴黎协定》远未实施，但随着2021年的临近，能源中心利用其扎实的市场知识、强大的地缘政治和政策分析能力，为关键问题提供战略思考。具体来说包括以下问题：能源系统的经济和技术转型如何打乱国家和私营部门之间的平衡，这是否影响了公共和私营部门的战略；与可再生能源部署相关的风险和脆弱性是什么；中国或美国是否将主导世界能源转型进程；欧盟及其成员国将采取什么样的能源和气候战略；化石能源的未来是怎样的。

11.安全和防御

该研究中心分析了传统的防御问题以及更广泛的安全领域的演变，旨在进行持久和跨学科的研究。其研究领域包括核威慑和扩散、国防研究、未来冲突观察、欧洲战略自主、国土安全。

（二）成果

IFRI通过地区和重点领域研究部门展开研究，每年用法语、英语、俄语和德语发表多篇数字文章和书籍，其中包括IFRI笔记、IFRI研究报告、电子刊物、政策文件、社论和研究人员的出版书籍。2020年，IFRI的专家发表了160多篇政策论文、研究报告和在线社论，对热点话题进行回应。

除此之外，IFRI还负责期刊《外交政策》和《经济与战略》的编辑与出版。

《外交政策》是一本关于重大国际问题的辩论和分析的杂志，是法国国际关系领域历史最悠久的杂志。第一期可追溯到1936年，由政治研究中心（外交政策研究中心）主编。自1979年以来，它一直由IFRI编辑，该杂志为季刊，每年发行4期。《外交政策》强调国际关系领域全方位的活动，对时事进行深入分析，并为学术界、决策者和民间社会提供参考。每期至少包括两部分，一是关于国际事件的辩论，二是解读热点问题。

《经济与战略》是一份年度出版物，提供对时事的深入评论和前瞻性分析，每年发行量达到10000本。主编是蒙布里亚尔和多米尼克·大卫（Dominique David），其内容靠IFRI研究团队与合作伙伴的研究编写完成。

（三）组织辩论和讨论

会议的举办相对来说更为复杂，从 IFRI 创立之初，就积极举办辩论，使特定地点组织的午餐和晚餐辩论，发展成为公司董事和高管的独特社交场所，极大程度地促进了公共外交。每年 IFRI 会就外交热点、外交政策问题举行130 场左右辩论活动。每次辩论活动均会邀请来自研究机构、公共行政、商业、媒体和民间社会等不同领域的专家参加，以实现观点的碰撞。但有些辩论只有 IFRI 的成员和合作伙伴才能参加。其包括晚餐和午餐的辩论、研讨会及"大使圆桌"的会议在内的讨论，这些活动对政策的实施和法国的第二轨道外交有重要意义。

（四）积极参与并组织会议

IFRI 在 2008 年创办了世界政策会议（WPC），其使命在于促成一个更加开放、繁荣和公正的世界。通过国际参与者之间最高层次的交流，寻求探索和发展全球治理的逻辑和框架。WPC 每年会邀请来自五大洲的领导人物——政治和商业领袖、学者和记者——本着宽容的精神，希冀建立持久的纽带。

IFRI 每年还积极参与智库理事会（Council of Councils, CoC），与世界上的智库进行广泛的交流。智库理事会是由美国外交关系委员会（Council on Foreign Relations, CFR）创办的，它旨在帮助国际社会直接关注威胁和机遇，并采取有效的政策应对，智库理事会由来自世界上一些最有影响力的国家的28 个主要政策机构组成。它旨在促进发展中国家和新兴国家的有影响力的意见领袖之间进行坦诚、不归因的对话和建立共识，最终目的是将其审议结论纳入成员国高级别外交政策圈子。

除此之外，IFRI 还参与巴黎和平论坛、欧洲智库峰会、T 7（Think 7）峰会等。

四、智库的影响力

影响力关乎智库的生命力，本部分通过分析 IFRI 强大的影响力以及成因，为我国的智库建设积累经验，对推动我国智库发展有重要意义。

（一）IFRI 的影响力

笔者通过对美国宾夕法尼亚大学公布的全球智库排名，IFRI 对媒体和公共影响力，合作伙伴构成以及对政府决策影响力这 4 个方面进行分析，以阐明 IFRI 对法国乃至世界的影响力。

1. TTCSP 智库排名

根据美国宾夕法尼亚大学发布的《全球智库排名》（见表2），IFRI 在世界顶级智库和西欧顶级智库中都名列前茅，曾一度获得世界智库总排名第2的成绩，并且在13项榜单中出现。虽然自2018年后其排名下滑，但还是处于世界顶级智库之列，影响力及研究广受认可。

表2　IFRI 在 2013—2020 年智库中的排名[1]

年　份	2020	2019	2018	2017	2016	2015	2014	2013
世界顶级智库（不含美国）	7	3	1	1	2	3	6	12
世界顶级智库（含美国）	5	3	2	2	3	16	20	25
西欧顶级智库	4	2	1	1	2	3	4	14
安防和国家安全顶级智库	21	18	19	17	18	32	32	35
外交政策和对外事务顶级智库	6	3	1	2	4	9	15	11
涉及两个或更多智库的机构协作	未上榜	未上榜	未上榜	未上榜	未上榜	未上榜	41	37
国际发展政策顶级智库	105	107	108	106	105	104	未上榜	未上榜
国际经济政策顶级智库	55	55	57	55	56	54	未上榜	未上榜
由智库开发的最佳新想法或范式	未上榜	27	27	26	25	23	24	24
最佳智库会议	11	11	8	3	4	29	29	29
最佳跨学科研究智库	26	27	27	26	25	59	57	57
最佳使用社会媒体和网络智库	58	59	59	59	61	59	57	57
值得关注的智库	45	47	47	44	39	36	未上榜	未上榜

[1] 数据来源：2013年至2020年《全球智库报告》，https://www.gotothinktank.com/global-goto-think-tank-index。

续表

年 份	2020	2019	2018	2017	2016	2015	2014	2013
善用媒体（印刷或电子）智库	25	18	18	16	26	35	32	未上榜
最具创新政策观点/建议智库	4	4	5	5	33	32	30	30
具有杰出政策导向研究项目的智库	8	8	9	9	34	41	57	57
最佳人工智能政策及策略智库	29	无此项	无此项	无此项	无此项	无此项	无此项	无此项

2. 媒体和传播

IFRI 每年在新闻媒体上发布约 150 篇专题文章和访谈，被法国和外国媒体引用和参考 4000 多次，其研究人员每年参与 300 多个广播电视节目录制。2020 年，IFRI 在法国新闻媒体频繁出现，在《世界报》《费加罗报》等媒体共有 200 多篇署名专栏和采访。IFRI 的研究人员也会定期在新闻频道中出现，与法国文化和 RFI 以及法国国际、法国信息和欧洲 1 台等国家广播电台进行合作。《纽约时报》、《金融时报》、《新闻周刊》、彭博社、CNN、《华盛顿邮报》和《欧洲新闻报》，以及俄罗斯、中国等世界多国媒体都引用过 IFRI 的研究人员和工作成果。

IFRI 也开始注重在社交平台上的影响力，并在 Facebook 上拥有超过 107000 名粉丝，Twitter 上拥有超过 33000 名粉丝，在领英上拥有超过 46000 名粉丝。

3. 合作伙伴涉及范围广

IFRI 的合作伙伴主要由各国大使馆、机构和法国内外的大企业构成，其合作企业几乎包括了巴黎 CAC40 指数的全部 40 家公司。一方面，这些会员和合作伙伴给 IFRI 提供了交流与辩论的基础，并与研究人员进行相互促进，另一方面，也为 IFRI 提供了丰富的资金来源。IFRI 为合作伙伴保留了专门会议包括晚餐和午餐的辩论、研讨会及"大使圆桌"的会议。

4. 政府决策影响力

IFRI 对法国的政策制定一直具有不可忽视的影响力。在 TTCSP 智库排名中，IFRI 在具有杰出政策导向研究项目的智库这一项上排名第 8，可见其对政府政策的影响力。IFRI 对政府决策的影响表现在与外交、国防和武装部队委员会的互动上。该委员会是法国参议院的一个常设委员会，关注外交和国防政策问题并负责审查批准国际条约和协定的法案，其经常就外交和国防政策问题向 IFRI 咨询，在美国、中国和俄罗斯等涉外问题上听取 IFRI 意见。此外，IFRI 还和国防部国际关系和战略总局一直保持密切合作。

（二）高影响力的原因

本部分从 IFRI 与政府互动模式、资金来源的多样性、积极举办辩论和会议以及注重同行间合作 4 个方面来阐述为何 IFRI 这样一个小体量的智库拥有世界顶级智库的影响力。

1. 与政府的良性互动

IFRI 的发展离不开和政府的良性互动。一方面政府为智库的发展提供了大量资源，另一方面智库也有效参与了政策的制定。1979 年创始人离开外交部创建了 IFRI，并受到了时任法国总理雷蒙·巴尔的支持。2020 年 9 月，IFRI 与空军和航天部队（AAE）签署协议，使一名军官正式加入国防研究实验室（LRD），这种伙伴关系促使双方对法国国防问题的研究。而且在参议院网站可以检索到 IFRI 研究人员出席多场听证会，有效参与了政策的制定。此外，每年来自政府的资金是 IFRI 稳定的收入来源之一，尤其是成立前期，来自政府的资金一度占比高达 50%。

2. 资金来源的多样性和稳定性

稳定充足的资金来源，是保证智库研究得以正常运转的基本条件。IFRI 的资金体量虽小，但资金来源丰富，也基本可以满足一个精英机构的需求。IFRI 的主要创新之处在于了解大型集团的需求，战略发展部正在使 IFRI 的资源多样化，并确保与合作公司的长期关系。这些集团的国际管理人员缺乏国际关系视野，在经济全球化的过程中，IFRI 将向这些集团提供服务。与此同时，也没有公司可以对 IFRI 的资金形成控制，因为没有公司的贡献能超过 IFRI 总预算的 5%。因此，IFRI 的结论不会受到太多非研究性力量的影响。在一个日益复杂的环境中，IFRI 合作伙伴寻求更多的是信息而不是建议，而这恰好是 IFRI 擅长的。这样一种健康的互动关系使得 IFRI 长期稳定健康发展。

3. 积极举办辩论和会议

在国际舞台上，智库通过主办各类会议对话，以更加主动的姿态接近国外同行或者政策制定者，进而宣传自身战略和思想，这种产生影响力的方式更具有专一性和实时性。IFRI 的研究人员与其他智库形成良好的沟通互动，和兰德公司、科学政治基金会（SWP）、皇家国际事务研究所等诸多智库参与理事会首脑会议、欧洲地中海论坛、智库首脑会议。IFRI 在最佳智库会议排名中名列前茅，每年举行上百场辩论以及会议，其主办的世界政策会议（Word Policy Conference，WPC）成立于 2008 年，与香格里拉对话、地中海对话并称为世界三大"最佳智库会议"，是第二轨道外交的典型代表。除此之外，每年参加相关会议的嘉宾多达 200 位，其中甚至还有俄罗斯总统普京、阿富汗总统卡尔扎伊、土耳其总统居尔等国家领导人及要员。与高层政要的接触使 IFRI 能及时掌握政策动向，并对外输出观点。

4. 注重与同行的合作

IFRI 注重与同行的合作，如在中欧关系这一问题的研究上，IFRI 依托欧洲智库中国网络（European Think-tank Network on China，ETNC），积极与欧洲其他国家十多所智库展开合作。类似的合作机制还有法德关系研究中心与包括德国阿登纳基金会（Konrad Adenauer Stiftung，KAS）、弗里德里希·埃伯特基金会（Friedrich Ebert Stiftung，FES）、海因里希·伯尔基金会（Heinrich Böll Stiftung，HBS）、德国外交关系委员会（German Council on Foreign Relations，DGAP）等德国智库网络保持着密切的关系。这种智库间合作不仅有利于提高研究的质量，而且使其研究更具影响力。

（刘洺伊/文）

西班牙皇家埃尔坎诺研究所

Real Instituto Elcano de Estudios Internacionalesy Estratégicos

一、智库的形成与发展

西班牙皇家埃尔坎诺研究所全称为西班牙皇家埃尔坎诺国际战略研究所（英文全称为 Elcano Royal Institute for International and Strategic Studies，西班牙语全称为 Real Instituto Elcano de Estudios Internacionales y Estratégicos，简称 RIE），是 2001 年 11 月由西班牙外交部、经济部、国防部等部门以及西班牙国家铁路公司（RENFE）发起成立的一家独立的、研究型智库，总部位于马德里。研究所以西班牙历史上著名的航海家胡安·塞巴斯蒂安·埃尔坎诺（Juan Sebastián Elcano）[1]命名，西班牙现任国王菲利普六世（Felipe VI，原阿斯图里亚斯亲王）担任研究所的名誉主席。

RIE 的使命是为应对全球挑战和促进全球治理提供创新性的、稳健的、包容的和以事实为依据的观点，并分析西班牙在国际事务，特别是在欧洲事务中所扮演的角色。该研究所力图准确评估重大的国际变革对西班牙社会所产生的影响，并促进人权、民主、自由、平等、和平、安全、繁荣以及可持续发展。RIE 的核心价值观包括独立、对话、可持续发展、平等和消除歧视、透明和良好的管理等。自成立以来，RIE 以其严密的管理结构为基础和后盾，通过科学的研究方法和研究途径以及战略性的国际视角，为西班牙相关机构提供了大量的政治建议和参考，现已发展成为西班牙国内最顶尖的智库。

---

[1] 胡安·塞巴斯蒂安·埃尔坎诺（Juan Sebastián Elcano）：西班牙著名航海家，被认为是真正完成环球航行的第一人。1519 年参加麦哲伦的环球探险，麦哲伦在菲律宾被杀后，率领剩余船只维多利亚号到达摩鹿加群岛，后穿越印度洋，最终于 1522 年 9 月抵达西班牙塞维利亚港。

二、智库的组织架构

（一）领导机构

RIE 的最高领导机构是理事会（The Board of Trustees）。理事会代表和管理研究所，通常每年召开两次会议。理事会的具体职责包括审批年度行动计划（Annual Action Plan）、预算、账目以及年度活动报告（the Annual Report of Activities），任命理事会的主席、副主席、秘书以及任命执行委员会（Executive Committee）的成员，并在执行委员会的建议下任命科学委员会（Scientific Council）成员。

理事会的成员主要包括 19 家赞助公司的代表、现任内阁各部部长、反对党代表以及西班牙各前任首相。此外，西班牙社会、文化和学术界也会选派代表加入理事会。理事会现有 39 位成员，由西班牙国王菲利普六世担任理事会名誉主席。现任理事会主席何塞·胡安·鲁伊斯（José Juan Ruiz）是一位经济学家，曾任美洲国家开发银行（Inter-American Development Bank）董事兼首席经济学家，是服务于现任西班牙第一副首相的经济事务咨询会议成员，也是西班牙《外交政策》（*Política Exterior*）杂志编委会成员。现任理事会副主席玛丽亚·多洛雷斯·德·科斯佩达尔（María Dolores de Cospedal）女士曾任西班牙卡斯蒂利亚-拉曼恰自治区主席（President of Castile-La Mancha），2016—2018 年担任西班牙国防部长。

执行委员会负责执行理事会的各项决议。除此以外，其职责还包括：监督研究所目标和预算的实行，规划行动计划以外的活动，举荐新成员，以及调配中心的资源等。执行委员会现有 30 位成员，每年召开 6 次会议，主席和副主席由理事会主席与副主席兼任。此外，执行委员会还设总监（director）一职，负责协调研究人员的研究工作。现任总监是著名的历史学家查尔斯·鲍威尔（Charles Powell）教授，他是一位拥有一半西班牙血统的英国人，在牛津大学获得博士学位，主要研究领域是当代西班牙政治史和外交史。

除理事会和执行委员会以外，研究所还设有商务咨询委员会（The Business Advisory Council）和科学委员会（Scientific Council）。商务咨询委员会主要是为研究所起草年度行动计划提供建议。科学委员会由来自学术、外交、商业、传媒以及政治领域的国内外知名专家和学者组成，指导各项目主任和研究人员开展科研活动。

（二）科研团队

RIE 的科研活动受执行委员会领导，具体事务由执行委员会总监负责。研究所拥有一支相对灵活的研究团队，还拥有广泛的外部研究人员网络。团队现有 44 位研究人员，主要由高级研究员、高级分析师、研究员、分析师和助理研究员组成。他们有着不同学术背景和多样的研究领域，并受邀加入不同的工作小组，这些工作小组是研究所最重要的资产。RIE 在 2022 年将组成 14 个工作小组：西班牙外交政策小组；虚假信息与混合威胁小组；气候与能源小组；网络政治小组；人口迁移、人口挑战与乡村人口减少小组；全球经济小组；"欧洲的未来"大会小组；西班牙与地中海地区小组；拉丁美洲小组；2030 议程小组；中美欧战略三角小组；西班牙在布鲁塞尔的生态、存在感和影响力小组；科技变革小组；性别平等与国际关系小组。工作小组的会议遵守查塔姆宫守则。[1] 此外，研究所在 2014 年还设立了项目办公室（Projects Office），以帮助研究人员们更好地申请和开展研究项目。

（三）资金来源

RIE 的资金主要来自西班牙 19 家大公司（包括西班牙不锈钢公司、西班牙电信、西班牙国际银行等）的赞助和西班牙政府的资助。2021 财年共收入 3805555 欧元，其中西班牙政府的资助约占 17%，大公司的资助约占 66%（见表 1）。

表 1　RIE 2021 财年资金来源一览表

（单位：欧元）

资金来源	数　　额
西班牙政府各部委	646010
其他公司受托人	2501671
商业咨询委员会	220000
合作实体	154974
其他收入	243000
其他捐赠和赠款	39900
总计	3805555

---

[1] 查塔姆宫守则（Chatham House rules）：与会者可以自由使用在会议中获得的信息，但不得透露发言者及与之相关机构的身份，也不得透露任何其他与会者及其相关组织的身份。

研究所的开销主要分为三大块：分析和研究活动在 2021 财年约占总开支的 49%；分摊费用约占 27%；用于成果传播和海外宣传的费用约占 24%。[1]

三、智库的主要活动

RIE 的研究活动可划分为 10 个研究领域：全球化、全球发展与治理，国际安全，民主制度与公民权利，气候与能源，科技与经济，欧洲的未来，拉美、中国、美国与新世界秩序，毗邻区域的机遇与挑战，西班牙的影响力与形象等。此外，研究所还通过不同的研究项目进行跨学科、跨领域的横向研究。研究所出版的学术产品领域广泛、内容丰富、形式多样，其中最主要的两个学术产品为"工作论文"（Working Papers）和"ARI 分析"（Analyses of the Elcano Royal Institute）。"工作论文"采用学术论文的形式，涉及重大议题，篇幅通常为 12000—15000 字，附带严格的学术参考和引文出处。"RIE 分析"则是研究人员对国际事务、国际形势的简要分析性文章，一般 3000 字左右。除此之外，研究所还定期或不定期地出版各种专著、简讯、埃尔坎诺政策论文（Elcano Policy Papers）、专家点评、报告等，其中包括著名的"皇家埃尔坎诺晴雨表"（Elcano Royal Institute Barometer）和"埃尔坎诺全球存在指数"（Elcano Global Presence Index）。"皇家埃尔坎诺晴雨表"是对西班牙国际关系以及西班牙外交政策意见的集中调查和汇总，一年 3 次，在西班牙国内及国际社会产生了重大影响。《埃尔坎诺全球存在指数》则从经济、国防和软实力（主要包括旅游、体育、文化等领域）三个层面来分析全球趋势变化（多极化和两极化的转变、某些大国和地区的衰落与崛起、"软实力"与"硬实力"的力量对比等）和检验各国的外交政策，是衡量各国在全球化进程中的地位的重要指数。RIE 的研究活动遵循开放、透明的原则，研究所没有任何机密文件，所有研究成果都在研究所的官方网站上发布或更改。任何人都可以查看、下载研究所的文章或刊物，或通过订阅的方式了解研究所的研究动态和最新研究成果。以下以全球化、全球发展与治理，国际安全，中国、美国与新世界秩序 3 个研究领域为例具体展现 RIE 的研究活动和成果。

---

[1] 数据均来自 https://www.realinstitutoelcano.org/en/about-elcano/transparency/economic-and-financial-audit/。

（一）全球化、全球发展与全球治理

联合国安理会是最重要的全球决策机构之一。然而这一机构，无论是在组织架构还是在运行机制方面，自联合国成立以来就几乎没有发生过任何大的变化，早已不再能够准确地反映当今世界的权力格局。因此，主张对联合国进行机构改革，特别是主张在安理会增加新成员国的呼声，一直居高不下。然而，联合国机构改革是一项极其复杂的工程，牵扯面甚广，一旦改革失败，将产生不可估量的影响。早在 2005 年，RIE 的高级分析师索伦·科恩（Soeren Kern）就曾发表过《为何改变安理会可能会威胁到更广泛的联合国改革》一文，深入探讨了安理会改革所面临的困境及存在的风险。文章认为，由于各国在安理会改革上存在根本性的分歧，因此各成员国虽然争论多年，但仍然很难达成一致。事实上，关于安理会改革的激烈分歧已经掩盖了关于联合国改革的其他讨论。而由此引发的日益增长的敌意甚至可能会导致联合国丧失实现更广泛的行政和官僚结构重组的历史性机遇。

进入 21 世纪以来，在处理国际关系方面，欧盟发展出了"全球治理"（global governance）理论，而中国则提出了"和谐世界"（harmonious world）理论。如何理解和看待两种理论对发展中欧关系至关重要。来自中国国际问题研究院国际战略研究所的王友明研究员应邀于 2010 年 9 月在 RIE 官方网站上发表了《欧盟的全球治理与中国的和谐世界》一文。文章叙述了两种理论产生的背景，分析了二者的相似之处和存在的差异：二者都捍卫多边主义，反对单边主义，倡导可持续发展；但二者在接受核心价值观、民族国家的功能以及主权的让与方面存在不同。例如，欧盟主张必须在接受一系列诸如民主、人权等核心价值观的前提之下才能容忍各国之间在文化、政治或宗教等方面存在的差异。而中国虽然不否认民主、人权等核心价值观，但不主张把它们作为处理国际关系的前提条件，更不认为在这些核心价值观的界定上存在统一的标准。中国更强调在文化、政治和宗教等领域的包容性。文章认为，中欧之间在国际关系理论上存在的这种分歧并不能妨碍双方之间开展合作。只要双方不断相互学习、相互理解，便能实现互补和共赢。

2020 年以来在全球范围内爆发的新冠疫情不仅仅是一场全球公共卫生危机，它对全球经济、地缘政治甚至是全球秩序都将产生十分深远的影响。RIE 自疫情暴发之时起便开辟了专栏，探讨与疫情有关的方方面面的问题，比如新冠疫情对全球化的冲击，美国对新冠疫情的反应，新冠疫情对欧洲的战略自治所产生的影响，假消息与主要传媒平台之间的关联，疫苗的地缘政治，以及新冠疫情为贫穷国家的发展带来的机遇和风险等。例如，研究所高级研究员安德烈斯·奥尔特加·克莱因（Andrés Ortega Klein）在2020年3—9月接连发表了《逆全球化病毒》《新冠病毒：之后的趋势和格局》《全球化的新想象》等文章，探讨了新型冠状肺炎疫情对全球化的影响。作者认为，新冠疫情使人与人之间、国与国之间的界限更加清晰，这本身就是一种逆全球化趋势。随着疫情的扩展，各国都在努力争取对医疗设备、工业品等一系列供给链的控制，经济民族主义和贸易保护主义迅速抬头，为应对全球性的威胁所建立起来的全球治理机制可能会名存实亡。但新冠疫情在使现实世界的全球化趋势放缓的同时，却也加快了数字全球化的发展。新冠疫情对全球化的影响将是深远的，并且有些影响是不可逆的。因此，未来疫情结束之后，我们有可能面临的将会是一条完全不同的全球化道路。研究所的另外两位研究人员，高级分析师伊利亚娜·奥利维亚（Iliana Olivié）和分析师曼努埃尔·格雷斯·桑托斯（Manuel Gracia Santos）则通过对"埃尔卡诺全球存在指数"的分析，更加直观地呈现出了新冠疫情对全球化的冲击。从2020年4月到2021年11月，他们陆续发表了《全球化的终结？从"埃尔坎诺全球存在指数"看新冠疫情的影响》《有关新冠疫情以前的世界的一些思考》《疫情对全球化的影响》等文章。最终的结论是，新冠疫情暴发以来，全球化的速度严重放缓，甚至开始了逆全球化进程。这种逆全球化进程在经济层面表现得最为明显：经济层面的全球存在指数下降了大约12.2%；军事层面和包括科技、信息、体育、文化等领域的"软实力层面"（soft dimension）的全球存在指数分别下降了4.2%和4.9%。因此，此次疫情对全球化的冲击可能超过了大萧条和苏联解体。

（二）全球安全

欧洲的防卫与安全始终是RIE最重要的研究领域之一。长期以来，欧洲的防卫严重依赖以美国为主导的北大西洋公约组织。自20世纪90年代末，欧洲逐渐意识到发展自主防卫能力的重要性，开始在欧盟框架下有步骤地组建欧洲自己的军事防卫体系。那么，欧洲如何发展自主防卫能力，北约又该何去何从，如何协调欧盟与北约之间的关系等便成为包括皇家埃尔安诺研究所在内的欧洲各国智库重点关注的问题。2010年4月，RIE刊登了《大西洋同盟的未来战略理念中的北约与欧盟的合作》一文，全面阐述了欧盟发展自身防卫能力的历程和理念以及与北约之间的合作与分歧。文章认为，虽然欧盟与北约之间存在分歧，但二者应该在军事防卫领域加强协调与合作，并且这种合作应该是透明的，并尊重各自的自主权。2013年3月RIE又发表文章《没有实力就没有权利：欧洲人必须重新发现自身的军事力量》。文章主张加强欧洲自身的军事力量建设。文章认为，即便欧洲人想要追求某种全球离岸平衡战略，他们也需要提升自身的军事能力，以便能够在全球范围内投射力量——单纯的贸易和外交是不够的。欧洲拥有在全球范围内投射战略力量的能力不会影响任何特定的外交政策选择，包括欧洲在中美之间的特殊定位。它只会让欧洲人拥有自己的外交政策，不受其他大国摆布。2017年，研究员丹尼尔·基欧汉（Daniel Keohane）发表了题为《三人可成团？法德英三国与英国脱欧之后的欧洲防卫》的文章。文章认为，英国脱欧使欧盟内部主张强化自身防卫能力的呼声再度高涨，但提升自身防卫能力不可能在短时间内变为现实。对于欧洲人的安全而言，更重要的且更有现实意义的是法国、德国和英国在英国脱欧之后，继续保持军事上的建设性合作，以应对来自俄罗斯和中东地区的威胁。2021年12月，国际安全问题专家、约翰霍普金斯大学的丹尼尔·汉密尔顿（Daniel S. Hamilton）教授应邀在RIE官网发表《1+4：北约新战略理念应包含哪些内容以及如何实现它们》的文章。文章认为，北约的战略理念体现了该机构的安全和国防政策精神、其运作理念及其部队结构，也是其共同安全和集体防御的指导方针。北约2010年确立的战略理念是在一个相对和平稳定的国际环境下形成的，现已严重不合时宜。因此，美国及其北约盟友应以"1+4"模式的新战略理念作为指导：肯定北约凝聚力的独特性和重要性；加强北约执行集体防御、危机管理和合作安全这三项核心任务的能力；增加第四项核心任务，即重点强化北约在关键社会功能中断的情况下的韧性。

　　网络安全也是RIE重点关注的内容。2020年7月，丹尼·斯蒂德（Danny Steed）发表了《新冠疫情：重申网络是21世纪的地缘政治战场》一文，探讨了新冠疫情对网络安全所产生的影响。作者认为，关于新冠疫情对网络安全的影响，目前唯一能确定的就是新冠疫情重新确认并强化了一个事实，即网络空间将成为21世纪多极体系中的关键地缘政治战场。疫情之下，各国不仅加紧对网络空间治理权的争夺，而且还在网络空间传播"信息流行病"（infodemic），甚至开展间谍活动，破坏别国在新冠治疗领域开展的研究。因此，一国仅仅依赖国内的技术和专业人员是无法确保网络安全的，必须通过外交手段，重新确立利用和治理网络空间的共同价值观，以确保各国间的信任不会被信息流行病完全破坏，各种间谍活动不会剥夺治疗新冠肺炎的机会。2020年12月，高级研究员马泰奥·邦凡蒂（Matteo E. Bonfanti）发表了《人工智能与网络安全：充满希望和不确定性的未来》一文，探讨了人工智能给网络安全带来的影响，以及政府应扮演的角色。文章认为，人工智能将在未来几年对网络安全产生重大影响，它将使网络威胁的格局更加多样化。它也可能会增加网络威胁参与者的数量，为他们提供更多可利用的漏洞和目标，并助长他们的恶意行为。反之，人工智能也能通过发现未知漏洞、检测恶意网络活动并实施相应的对策来帮助防御这些威胁。因此，人工智能既支持网络防御也支持网络攻击，很难确定是防御性应用程序还是进攻性应用程序会受益更多。应对这一问题的关键在于公共或私人网络安全利益相关者掌握和利用人工智能的能力，以及识别、理解和应对风险的整体能力。文章还认为，政府可以在管理和引导人工智能引发的网络安全转型方面扮演重要角色。例如，政府还可以为网络相关应用建立人工智能工具的动态测试、验证和认证标准。在国际层面，各国政府可以围绕人工智能的研究和开发制定共同规范，并可以考虑对人工智能这一技术领域的知识和能力的扩散采取合理的限制。

恐怖主义是全球安全研究领域的另一大课题。2006年10月，RIE发表了玛莎·克伦肖（Martha Crenshaw）教授的文章《反恐战争：美国赢了吗？》，对美国的反恐战争进行了全面回顾和评估。文章认为，美国在全球反恐战争领域可能过于雄心勃勃，其目标太过庞大，又十分模糊，且目标与实施手段并不相称。同时拥有理想主义的目标和现实主义的手段是不可能的。在世界范围内传播民主制度和结束暴政的目标超出了美国的能力范围。即使民主能够站稳脚跟，也不可能打败所有种类的暴力极端主义。军事力量无法击败脱离中央政府控制的、独立的、小而致命的恐怖组织。在打击恐怖主义方面，美国的决策者们可能过于乐观：他们认为美国将在伊拉克被视为解放者，没有必要为战后安全制订计划。对反恐战争的正义性以及对胜利的过度自信往往使他们对矛盾和错误视而不见。RIE在同年9月份发表过另外一篇文章《联合国的反恐斗争："9·11"之后的五年》。这篇文章论述和分析了联合国尤其是安理会在"9·11"恐怖袭击发生后的5年间所采取的反恐措施，以及联合国在反恐之路上存在的障碍。文章认为，在"9·11"袭击事件发生后的5年里，安理会通过了一系列的决议，对恐怖主义的谴责也从未终止，并且始终在寻求对抗恐怖主义的新方法。这些努力都是不可替代的。然而，各成员国之间在对恐怖主义的界定方面存在严重分歧,这使各国难以达成一项公约来应对恐怖主义对国际和平与安全造成的威胁。官僚主义以及安理会常任理事国之间的紧张关系,也常常妨碍了联合国在反对恐怖主义方面做出努力。2021年5月,RIE的研究员阿尔瓦罗·文森特(Álvaro Vicente)发表了文章《社会联系与"圣战"恐怖主义:是什么将暴力极端思想转化成了恐怖主义活动》,探讨了年轻人的社会联系与极端行为化为"圣战"斗士这种现象之间的关联。作者通过对2012—2019年间转向"圣战"的44名西班牙年轻人的分析发现:社会亲缘关系有助于阻止年轻人卷入恐怖主义活动;与激进组织联系的稳定性和强度对年轻人是否加入"圣战"运动有重要影响;丰富的社交网络和链接使年轻人更容易接触到激进思想,从而增加年轻人卷入"圣战"运动中的概率。因此作者提出以下建议:首先,确定并清除与极端组织有联系的社会网络;其次,在年轻人极端化过程中的初始阶段切断其与极端组织之间的网络联系;最后,在教育和社会层面实施预防激进化的举措,例如教会年轻人如何识别和抵抗群体压力等。

(三)中国、美国和新世界秩序

人民币的国际化是RIE重点关注的问题之一。2011年4月,RIE发表了文章《人民币的国际化:前景与风险》,探讨了中国在人民币国际化道路上所取得的进展,以及未来可能会面临的风险。文章认为,在人民币的国际化道路上,中国采取的是摸着石头过河的策略,即在中国的国际贸易中逐步增加人民币作为一种发票货币(invoice currency)的使用率,以及在香港逐步将人民币作为一种价值储藏手段和投资手段。香港俨然成了一个有用的离岸中心,人们也可以设想一个以香港作为清算和投资中心的人民币贸易和投资回路。目前来看,人民币国际化的这种策略似乎是成功的,但未来也存在许多不确定性。例如,中国政府为维护国内金融稳定而设立的资本管制大坝已经面临越来越大的压力,人民币升值的呼声也逐渐高涨。未来的某个节点,中国政府可能会进一步开放国内的资本市场。问题是中国国内金融市场是否有能力应对突如其来的大量外部资本。文章认为,中国国内的金融市场相当"落后":信贷配置被少数国有控股商业银行所垄断,这些银行通常将资金转移至从事出口行业的大型国有企业,以及已经过热的房地产行业。中国能否改变这种模式仍未可知。

随着中国的逐渐崛起以及中美竞争的日趋激烈,欧洲该如何定位自己成为包括 RIE 在内的欧洲智库研究的重点。2014 年 11 月，RIE 与法国国际关系研究所发起成立了欧洲中国研究智库网络（The European Think-tank Network on China，ETNC）。该组织囊括了欧洲 21 家著名智库，包括著名的英国查塔姆研究所。

欧洲中国研究智库网络在 2020 年发表了一份特别报告《新冠肺炎与中欧关系：来自国家层面的分析》。报告认为，新冠疫情使中欧之间建立了更加紧密的合作关系，同时也进一步拉开了中欧之间的距离，并凸显欧洲内部对待中国态度的分化。这恰恰符合欧盟委员会对中国的多样化定位：合作伙伴、竞争者和制度性对手（systemic rival）。欧洲各国在疫情期间处理与中国关系的方式也各不相同。具体到西班牙，来自皇家埃尔坎诺研究所的两位研究员马里奥·埃斯特班（Mario Esteban）和乌戈·阿玛尼尼（Ugo Armanini）讨论了疫情期间中国在西班牙开展的外交宣传，并分析了西班牙对中国的态度：西班牙当局积极评价，适度赞誉中国对西班牙的医疗援助、中西两国间的合作以及中国的抗疫经验等。西班牙政府将持续发展与中国的亲密伙伴关系。西班牙政府认为疫情将强化多边主义，而中国将在多边主义的世界里扮演重要角色。西班牙民调显示，中国是欧盟之外第二受欢迎的盟友。

四、智库的影响力

（一）影响力表现

RIE 是西班牙国内最顶尖的智库。2020 年，RIE 共发表各类论文、评论 239 篇，主办和参加圆桌会议、辩论会、研讨会等各类会议 108 次，在各主流媒体中被提及 4010 次，在国际出版物中被提及 1810 次，官网访问量达到 2048419 人次，其中 71% 来自西班牙境外。[1] 在美国宾夕法尼亚大学发布的《2020 全球智库排行榜》中，RIE 在全球智库综合实力排名中居第 29 位，在西欧智库排名中位居第 2，在外交政策和国际事务类智库排名中居第 11 位。[2]

（二）成为顶级智库的原因

1.稳定而充裕的资金来源

RIE 的资金一部分主要来自西班牙国内经济实力最强的十几家大公司的

[1] 以上数据均来自皇家埃尔坎诺研究所 2020 年度报告，详情请参见 https://media.realinstitutoelcano.org/wp-content/uploads/2021/12/elcano-annual-report-2020.pdf。
[2] McGann, James G., *2020 Global Go To Think-Tank Index Report*, Philadelphia: University of Pennsylvania Press, 2021, pp.64-170.

捐赠，另一部分来自西班牙政府的拨款。这就保证了 RIE 能够获得稳定而充裕的资金，为开展科研活动提供了强有力的后盾，保证了科研活动的连续性和科研成果的稳定输出。

2. 灵活包容的科研机制

RIE 的管理层虽然显得过于庞大，但其科研活动却表现出较高的灵活性和自主性。这是因为作为最高领导机构的理事会只负责制定科研规划，具体的科研活动主要由执行委员会的主席和总监负责。RIE 建立了工作小组机制，可以根据国内外形势的发展，针对热点话题设立相应的研究小组，开展相关领域的研究，从而使科研活动与时俱进，保持科研活动的敏感度，保证了科研成果的时代感和实效性，从而更能引发公众的关注。此外，RIE 还根据研究计划和研究需要邀请国际知名专家和学者参与或指导科研活动，并发表相应的研究成果。RIE 的很大一部分研究成果来自外聘专家和学者，他们有的来自世界各地的科研院校如牛津大学、约翰·霍普金斯大学等，有的来自知名智库如中国国际问题研究院、查塔姆研究所等，有的来自重要的国际组织如联合国、欧盟委员会等。这种灵活、包容的科研机制极大地提高了研究所的科研质量，使 RIE 获得了国际社会的广泛赞誉。

3. 与政界的紧密联系

RIE 的名誉主席是西班牙国王菲利普六世，理事会成员包括西班牙历任首相、现任政府各部部长、往届政府部长代表，以及西班牙主要政党的代表等。因此，称 RIE 为西班牙的"第二政府"也不为过。RIE 也理所当然地成为西班牙政府的官方政策咨询机构，对西班牙的国内政治有着举足轻重的影响力，这点是由西班牙国内的政治现实所决定的，也是世界上其他知名智库无法企及的。

（杨新华 / 文）

国际治理创新中心

Centre for International Governance Innovation

一、智库的形成与发展

加拿大的国际治理创新中心（Centre for International Governance Innovation，简称 CIGI）是一家独立从事国际治理研究的智库。其愿景是努力成为国际治理领域的顶尖智库，并对重大国际问题产生公认的影响；其使命是通过世界领先的分析研究活动，以及通过影响决策者们的创造性活动，在知识与力量之间架起一座桥梁；其理念是更好的国际治理能够促进繁荣、确保全球可持续发展、解决不平等问题、保障人权，以及构建一个更加安全的世界，从而改善所有人的生活。

2001 年黑莓公司董事会前主席兼联合首席执行官吉姆·巴尔西利（Jim Balsillie）发起成立了该机构。巴尔西利出资 2000 万加元，黑莓公司的创始人之一麦克·拉扎里迪斯（Mike Lazaridis）出资 1000 万加元作为机构的启动资金。机构最初名为"新经济学会"，2002 年更名为 CIGI。CIGI 在成立之初便汇聚了一大批专家、学者和思想界的精英来探讨如何提升加拿大在更加有效的多边全球治理中的能力和作用。2003 年，加拿大政府向中心注资 3000 万加元。2004 年，创始人吉姆·巴尔西利与安大略省政府共同出资成立了"国际治理领导者和组织在线"网络，为用户提供技术支持和业务解决方案。2005 年 CIGI 发表了第一篇工作论文。

2007—2010 年，CIGI 聚焦于完善自身流程和体系，最终于 2010 年制定并开始执行第一个五年战略规划。该规划为实现 CIGI 的战略目标构建了一个战略框架，明确了自身的愿景、使命和理念，并将研究活动按主题划分为四大板块：全球经济、环境与能源、全球发展和全球安全。此外，2007 年 CIGI 还与加拿大滑铁卢大学（University of Waterloo）和威尔弗里德·劳里埃大学

（Wilfrid Laurier University）合作创办了巴尔西利国际关系学院（Balsillie School of International Affairs，BSIA），作为全球范围内的学者、学生和决策者的高级研究和教学中心。2011年11月，作为巴尔西利国际关系学院校区的CIGI园区（CIGI Campus）落成，共花费6900万加元，这其中加拿大联邦政府和安大略省地方政府共资助了5000万加元。2013年CIGI设立了"国际法研究项目"，标志着国际法与全球经济、全球安全与政治共同成为CIGI三大核心研究领域。2014年CIGI总部也从之前的施格兰博物馆（Seagram Museum）正式迁入CIGI园区。

2019年以来，CIGI不断缩减自身规模：2019年裁撤了21个岗位；2020年又裁撤了11个职位。CIGI的年度预算也从之前的1200万加元缩减至800万加元。CIGI在一份声明中宣称"将在运行方式上做出有意义的改变，包括精简决策流程、提升战略规划和扩大合作伙伴关系"等。[1] CIGI 2020年7月发布的财务报告显示，中心的财务状况依旧良好。

尽管国际关系和世界经济一直是CIGI关注的重点，但CIGI"2020—2025战略规划"显示未来重点将转向基于安全、贸易、法律和经济领域专业知识的数字治理（digital governance）及相关的大数据和平台治理（platform governance）等。

二、智库的组织架构

（一）领导机构

CIGI的领导机构分两层：董事会（Board of Directors）和高级管理层（Senior Management）。董事会负责监管中心的财务稳定、行政领导和整体战略。董事会多由全球知名政策专家组成，设主席1名、财务官1名。此外，加拿大财政部和全球事务部各指定1人担任董事。董事会现有成员可见表1。

表1 CIGI董事会人员构成

吉姆·巴尔西利（Jim Balsillie）	CIGI创始人兼董事会主席，黑莓公司前董事长兼联合首席执行官，卡内基国际和平基金会董事。
斯科特·伯克（Scott Burk）	知名财务分析师，加拿大威尔豪斯资产管理公司创始人，2007年起担任中心董事会财务官。

---

[1] https://en.wikipedia.org/wiki/Centre_for_International_Governance_Innovation.

续表

艾莉森·吉尔沃德 （Alison Gillwald）	非洲通信与信息技术研究所（Research ICT Africa）执行董事，曾受雇于非洲开发银行、世界银行、国家电信联盟和联合国经济与社会部等。
埃莉萨·戈伯格 （Elissa Golberg）	加拿大全球事务部助理副部长。
梅丽莎·海瑟薇 （Melissa Hathaway）	海瑟薇全球战略有限责任公司主席（Hathaway Global Strategies LLC），曾在布什政府和奥巴马政府中任职，2019年加入董事会。
艾莉森·娄特 （Alison Loat）	金融和公共服务领域专家，世界经济论坛全球青年领袖成员。
莫琳·奥尼尔 （Maureen O'Neil）	加拿大改善医疗卫生基金会（Canadian Foundation for Healthcare Improvement）前主席，公共卫生研究领域专家。
露帕·普鲁修撒嫚 （Roopa Purushothaman）	著名经济学家，塔塔集团（Tata Group）首席经济学家兼政策宣传部主管。
陆克文 （Kevin Rudd）	澳大利亚前总理，2020年加入中心董事会。

CIGI的高级管理层主要负责执行中心的战略规划，指导各研究项目和各运营活动的开展。

（二）科研团队

CIGI充分利用内外人力资源开展一系列主题研究和分析：对内采用研究主管的形式聘用专业研究人员，并拥有少量的内部研究人员、助理和项目管理人员。CIGI职员由总监、研究员、研究助理、活动专员、运营总监、动画师、设计师、编辑、软件工程师、法律顾问、会计专家等构成。CIGI对外采用研究和分析成果（如演讲、政策简报、论文、社论等）签约的形式，聘用外部兼职专家，建立起拥有百余人的研究人员网络。外聘专家的研究专长涵盖包括国际贸易、互联网治理、国际知识产权、网络安全等在内的200多个主题领域。除主席和专职研究董事领导开展的研究之外，外聘专家将根据各自的专业知识，指导内部研究人员开展个性化的研究。CIGI通过签约外部专家的方式，吸引到大量专家，能够对新兴研究和政策重点做出快速响应，定期为国家和国际媒体提供分析咨询服务。

（三）资金来源

CIGI 一直坚持资金来源与使用的公开性和开放性，定期发布年度财务报告，自 2014 年以来连续获得第三方评级组织 Transparify 的五星（最高评分）认定。CIGI 一直力图使资金来源更加多元化，但其主要资产来自几个核心捐赠者：创始人吉姆·巴尔西利、加拿大联邦政府、安大略省地方政府、滑铁卢市政府、沃纳家族（The Woerner Family）、迈克尔·巴恩斯汀和路易斯·麦科勒姆（Michael Barnstijn and Louise MacCallum），以及前文提到的麦克·拉扎里迪斯。据不完全统计，巴尔西利个人通过各种方式向 CIGI 捐赠的资产超过 1 亿加元。以上这些核心捐赠者所捐赠的资产往往通过基金运作的方式成为中心的日常开支主要的收入来源。除了这些核心捐赠者以外，CIGI 也接受其他社会各界人士大小不等的捐赠，这些捐赠在 2020 年度约占 CIGI 总收入的 2.3%。

根据 CIGI 发布的年度财务报告，截至 2020 年 7 月 31 日，CIGI 的净资产约为 1.7 亿加元。2019—2020 年度总收入约为 700 万加元，实际支出约为 1200 万加元，其中用于研究和会议的开支约为 610 万加元，占比约为 51%，详见表 2。

表 2　CIGI 2019–2020 年度支出一览表[1]

（单位：加元）

支出事项	支出总额	占比
研究与会议	6083720	51.09%
摊销	2124018	17.84%
管理	1880591	15.79%
设施	1081150	9.08%
技术支持	737613	6.19%
总计	11907092	

[1] 该表数据均来自国际治理创新中心 2020 年度财务审核报告（"Centre for International Governance Innovation: Financial Statements", July 31, 2020）。

三、智库的主要活动

CIGI 给自身的定位是一家研究型智库，因此研究活动是智库的主要活动。智库研究成果以书籍、论文、专题报告（special report）、政策简报（policy briefs）以及会议报告（conference reports）等形式呈现在智库的官方网站上。除了书籍以外，这些成果都可以免费浏览和下载。CIGI 在发展的过程中逐渐形成了全球安全与政治、全球经济、国际法为主导的三大传统核心研究领域。而在 2016 年以后，随着数字经济的发展和网络技术的巨大进步，CIGI 研究活动逐渐聚焦于横跨各传统领域的数字治理领域。此外，CIGI 还积极参加和主办各种会议，积极与其他智库合作，发起和参与各种研究项目。为了提高自身影响力和研究成果的实效性，CIGI 还积极地投入媒体宣传之中，传播自身理念和观点。

（一）全球安全与政治

二十国领导人峰会的构想起源于 CIGI 的"二十位领导人"（The Leaders' 20，L20）项目。该项目是中心 2003 年与维多利亚大学国际研究中心共同设立的长期研究项目，致力于探索建立一个由 20 位领导人组成的峰会，并将其作为应对共同的全球性问题的合法机构。该峰会将超越原有的八国集团体制，将许多新兴国家容纳进来，从而能够代表世界上更多民众的声音，同时能够促进南北交流与合作，以应对更加紧迫性的国际问题。除此以外，CIGI 还举办了一系列的会议，探讨二十国集团领导人峰会所能扮演的潜在角色。CIGI 还与其他智库一道发起成立了 Think 20（T20）组织，由来自二十国集团成员国的智库组成，为二十国集团领导人峰会提供政策咨询和建议。

新兴经济体的发展以及对区域和国际治理所产生的冲击和影响一直是 CIGI 关注的重点。2005 年，CIGI 设立 BRICSAM 项目[1]，成为第一个研究广大新兴国家的项目。该项目由中心杰出研究员约翰·华里（John Whalley）领导，探讨了 BRICSAM 国家各自的和共同的利益，以及它们不断增长的经济将在未来几十年中如何影响全球经济和国际金融架构。除此以外，该项目还研究了这些新兴国家对世界其他国家，尤其是对那些先进经济体的内政和外交的影响。为此，CIGI 还在加拿大安大略省的沃纳庄园（Woerner House）主办一场国际顾问小组会议。这次会议为国际顶尖学者和业内人士提供了一次

---

[1] BRICSAM 是由巴西、俄罗斯、印度、中国、南亚、东盟国家以及墨西哥（Brazil, Russia, India, China, South Africa, the ASEAN states and Mexico）的英文首字母缩写构成。

机会来探讨BRICSAM在区域、国家和国际层面所带来的挑战。2007年，由安德鲁·库伯（Andrew F. Cooper）、阿加塔·安特奎茨（Agata Antkiewicz）和提摩西·肖（Timothy M. Shaw）主笔的工作论文《经济体量胜过一切？BRICSCAM的教训》探讨了在国际体系的框架内体量是否决定地位的问题。

国际机构是国际治理内在的组成部分，不同的国际机构往往是对不同的国际体系的响应。随着全球力量对比的巨大变化，现有的国际体系不断受到冲击，国际机构改革的呼声也不断增强。CIGI在国际机构改革领域的活动和研究旨在分析现有多边机构的功能和角色，以提供合理的改革建议和方案，增强国际机构的有效性。CIGI早在2005年9月就设立了"国际机构改革项目"。该项目由CIGI高级研究员阿兰·亚历山大罗夫（Alan Alexandroffd）领导，旨在评估机构改革提议的有效性并在必要时建议采取额外的措施，确保全球体系下的国际稳定。围绕着国际货币基金组织的改革，CIGI组织专家学者开展了为期一年的研究活动，分析了国际货币基金组织面临的挑战以及可能采取的改革举措。2006年6月，中心还主持了一场题为"国际金融治理改革：国际货币基金组织该走向何方？"的研讨会。2012年，由CIGI杰出研究员、联合国前副秘书长路易丝·弗雷歇特（Louise Fréchette）领导的联合国改革项目完成并发表了论文《联合国的维和行动：20年的改革历程》。该文所涉及的内容包括：由卢旺达和前南斯拉夫经验教训所引发的维和行动准则上的变化；联合国为提升维和行动的管理在组织结构上所作出的改变；为征召和部署大量军队和警察所新建的体系；在维和人员的培训方面所作的提升；在维和预算、后勤采购程序等方面所作的改进等。该文认为尽管改革的历程是缓慢而艰辛的，但联合国已经在增强自身能力以执行安理会的复杂决议方面取得了重大进展。

网络安全也是CIGI关注的重点内容之一。2012年，CIGI成立了名为"有组织的混乱：网络的再想象"项目。该项目由杰出研究员戈登·史密斯（Gordon Smith）领导，成员包括来自耶鲁法学院的劳拉·德纳迪斯（Laura DeNardis）。该项目旨在提供连贯的策略，以确保不同的利益方以及不同的价值观之间的艰难交涉能够以持续的、透明的和负责任的方式得到管控，并能够体现公共利益优先的原则。2013年7月，CIGI发表了网络治理论文集中的第一篇文章《网络的再想象：网络治理需要战略眼光》。该文评估了网络治理的复杂性和去中心化，提出网络治理需要与民主价值观和人权相适应的高水平策略。CIGI还创立了名为"管控网络：混乱、共识的管控？"评论文章系列，共收到 5 篇论文，这些文章检视了跨界治理所面临的挑战，并列举了网络治理在各个层面所能采取的政策选项。除此以外，CIGI 的研究人员还积极参加网络治理方面的会议。例如，史密斯在 2013 年 4 月乔治城大学召开的第三届国际网络互动会上发表了主旨演讲。6 月，马克·雷蒙德（Mark Raymond）参加了由查塔姆研究所在伦敦主办的题为"网络安全：平衡风险、责任和回报"的大会。

CIGI 很早便开始关注和研究全球环境治理，特别是气候变化问题。2009 年 9 月，CIGI 主持召开了题为"全球金融与环境危机：相互关联还是平行发展"的座谈会。会议探讨了全球金融危机与全球环境危机之间以及国际金融改革与环境改革之间的关系。同年 10 月，CIGI 又与其他机构如国际可持续发展学会（International Institute for Sustainable）等组织召开了"气候变化与贸易体系"大会。会上，学者们探讨了气候变化与贸易之间的互动关系，并且就如何在不损害国际贸易体系的情况下有效应对气候变化等问题给出了建议。12 月，CIGI 派代表团参加了哥本哈根联合国气候大会并发表了政策简报《在后哥本哈根时代的气候问题上构建南北之间的桥梁》。文章认为南北之间的分歧是达成气候协定的最大障碍，要达成全球气候协定就必须消除南北之间的裂痕。2010 年 1 月，CIGI 学者杰森·布莱克斯托克（Jason J. Blackstock）和简·龙（Jane Long）在《自然》杂志上发表了《地理工程学的政治学》一文。文章讨论了地理工程学技术在稳定全球气候方面的潜在价值，认为正因为这门科学的影响是跨国界的，所以其应用需要国际对话。2015 年 11 月，CIGI 组织专家学者参加了巴黎气候大会。会后，CIGI 通过出版物、圆桌会议、博客和访谈等方式积极参与气候问题的讨论和环境意识的传播。

随着传统能源储量和供给的减少，各国纷纷制定了长期的能源规划以满足自身发展需求。但能源安全问题更是一个全球性的问题，这就需要各国在能源政策领域开展多边协调与合作以应对潜在的威胁。CIGI 在能源领域的研究主要集中在两方面：分析现行的多边能源合作实践和评估新的、不同的能源选项。例如，2006—2007 年，CIGI 研究员安耐特·海斯特（Annette Hester）就发表了《美国能源安全和替代能源的新方法》和《关于美国乙醇市场和政策的战略简报》两篇论文，研究了将乙醇作为西方世界替代能源的可能性。CIGI 还与加拿大公约履行中心（Canadian Centre for Treaty Compliance，CCTC）一道创立了"核能的未来"项目。该项目由联合国前副秘书长路易丝·弗雷歇特领导，研究核能的复兴及其对未来世界安全、核安全、核不扩散等可能产生的影响，并为国际社会提供一些加强核领域管控的建议。2008年2月，CIGI发表了大卫·麦克莱伦（David McLellan）的论文《核能经济学：当下悬而未决的讨论与问题》。2010年冬，CIGI出版了由路易丝·弗雷歇特与崔弗·芬德利（Trevor Findlay）合著的《至2030年的核能源与全球治理：一项行动计划》。该书提出5点建议：确保所有国家都致力于并且有能力执行最高等级的核安全标准；确保所有核材料和核设施都经过授权，避免落入恐怖分子之手；确保核能源的复兴不会导致核武器的增多；通过增加资金、促进改革等措施来强化国际原子能机构的核心地位；确保所有的参与方都能理智地管理核能复兴。

（二）全球经济

2008年的全球金融危机立刻引发了CIGI的专家学者们的注意。他们积极评估这次危机的严重性，并且为政策制定者们建言献策。例如，在发表的一系列政策简报中，CIGI的学者们讨论了可在全球范围内采取的一些金融监管举措，新兴经济体应对这次危机的措施，绿色保护主义（green protectionism）和国际货币基金组织所面临的挑战等。2009年4月底至5月初，CIGI的11位专家在《滑铁卢地区记录报》（Waterloo Region Record）的专栏"大萧条"发表了评论文章，讨论了这场危机的区域和全球影响。2009年12月，CIGI发表了由艾瑞克·海莲娜（Eric Helleiner）等人主编的《危机中的全球金融：国际监管体系变化中的政治学》一书。该书评估了新近出现的一些主张强化国际金融监管的动议，研判这是否预示着国际金融监管领域的转折。这是第一部系统地分析国际监管领域对时下金融危机反应的著作。2010年6月CIGI还组织了一场围绕由史蒂芬·琼斯（Stephanie Griffith-Jones）等人主编的《金融稳定委员会：经济监管的第四大有效支柱？》一书的专题报告。报告建议强化金融稳定委员会的监管架构，以便对金融体系中潜在的系统性问题提前预警。

中美两国之间激烈的贸易战是近年来全球经济领域最重大的事件。CIGI持续关注这一事件，并试图通过对中国经济政策的深入分析来解释这一事件。2020年5月，CIGI高级研究员何兴强（Alex He）发表了文章《寻求优势地位的顶层设计：习近平主席时期经济政策的制定》。该文认为习近平主席时期中国经济的顶层设计既要保证经济的持续增长，又要维护社会的稳定，虽然没有那么"灵活"，却能够帮助中国经济度过艰难的深度改革时期。另一篇文章

《中国全球治理的新理念和国际合作行动规划》认为中国自2013年以来在国际治理领域采取了更加积极的政策。该文提出中国的国际治理理念是构建人类命运共同体，中国寻求的是一种新型的国际关系，一种合作共赢的伙伴关系，而中国的这种新的国际治理理念的具体表现就是亚投行的建立和"一带一路"倡议的实施。文章认为要使这种新理念在实践中获得成功，中国必须妥善管控中美之间的战略竞争，尤其是经济领域的竞争。

（三）国际法

深海的海床埋藏着巨大的矿产资源，这些资源往往超出了个别国家的管辖权范围。一些大型国有企业早已开始了对这些资源的探测并声称拥有开采权。由于国际法中并没有明文规定怎样开采这些矿产资源，以及开采这些资源所产生的环境危害该由谁负责等，CIGI致力于填补该领域国际法的空白。2017年，CIGI组织国际法专家成立了"深海海床责任问题"研究项目，并发表了一系列的论文。例如，安德里斯·罗杰斯（Andres Rojas）和凯·菲利普斯（Freedom-Kai Phillips）在2019年2月发表文章《有效的管控与深海海床矿产开发》。文章认为，建立深海海床矿产开发问责机制需要与机构行为和架构的实际情况相呼应，以确保受害方拥有法律资源来弥补环境破坏所造成的损失。根据《联合国海洋公约》规定，海底矿产开发的参与方以及资助国家应对由此造成的环境破坏负主要责任。至于哪些国家能够资助深海海底矿产资源的开发，哪些主体应对开发所造成的环境破坏承担责任，文章认为，应该取决于对"有效控制"（effective control）一词的法律解释。文章还进一步探讨了"有效控制"的潜在含义——法律和经济控制。

太空领域也是国际法薄弱的领域。随着各国在太空领域的竞争愈演愈烈，对太空安全的担忧也越来越强烈，这就需要不断建设和完善太空领域的法律法规。CIGI积极研究探索新的国际机制来弥补太空领域法律管控的缺失。2019年，CIGI高级研究员米歇尔·吉拉德（Michel Girard）发表了《太空治理的创新性方法》的评论文章。文章发出警告：如果各国仍秉持"先到先得"的心态参与太空竞争，而不是将太空视作全人类的公共空间，那么未来任何情况都可能发生，因此国际社会必须将建立太空法规作为优先事项。文章认为，全人类都是太空管理体制的相关方，我们必须阻止任何国家及其国民对外太空的主权声索和不当开发，保护我们子孙后代开发太空资源的权利。而要实现这些目标就必须首先在国内法律和国际法之间建立合理可行的协调机制。

（四）数字治理

数据革命已经彻底改变了人民的工作和生活，但也产生了诸多问题如个人隐私、公共安全和数据管控等。为此，CIGI 于 2018 年组织一大批专家学者以及知名业内人士以"数字时代的数据治理"为主题撰写了一系列的论文，探讨了诸如数据策略的原理、数据策略在加拿大工业中的角色、国内和国际数据治理等。例如，CIGI 于 2018 年 3 月发表了由布莱恩·海格特（Blayne Haggart）撰写的《政府在建设数据驱动型经济中的角色》一文。文章认为，数据的生产、控制和使用本质上属于政治活动，受各种法律、条例和准则的管控。管控数据的规则往往会产生广泛的社会影响，因此政府在建设和限制数据市场方面将扮演至关重要的角色。在管理经济时，政策制定者们必须要考虑到以数据为基础的经济的动态性，以及数据的使用和管控所产生的政治影响。政府必须面对这样现实：为保障数据驱动型经济的有效运行所实行的必要的监控必定会与支撑自由民主社会的准则产生冲突。4 月，CIGI 发表了由苏珊·爱荣森（Susan Aaronson）执笔的《数据的雷区？人工智能如何促使政府重新考虑数据交易》一文。文章认为，没有任何一个国家能够独自管理人工智能，因为人工智能本身就是建立在跨国界的数据流通基础之上的。各国正在逐渐学会如何更好地利用和保护在人工智能中使用的各种各样的数据。各国应小心监管和整合人工智能数据领域的管理和贸易策略。

2020 年，CIGI 发表了系列文章"现代冲突与人工智能"，探讨了数字技术对民主制度和安全所带来的威胁，以及所造成的地缘政治紧张关系。其中《人工智能与全球权力的扩散》一文探讨了人工智能在塑造全球力量均势中所扮演的角色。文章认为，人工智能技术在民用和军用领域均有应用，是一种通用技术，而通用技术的一个特点是传播速度快。因此人工智能的通用技术属性限制了其在应用领域的先发优势，即最先应用人工智能领域某项先进技术的国家可能会强化自身权力地位，但这种状态并不能持久。除此以外，人工智能技术在军事领域的有效运用在许多情况下还需要一定程度上的组织上的改变，这对原有的军事强国如美国等而言存在潜在的风险。另外一篇文章《自动化技术的国际法律规范》则探讨了人工智能技术，尤其是自动化技术给国内法，特别是国际法带来的挑战。首先，自动化技术的应用，和所有的新技术的应用一样，必然会迫使人们思考其是否符合既定的法律规范，这就意味着自动化技术的应用必定伴随着法律规范的演化，这其中国际法的演化要慢于国内法。其次，自动化技术还处于初始的发展阶段，人们对其社会影响和发展趋向等的了解还不够充分，因此新制定的法律规范只能是宽泛的。文章预测，在管控人工智能技术的法律领域，不论是国内法还是国际法，在近期都不可能出现十分重要的、具体而细致的条规。

（五）CIGI 与中国

CIGI 的建立和发展伴随着中国的崛起，因此中国一直是该智库关注的重点国家。围绕着中国议题的研究团队陆续建立，研究成果层出不穷。中心涉华研究团队中包含许多中国学者及华裔研究员，这就给 CIGI 的涉华研究活动注入了一些客观、理性的元素。

2005 年夏，CIGI 与加拿大国际发展研究中心（International Development Research Centre，IDRC）合作成立了"中国年轻学者贫困问题研究联络会"，由北京师范大学的李石和 CIGI 成员安大略大学的约翰·华里担任协调员。联络会的目的是与中国的年轻学者一道探索对贫困问题研究的新方法。2018 年，该项目共资助了 13 名年轻的中国学者。这些学者首先向联络会提交初始研究计划书，研究会组织会议对此进行评议和反馈，然后分派导师指导这些年轻学者进一步提升和完成研究计划。

2010 年 8 月，CIGI 对其涉华研究项目（这些原有的涉华研究项目主要包括中国学者贫困问题研究联络会、西安大略大学的中国项目、安大略研究基金会，以及全球经济项目中的涉华研究等）进行了整合，组织成立了中国工作组，统一协调中心内的涉华研究。中国工作组由中国问题专家、CIGI 高级研究员陈格瑞（Gregory Chin）领导。

2009 年，由 CIGI 研究员安德鲁·库伯（Andrew F. Cooper）和阿加塔·安提奎茨（Agata Antkiewicz）主编的《全球治理中的新兴国家：来自海利根达姆进程的经验》出版。该书检视了在可能的八国集团转型中关键的新兴国家的位置及角色，并分析了它们深层次参与全球治理所带来的挑战和希望。该书很快就被译成中文并由上海人民出版社出版，这也是 CIGI 第一部被译成中文的书。2009 年 8 月，众多学者、记者和出版界人士聚集于上海外国语大学国际事务和外交学院，庆祝该书中文版的出版发行。

2014—2015 年，CIGI 高级研究员王洪英与全球经济项目主任多曼尼克·隆巴蒂（Domenico Lombardi）组织编纂了《走近中国龙》一书。该书认为中国将在世界经济领域，包括国际货币体系和国际货币基金组织、国际金融监管领域以及国际贸易领域扮演越来越重要的角色。该书收录了众多来自中国社会科学院学者的文章，并在 2016 年在杭州召开的二十国领导人峰会期间与公众见面。除了此书以外，王洪英和隆巴蒂还致力于研究推动人民币区域化进而国际化的政治、经济力量。此外，全球经济项目组还与中国社会科学院签订合作伙伴协议，鼓励更多的中国学者访问 CIGI。

2018 年，CIGI 发表的三篇涉华研究论文值得关注。研究中加关系和中美关系问题的专家何兴强（Alex He）发表了《习近平时期新经济政策制定模式：文献综述、理论框架和方法论》一文。该文描绘了新中国经济政策制定领域所经历的变化。改革开放以来，随着经济发展多元化，经济政策的制定也出现了许多新趋向，包括多元化、专业化和程序化等。何兴强认为，在习近平时期，改革和经济增长仍是中国经济的主题，不同的是习近平主席和他的高级经济顾问团队将经济政策的制定聚焦于供给方面的结构改革和顶层设计。何兴强还与王洪英、苏珊·阿利森（Susan Aaronson）一道，就加拿大总理特鲁多的第二次中国行发表了时事评论文章《中加贸易面前的障碍》。文章认为，特鲁多的这次访问并未促成中加贸易协定谈判的启动，其背后深层次的原因是加拿大积极的贸易政策强调环境、性别和劳工标准等所谓的"加拿大价值观"。全球经济治理专家派崔克·勒布朗德（Patrick Leblond）的文章《与中国的自由贸易协定：机遇、挑战和构建要素》，具体分析了中加自由贸易协定将给加拿大带来的机遇、挑战，以及加拿大在构建中加自由贸易区时应注意的事项。

2021 年，CIGI 发表了三篇有关中国科技发展的论文。何兴强的论文《中国科技产业的发展：以半导体工业为例》回顾了中国科技产业发展历程中的策略与方案，制定政策的机构、政策制定的过程以及问题等。何兴强认为，尽管中国在科技产业领域取得了重大进步，例如华为、阿里巴巴等企业在第 5G 无线网络通信技术以及人工智能等领域实现了突破，但中国在大多数核心科技领域，如高端芯片的制造等依然处于落后状态。CIGI 高级研究员余寒志和杨雪的文章《生物技术与安全威胁：国家的应对和国际合作的前景》是对 2018 南方科技大学贺建奎"基因编辑婴儿"事件的反思。文章认为，前沿生物技术是一把双刃剑，在给人类带来福利的同时，也对人类构成了巨大的威胁。这种威胁并不仅仅在中国存在，而是世界上所有国家都面临的威胁。这就需要全球合作来共同应对生物安全威胁。研究员保罗·布鲁斯坦（Paul

Blustein）的文章《谁在害怕数字人民币？》一文认为，外界对人民币数字化的担忧，即中国可以将数字人民币用于监视他国等，是基于固有的偏见，即中国在寻求称霸世界以便将其"专制体系"强加给世界其他地区，而不是基于真实的货币运行机制和原理。

四、智库的影响力

（一）影响力表现

经过20余年的发展，CIGI已成为加拿大国际治理研究领域首屈一指的智库。加拿大总理特鲁多在给CIGI成立20周年的祝贺视频中称赞其"为加拿大在国际舞台上发出了重要的声音"并"提供了有着实实在在影响的宝贵研究和洞见"。在宾夕法尼亚发布的《2020全球智库报告》中，CIGI在全球智库综合实力排名中位居第30位，在加拿大和墨西哥地区的智库排名中位居第4位，在外交政策和国际事务类智库排名中居第58位。[1]

（二）成为顶级智库的原因

1. 稳定的资金来源

稳定的资金支持是智库持续开展研究活动的基础。CIGI有着来自加拿大富人集团和各级政府的资助，财务一直处于良好稳定的状态。得益于创始人兼董事会主席巴尔西利在金融科技界的影响力，CIGI能够源源不断地募集到充足的资金。此外，来自社会各界和各级政府的资金主要被设立成基金，通过基金的长期运作来支持CIGI的研究、管理等活动。这种资金运作模式也确保了中心能够获得稳定持久的收入来源。

2. 高水平的科研团队和成果

科研成果是智库的生存之本。CIGI从建立之初便努力打造一支高水平的精英团队。CIGI的管理层比较精干，并且相对稳定，成员均是国际事务领域专家或知名从业者。而CIGI的科研团队则一直保持着灵活性、流动性和多样性。科研团队以研究项目和研究成果为导向，项目由知名的专家领导，成员则是来自世界各地的优秀学者。例如，CIGI的第一任执行主任约翰·英格力士（John English）博士是毕业于哈佛大学的国际关系专家，CIGI的联合国

---

[1] McGann, James G., *2020 Global Go To Think Tank Index Report*, Philadelphia: University of Pennsylvania Press, 2021, pp.64-170.

改革项目主任是联合国前副秘书长路易丝·弗雷歇特（Louise Fréchette），网络安全项目成员有来自耶鲁大学法学院的资深研究员劳拉·德纳迪斯（Laura DeNardis）。CIGI 还定期进行人力资源评估，以保持合理的人员配置。CIGI 的研究项目严格围绕国际治理领域前沿的课题而设立，体现了高敏感度。而研究成果在公开发表之前都会经过同行的严格评审。自 2011 年以来，CIGI 每年公开出版的书籍、发表的论文等成果都超过 100 项，并且经常被媒体和学术机构所引用。

3. 广泛的合作与交流

CIGI 的研究人员通过各种正式的会议或者非正式的交谈等，与决策者展开交流。这一方面有助于研究人员将最新的研究成果传递给决策者，从而提高研究成果转化为实际政策的可能性；另一方面又有助于研究人员了解决策者们关注的重点和面临的挑战，从而为调整研究方向和策略提供现实的参考。总之，与决策者之间的互动大大增强了 CIGI 研究成果的实效性和影响力。例如，CIGI 2012 年发起的全球政策论坛（Global Policy Forum）便吸引了包括时任美国驻加大使大卫·雅各布森（David Jacobson）在内的众多政界人士。CIGI 还高度重视媒体的作用，通过传统和新式的媒体向公众传播自身理念和研究成果，从而扩大影响力。CIGI 的研究员常出现在电视或广播中，仅 2013—2014 年就在各大媒体上发表了 185 篇评论文章。2012—2013 年度，中心被世界各主流媒体（包括彭博社、美国有线电视新闻网、《经济学人》杂志、英国《金融时报》、美国《纽约时报》等）提及 4200 次。2015—2016 年，CIGI 官网访问量也达到了 60 万次，其中下载数量达到 2.7 万次。[1] 此外，CIGI 还注重与其他智库和机构合作，开展项目研究，从而提高自身研究水平和影响力。例如，2011 年，CIGI 与新经济思想学会（the Institute for New Economic Thinking，INET）开始了为期 5 年的合作，在经济的可持续发展、经济互联等领域开展研究。2014 年，CIGI 又与英国查塔姆研究所合作成立了全球互联网治理委员会（The Global Commission on Internet Governance，GCIG），开展网络治理研究。此外，CIGI 还与亚洲开发银行、中国社会科学院、香港金融研究中心等全球多家机构和智库建立了合作伙伴关系。

---

[1] 数据均来自国际治理创新中心各年度报告，详细内容请参考 https://www.cigionline.org/about/annual-report/。

4. 强有力的技术支撑

在支持和促进新的思想观念以应对全球性挑战方面，科技有着巨大的潜力，这是 CIGI 的信念。CIGI 组建了专业的技术团队，力图用最前沿的技术使研究活动更加便捷、高效。从 2004 年建立"国际治理领导者和组织在线"网络（IGLOO），到 2010 年使用开思公共关系软件套装（Vocus public relations software suite），再到 2016 年确立数字优先（digital-first）策略，科技在 CIGI 的发展壮大过程中发挥着至关重要的作用。

（杨新华 / 文）